JN101028

悪質交通事犯と闘うために
～多くの人の涙を背負って～

城　祐一郎　著
Tachi Yuichiro

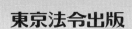

東京法令出版

はしがき

　本書は、月刊交通において読者からの質問に回答した記事などを基にして、飲酒運転事犯を中心に、高速度運転など危険性の高い悪質重大な交通事犯に対して、どのような捜査をしたらよいのかという観点から検討を加えたものです。

　本書で挙げた捜査手法については、従来、慣例としてなされていたものとは相当に異なったものも含めて提案してあります。というのは、我々が犯罪者と闘うすべは法律しかなく、ただ、法律で許容されている範囲内で可能な解釈を基にして、気の毒な被害者を救済するように努めなければならないからです。交通警察官として、諦めるとか、仕方がないという言葉は禁句です。より重い罪での立件を何とか試みて、大切な人を失った人たちや、大けがをして社会復帰が望めないような結果にさせられた人たちに対し、せめてもの無念さを晴らすのが我々に課せられた重要な役割だからです。

　また、それとともに、各事件での量刑事情も詳しく記載しておきました。警察官は、ともすれば公判請求にたどり着けばそれでOKという感覚が多いと思われますが（それは別に間違っているようなことではありませんが）、やはり最終的な処罰の内容まで関心を持っていただきたいからです。被害者自身や、その遺族が、せめて司法は自分たちを守ってくれたと思うような量刑でないと、国民の司法や警察活動に対する信頼を醸成することはできないでしょう。したがって、判決での量刑に影響を与えるような事情は、当然、起訴段階での判断にも影響を与えるものですから、的確に証拠収集をした上で、書面化、証拠化するように心がけていただきたいと思っています。

　本書は、巻頭において、私が、令和元年11月号の月刊交通に掲載した「交通警察への想い」という論考に若干の加筆をしたものを掲載し、その後、第1編において「飲酒運転事犯」を取り上げ、その中で、コラ

ムとして「アルコールの分解とアルコール依存症」について記載してあります。そして、第2編において「高速度運転事犯」を、第3編において「妨害行為事犯」を、第4編において「赤色信号無視事犯」を、第5編において「無免許運転事犯」を掲載した上、コラムにおいて、それら交通違反等についての厳罰化の効果があったのかなかったかについて記載しておきました。さらに、第6編として「意識喪失運転事犯」として居眠り運転や睡眠時無呼吸症候群の問題などを、また、第7編として「ひき逃げ事犯」を掲載しました。第8編では「悪質交通事犯捜査の課題」として、他罪での立件等を検討し、コラムとして、上記事項の捜査について理解した上で、初動捜査についての留意事項を述べておきました。

なお、近時は、交通捜査官においても危険運転致死傷罪といった故意犯の捜査が重要になっていることから、その故意に関する取調べ方法の習得などのために、第9編として、筆者が捜査研究822、823号に掲載したものを再録することとしました。

そして、最後に、参考資料として、私が大阪地検交通部長時代に作成し部下検察官等に指示した、平成19年4月2日付け「当交通部における捜査処理方針等について」とする書面が残っておりましたので、そのまま掲載いたしました。

本書が交通捜査に従事する方々のお役に立てることを心から祈っております。筆者としては、悪質な交通犯罪者と闘っておられる皆さんの捜査活動の一助になれればと思って上梓するものです。

なお、本書の作成に当たって、東京法令出版（株）の松本典子氏及び大塚弘己氏には大変にお世話になりました。松本氏及び大塚氏の多大なる貢献に対し、ここで厚く謝意を表したいと思います。

令和6年5月

昭和大学医学部法医学講座教授

城　祐一郎

目　　次

交通警察への想い …………………………………………………………… I

第 1 編　飲酒運転事犯

第 1 章　飲酒運転に関する罰則規定 ……………………………………… 2
第 1　道路交通法における罰則規定 …………………………………… 2
第 2　飲酒運転による交通事故に対する罰則規定 ………………… 4

第 2 章　飲酒運転に係る危険運転致死傷罪等の制定の経緯 …………… 5
第 1　東名高速飲酒運転事件 …………………………………………… 5
第 2　小池大橋飲酒運転事件 …………………………………………… 15
第 3　飲酒運転に関する道路交通法の改正 ………………………… 22
第 4　危険運転致死傷罪の制定に向けた動き及び刑法上での同罪
　　　の新設 …………………………………………………………… 23

第 3 章　危険運転致死傷罪の主体たる「自動車」の拡大 …………… 25
第 1　序論 ………………………………………………………………… 25
第 2　自動二輪車による危険運転致死傷罪の事例 ………………… 26
第 3　危険運転致死傷罪の犯行の主体が当初は四輪以上の自動車
　　　に限定されたものの、その後の法改正で、それ以外にも広げ
　　　られた理由 ……………………………………………………… 29

第 4 章　アルコールの影響に係る危険運転致死傷罪 ………………… 32
第 1　序論 ………………………………………………………………… 32
第 2　本法 2 条 1 号と 3 条 1 項の適用の仕方 …………………… 34

第 5 章　前方不注視と「正常な運転が困難な状態」との関係 ……… 37
第 1　福岡海の中道大橋飲酒運転事件 ……………………………… 37
第 2　おたるドリームビーチ事件 …………………………………… 46

第 6 章　飲酒運転事犯捜査における基本的な知識 …………………… 56
第 1　アルコール代謝の原理 …………………………………………… 56
第 2　ウィドマーク式の原理及び公式 ……………………………… 57
コラム　アルコールの分解とアルコール依存症 ……………………… 59

第7章　飲酒運転をめぐる喫緊の課題（その1：飲酒検知不能）⋯⋯⋯⋯ 63

第1　序論 ⋯⋯⋯⋯⋯⋯⋯⋯⋯⋯⋯⋯⋯⋯⋯⋯⋯⋯⋯⋯⋯⋯⋯⋯⋯⋯⋯⋯⋯ 63

第2　設例（追い飲みによる酒気帯び運転逃れ）⋯⋯⋯⋯⋯⋯⋯⋯ 63

第3　問題の所在 ⋯⋯⋯⋯⋯⋯⋯⋯⋯⋯⋯⋯⋯⋯⋯⋯⋯⋯⋯⋯⋯⋯⋯⋯⋯ 64

第4　ウィドマーク式による計算手順及びその検討 ⋯⋯⋯⋯⋯ 65

第8章　ウィドマーク式を用いて立証したアルコール等の影響による危険運転致死罪 ⋯⋯⋯⋯⋯⋯⋯⋯⋯⋯⋯⋯⋯⋯⋯⋯⋯⋯⋯⋯⋯ 75

第1　事案の概要 ⋯⋯⋯⋯⋯⋯⋯⋯⋯⋯⋯⋯⋯⋯⋯⋯⋯⋯⋯⋯⋯⋯⋯⋯⋯ 75

第2　犯行に至る経緯 ⋯⋯⋯⋯⋯⋯⋯⋯⋯⋯⋯⋯⋯⋯⋯⋯⋯⋯⋯⋯⋯⋯ 76

第3　犯行状況（事故発生状況）⋯⋯⋯⋯⋯⋯⋯⋯⋯⋯⋯⋯⋯⋯⋯⋯ 79

第4　事故後の被告人の言動等 ⋯⋯⋯⋯⋯⋯⋯⋯⋯⋯⋯⋯⋯⋯⋯⋯ 79

第5　公判における争点 ⋯⋯⋯⋯⋯⋯⋯⋯⋯⋯⋯⋯⋯⋯⋯⋯⋯⋯⋯⋯ 80

第6　前からの方法での被告人の事故時における体内アルコール保有量の算出 ⋯⋯⋯⋯⋯⋯⋯⋯⋯⋯⋯⋯⋯⋯⋯⋯⋯⋯⋯⋯⋯ 81

第7　後ろからの方法での被告人の事故時における体内アルコール保有量の算出 ⋯⋯⋯⋯⋯⋯⋯⋯⋯⋯⋯⋯⋯⋯⋯⋯⋯⋯⋯ 87

第8　判決における被告人の事故時におけるアルコール保有量の算出 ⋯⋯⋯⋯⋯⋯⋯⋯⋯⋯⋯⋯⋯⋯⋯⋯⋯⋯⋯⋯⋯⋯⋯⋯⋯ 87

第9　第8、(3)①値及び②値の運転への影響についての評価 ⋯ 91

第10　「正常な運転が困難な状態」に陥っていたとの法的評価 ⋯ 92

第11　捜査における問題点 ⋯⋯⋯⋯⋯⋯⋯⋯⋯⋯⋯⋯⋯⋯⋯⋯⋯⋯⋯ 94

第12　量刑について ⋯⋯⋯⋯⋯⋯⋯⋯⋯⋯⋯⋯⋯⋯⋯⋯⋯⋯⋯⋯⋯⋯⋯ 95

第9章　ウィドマーク式の活用が不可欠となる過失運転致死傷アルコール等影響発覚免脱事犯 ⋯⋯⋯⋯⋯⋯⋯⋯⋯⋯⋯⋯⋯ 96

第1　基本的な構成要件 ⋯⋯⋯⋯⋯⋯⋯⋯⋯⋯⋯⋯⋯⋯⋯⋯⋯⋯⋯⋯ 96

第2　本罪が認定された事例 ⋯⋯⋯⋯⋯⋯⋯⋯⋯⋯⋯⋯⋯⋯⋯⋯⋯ 99

第10章　飲酒運転をめぐる喫緊の課題（その2：飲酒検知拒否）⋯⋯⋯ 104

第1　序論 ⋯⋯⋯⋯⋯⋯⋯⋯⋯⋯⋯⋯⋯⋯⋯⋯⋯⋯⋯⋯⋯⋯⋯⋯⋯⋯⋯⋯ 104

第2　道路交通法67条3項の構成要件の検討 ⋯⋯⋯⋯⋯⋯⋯⋯ 105

第3　道路交通法118条の2の構成要件の検討 ⋯⋯⋯⋯⋯⋯⋯⋯ 110

第2編　高速度運転事犯

第1章　問題の所在 ··· 124

第2章　高速度による制御困難に係る危険運転致死傷罪の適用
　　　　の仕方及び問題点 ·· 125

　第1　高速度による制御困難に係る危険運転致死傷罪の概要 ········· 125

　第2　本罪で起訴されながら過失運転致死傷罪でしか認定されな
　　　　かった裁判例及びその問題点 ································· 127

　第3　本罪における喫緊の課題　─危険運転致死傷罪を立件する
　　　　ための方向性 ·· 134

　コラム　速度超過に対する道路交通法違反対策 ························ 135

第3編　妨害行為事犯

第1章　妨害行為による危険運転致死傷罪の概要（本法2条4号） ·········· 138

　第1　妨害行為による危険運転致死傷罪（本法2条4号）の成立
　　　　要件 ··· 138

　第2　「通行を妨害する目的」とは ································· 138

　第3　「走行中の自動車の直前に侵入し、その他通行中の人又は
　　　　車に著しく接近したこと」とは ··························· 139

　第4　「重大な交通の危険を生じさせる速度」とは ················ 139

第2章　妨害行為による危険運転致死傷罪の積極的活用 ··············· 141

　第1　序論 ··· 141

　第2　対向車線上を走行した場合 ································· 141

　第3　捜査上の留意事項 ··· 143

第3章　高速度運転事犯の妨害行為による危険運転致死傷罪へ
　　　　の当てはめ ·· 145

第4章　「重大な交通の危険を生じさせる速度」について ············· 151

第４編　赤色信号無視事犯

第１章　殊更赤無視による危険運転致死傷罪の概要……154
第１　「赤色信号を殊更に無視」とは……154
第２　交差点手前の停止線で止まれない場合の本罪の成否……155
第２章　交差点内の安全な場所に停止できないと判断した場合には、赤色信号を無視して進行を続けても「殊更赤無視」とはならないのか……156
第１　問題の所在……156
第２　「安全な場所に停止できない」となるかが争点となった裁判例及びその問題点……157
第３章　その他構成要件の検討……165
第１　「重大な交通の危険を生じさせる速度」が求められるのはどの時点か……165
第２　事故発生場所は交差点内でなければいけないのか……166
第４章　いわゆる砂川事件の概要と捜査上の問題点……168
第１　事案の概要……168
第２　被告人甲の罪責　—殊更赤無視による危険運転致死傷罪の成否……169
第３　被告人乙の罪責……170

第５編　無免許運転事犯

第１章　亀岡暴走事故……178
第１　事案の概要……178
第２　捜査上の問題点……181
第３　公判上の問題点……182
第４　大阪高裁判決の判示内容……188
第２章　法改正及び新規立法の動き……192
第１　無免許運転の法定刑に関する道路交通法の改正……192
第２　無免許運転行為に対する刑罰の加重……192
コラム　法改正及び新規立法の効果……194

第6編　意識喪失運転事犯

第1章　てんかん患者の怠薬による意識喪失運転事犯 ……………… 198
第1　鹿沼市クレーン車暴走事件 …………………………………… 198
第2　てんかん発作が原因の事故において本法3条2項が適用された事例 …………………………………………………………… 206

第2章　居眠りによる意識喪失運転事犯 …………………………… 211
第1　八街児童死傷事故（アルコールの影響） ……………………… 211
第2　関越自動車道高速バス居眠り運転事故（通常の居眠り） …… 215

第3章　睡眠時無呼吸症候群について ……………………………… 224
第1　睡眠とは ………………………………………………………… 224
第2　睡眠時無呼吸症候群の概要 …………………………………… 228
第3　睡眠時無呼吸症候群と居眠り運転との関係 ………………… 236
第4　睡眠時無呼吸症候群が主張された裁判例の検討 …………… 239
第5　睡眠時無呼吸症候群の捜査 …………………………………… 259

第7編　ひき逃げ事犯

第1章　ひき逃げ事犯において捜査上留意すべき事項 …………… 262
第1　ひき逃げ事犯の処罰根拠 ……………………………………… 262
第2　ひき逃げ事犯の実態及び問題点 ……………………………… 264
第3　引きずり実験の重要性 ………………………………………… 266
第4　ひき逃げ事犯における人をひいた認識の立証 ……………… 273

第2章　外国人による名古屋市ひき逃げ事件 …………………… 286
第1　事案の概要 ……………………………………………………… 286
第2　適用可能な罰則の範囲について ……………………………… 288
第3　公判における争点　―量刑 …………………………………… 290
第4　法改正及び新規立法の動き …………………………………… 292

第8編　悪質交通事犯捜査の課題

第1章　傷害致死罪の検討 ……………………………………… 294
第1　傷害致死罪での立件 ……………………………………… 294
第2　傷害致死罪の法的位置付け ……………………………… 295

第2章　交通事故に際しての暴行罪の構成要件の検討 ……… 297
第1　暴行罪の客観的構成要件 ………………………………… 297
第2　暴行罪の主観的構成要件 ………………………………… 298

第3章　飲酒運転時における暴行罪の結果的加重犯としての傷害致死罪の成否 ……………………………………………… 301

第4章　傷害致死罪で処理する場合の被疑事実の記載例 …… 303

コラム　悪質交通事犯における初動捜査の段階で特に留意すべきことは何か ……… 304

第9編　取調べについて

はじめに ……………………………………………………………… 308
第1　特捜部等において被疑者に真実を供述させる必要性とは ………… 309
第2　被疑者から真相を引き出さないと生じる不合理との闘い
　　　（その1） …………………………………………………… 313
第3　法廷でも維持される自白について ………………………… 318
第4　被疑者から真相を引き出さないと生じる不合理との闘い
　　　（その2） …………………………………………………… 324
第5　被疑者が取引を持ち掛けてきた場合の取調べについて ……… 329
第6　取調べにおいて叱らなければならない場面について ……… 331
第7　被疑者が家族のことを想う気持ちについて ……………… 334
第8　どうして被疑者は取調官に真実を話すのか ……………… 336

参考資料

当交通部における捜査処理方針等について …………………… 342

交通警察への想い

誰よりも人の命を守っているとの誇りを胸に

　私は、検事として35年間勤務し、2018（平成30）年3月末をもって退職しました。その間、主たる職場は、地検特捜部や特別刑事部でしたが、私が大阪地検交通部長になってから交通事件捜査と深く関わるようになりました。もちろん、それ以前の段階でも交通事件自体は取り扱っていましたが、そのボリュームには天と地ほどの違いがあり、また、解決しなければならない多くの問題点が存することも交通部長になって気付いたことでした。

　そして、連日、多くの交通事件を決裁する中で、いかに交通警察が我が国における一般市民の生活の安全に大きな寄与をしているか、遅まきながら改めて悟ったのであります。そのようにして感じたことを警察大学校での講義の際に話してきたのですが、それを文章にしてここに載せることとしました。

　交通警察に関して、第一に言えることは、交通警察は、警察業務の中でも、一番多くの人の悲しみと接する職場であるということです。殺人事件は、平成29年では920件でしたが、交通死亡事故で亡くなった方は平成29年で3,694人です（平成30年版犯罪白書、4頁、132頁）。被害者の遺族にしてみれば、自分の家族が殺人事件の被害者として死亡した場合と、交通事故の被害者として死亡した場合とで、その悲しみの程度等において違いがあるのでしょうか。周りの人から、交通事故で死亡した際に、「殺人で殺されたんじゃなくてよかったね」と言われることは絶対にないはずです。遺族にとってかけがえのない家族を失った悲しみは、殺人事件であっても、交通事件であっても全く同様です。交通警察官は、それだけ多くの人の涙を背負って日常の仕事をこなしているということです。

　そして、そこで最も大切なことは、そのような涙を流す人を一人でも減ら

そうとする意欲です。これは何も改まって特別なことをするわけではありません。交通警察の日常的な業務こそが、交通事故の被害者を減らしていく最も効果的な方法なのです。

　例えば、飲酒検問を実施しなければならないとしても、ほとんどの運転者が飲酒などしておらず、車両の円滑な走行に迷惑をかける結果にしかならないことが多い検問業務を、あえて積極的にやりたいとは通常は思わないでしょう。しかしながら、もし、その検問を止めてしまったり、また、やっても適当な扱いで飲酒運転を見逃してしまったりした場合、その運転者は今後も飲酒運転を続ける可能性があるでしょう。そうなった場合、その運転者がその後、何人もが死亡するような重大な飲酒事故を起こさないとも限らないと思われます。そのような次の重大犯罪を未然に防いでいるのが、交通警察の日常業務なのです。この日常業務を淡々とこなすことが次の重大事故を未然に防いでいると理解すべきであると思います。

　しかしながら、自分たちのしたそのような仕事が、実は重要な役割を担っていたのだということは、絶対に誰にも分かりません。なぜなら、適切に行えば行うほど、次に重大事故が起きないので、それが自分たちの業務により防いだことが分からないからです。ところが、これが分かる場合があります。それは日常業務に手を抜いたときです。その結果、見逃した犯人が重大な事故を起こした時、見逃した警察官だけは、自分のせいでその事故が起きたことを知ることになるはずです。

　このように、適切に業務をこなしていればいるほど何も起きないことから、傍から見れば、お前のところは事件がなくていいなあ、暇だろうなどと揶揄されることにもなりかねないと思います。しかしながら、このような事態は甘受すべきなのです。自分のしたことで誰も泣かないのであれば、それが警察官として最高の勲章であり、国民から最も期待されることだからです。端的に言えば、誰にも褒められないことこそが、交通警察官の誇りであると胸を張ることであると、私は思います。

　もちろん、ひとたび、ひき逃げ事件等が発生した場合には、何がなんでも犯人を検挙しなければならないですし、適切な捜査を遂行して、必要な刑罰を科さなければなりません。そうでなければ被害者は納得しないでしょう。そして、その際、十分な捜査ができて被害者が納得した場合には、心からの謝礼を言われることもあると思います。この時は、自分たちの捜査が被害者

から褒められることになります。それはそれで絶対に必要なことです。

　しかしながら、本当に大切なことは、そもそもそのような事件を起こさせず、そこで被害者が流した涙を見ずに済むように、一つ前の違反や事件で止めることにより、その事件の発生を防げなかったかということです。それは交通警察の日常業務の中にあることです。自分たちの職務を怠ることなく、適切に遂行することが次の交通犯罪を防ぐ、もっとも近道だと、私は思っています。

　私にも小学校低学年の孫がいますが、孫が学校に行くために家を出る時に一番心配するのは交通事故です。もちろん、誘拐されても大変ですから「知らない人についていくな」とは言うものの、やはり最も危険なのは車です。多くの小学生がランドセルに「交通安全」などと書かれた蛍光色のカバーを掛けて遠くからでも視認できるようにしているなど、警察も行政も子供らを交通事故から守るために種々の努力をしています。そのような努力の結果のゆえに、交通事故死も減少傾向を続けているのだと思います。子供らが事故に遭ったりするのは、聞いただけでも堪えられないと誰しも感じるところです。

　ただ、通常は、家を出た子供らは、無事に家に帰ってきてくれています。これは、交通警察が陰で見守ってくれていたからです。もちろん、始終目撃しているわけではありませんが、ひょっとしたら私の孫をはねたかもしれない犯人を、その一つ前の違反や事件で検挙してくれていたおかげで無事に帰れたのだろうと思っています。もっとも、多くの人たちは、そこまで交通警察がやってくれていることを認識していないと思われます。しかしながら、それでいいのだと思います。分かってもらえなければやりがいがないなどというものではありません。誰にも分からずに、誰にも知られないところで、多くの人たちの家族を守っているという誇りに勝るものは何もないと思います。

　私は、以前に管理職として、老夫婦が殺害された事件に関わったことがあります。その事件は、捜査一課が入った本部事件でしたが、相当に難航した事件でした。犯人を窃盗で逮捕して、その後、強盗殺人で起訴するまで１年以上かかった事件であり、犯人は死刑判決が確定しています。その事件の捜査の過程で、捜査一課の担当者らと打ち合わせをする機会もあり、その後、

一杯飲んでから、当時の私の官舎に捜査一課の若手を連れてきて、更に飲んだことがありました。

　その際に、私は、彼らに対し、「君らは、捜査一課の若手として、どぶさらいやごみ置き場漁りなどもさせられることがあるだろうけど、そんなことが辛いとか思うことはないよな。僅かでも自分たちの仕事が大変だと思うなら、交通警察官の苦労に思い致してもらいたい」と話し始めて、「交通警察官は、雨の中で、ほとんどの運転者が酒など飲んでいないのに、100人に1人いるかいないかの飲酒運転者を検挙するために、多くの人に頭を下げながら検問をしているんだ。しかも、中には検問を突破しようとする犯人もおり、その車にはねられて死ぬ交通警察官も決して少ないとはいえない。そんな仕事と自分の仕事を取り替えたいと思うか」、「君らが捜査一課として、時間も十分に与えられて一つの事件を捜査することが許されているのは、そういった多くの交通警察官が警察の重要な業務を支えてくれているから、自由に捜査ができることを絶対に忘れてはいかんよ」などと言ったことがあります。

　もちろん、捜査一課は、社会が注目している事件を何がなんでも解決しなければという非常に重いプレッシャーの中で捜査をしているのであり、彼らの仕事が楽だとか簡単だとかいう気持ちは全くありません。ただ、花形の仕事であるだけに、同僚の交通警察官がしていることを心に刻んでおいてもらいたいと思って伝えたことであるのです。

　我が国は、これまで述べた交通警察をはじめとする多くの部署の警察官が誠心誠意職務を全うしようとすることで、実に、治安の良い、平和な社会を維持することができています。私も検事として警察と一緒に捜査をしながらも、警察のおかげで、自分も、また、家族も安全に暮らせていられるのだと感謝してきています。

　私が言うこの程度のことは、これまでも多くの幹部警察官が述べてこられたことだと思います。ただ、警察関係者ではない、元検事から見て、交通警察の職務は本当に素晴らしいものと心から想うことから、お役に立つかどうかは分からないものの、つらつらと述べさせていただきました。

（月刊交通2019年11月号第50巻第11号通巻620号54～58頁以下を加筆修正しました。）

第 **1** 編

飲酒運転事犯

飲酒運転に関する罰則規定

第1　道路交通法における罰則規定

　飲酒運転は、アルコールの影響により注意力が散漫になり、また、気が大きくなるなどの影響をもたらすことから、その危険性は極めて高いものです。したがって、道路交通法65条1項では、

　　何人も、酒気を帯びて車両等を運転してはならない。

と規定して酒気を帯びての運転を禁止しています。そして、その違反に対しては、その酩酊の程度により刑罰に差が設けられており、同法117条の2第1項1号において、まず、酒酔い運転については、

　　第65条（酒気帯び運転等の禁止）第1項の規定に違反して車両等を運転した者で、その運転をした場合において酒に酔った状態（アルコールの影響により正常な運転ができないおそれがある状態をいう。（中略））にあったもの

と規定されており、現在では、同条柱書によって、「5年以下の懲役又は100万円以下の罰金」に処せられることになります。

　なお、ここでいう「正常な運転ができないおそれがある状態」とは、車両等を正常に運転するについて必要な注意力、すなわち外部に対する注意力、中枢神経の活動力、抑制心等を欠くおそれがある状態をいうとされています[1]。つまり、道路における危険を防止し、交通の安全と円滑を図るため運転者に課せられている注意義務を十分に果たすことができない心身の状態をいうのであって、要は、車両の運転者として、安全な運行をするための十分な注意を払うことができないおそれがある状態と考えればよいでしょう。

　次に、その酩酊の程度が前述した「正常な運転ができないおそれがある状

1　野下文生等編著『16訂版　道路交通法解説』707頁

態」には至っていないものの、一定程度のアルコールを体内に保有している場合には、酒気帯び運転として処罰の対象とされています。この場合の罰則は、同法 117 条の 2 の 2 第 1 項 3 号において、

> 第 65 条（酒気帯び運転等の禁止）第 1 項の規定に違反して車両等（軽車両を除く。（中略））を運転した者で、その運転をした場合において身体に政令で定める程度以上にアルコールを保有する状態にあったもの

と規定されており、現在では、同条柱書によって、「3 年以下の懲役又は 50 万円以下の罰金」に処せられることになります。

　ちなみに、ここで規定されている「身体に政令で定める程度以上にアルコールを保有する状態」については、道路交通法施行令 44 条の 3 において、

> 法第 117 条の 2 の 2 第 1 項第 3 号の政令で定める身体に保有するアルコールの程度は、血液 1 ミリリットルにつき 0.3 ミリグラム又は呼気 1 リットルにつき 0.15 ミリグラムとする。

と規定されています。

　ただ、これは実際に体内にどの程度のアルコールが保有されているかを問題にしているのではなく（そもそもわずかでも身体内にアルコールが保有されていれば、道路交通法 65 条 1 項により運転が禁止されているのですが。）、処罰する際には、呼気であれば、1 L 中に 0.15mg のアルコールが存すれば「身体に政令で定める程度以上にアルコールを保有する状態にあったもの」と認定し、実際の体内アルコール量がいくらであったかを問うことなく処罰されるということです。つまり、政令で定められた基準を超える場合をもって処罰条件としているのです。

　それゆえ、体内に実際にどれだけのアルコールが保有されていたかということは問題とはされず、血液や呼気中に政令で定められた数値を超えるアルコールが検出されたかどうかだけが問題になるのですから、本人の体質がどうかなどは問題にならずその数値が出さえすれば処罰条件を満たすことから、処罰の対象になるのです。

　そもそも、アルコールは肝臓でどんどん分解していますし、全身の臓器に広がっていますから、運転時に体内にどれだけのアルコールが存しているかなどを特定することは医学的に不可能です。したがって、一定のアルコールの数値が検出されれば、それだけで処罰されるという制度を設けているのです。

第2　飲酒運転による交通事故に対する罰則規定

　飲酒運転であるかどうかにかかわらず、自動車による交通事故においては、通常は、過失が原因となっているでしょうから、その過失行為に対して、以前は、刑法211条前段における

　　業務上必要な注意を怠り、よって人を死傷させた者は、5年以下の懲役若しくは禁錮又は100万円以下の罰金に処する。

との規定による業務上過失致死傷罪が適用されていました。

　しかしながら、後述する「福岡海の中道大橋飲酒運転事件」等の悲惨な交通事故が相次いだことから、自動車運転者に対し、より高度な注意義務を課するため、平成19年の刑法改正で、その法定刑を「7年以下の懲役若しくは禁錮又は100万円以下の罰金」とする自動車運転過失致死傷罪が刑法211条2項に設けられました。

　その後、平成25年に、自動車の運転により人を死傷させる行為等の処罰に関する法律（以下「自動車運転死傷処罰法」又は「本法」といいます。）が制定されたことから、刑法211条2項の規定がそのまま同法に移行され、同法5条において、

　　自動車の運転上必要な注意を怠り、よって人を死傷させた者は、7年以下の懲役若しくは禁錮又は100万円以下の罰金に処する。ただし、その傷害が軽いときは、情状により、その刑を免除することができる。

と規定されており、同罪については、過失運転致死傷罪と呼ばれています。

　本法の制定に当たっては、上記「自動車運転過失致死傷罪」と刑法208条の2で規定されていた「危険運転致死傷罪」が刑法から削除され、悪質な事故等を処罰する危険運転致死傷罪の適用範囲が広げられるなど、罰則が厳しくなりました。

　本法適用の事例は、以下各章で検討していきます。

飲酒運転に係る危険運転致死傷罪等の制定の経緯

　この犯罪が制定されるに至ったのは、次に紹介する 2 件の悲惨な飲酒運転事故があったからです。交通事件捜査に携わる方々には、是非記憶しておいていただきたい事件ですので、詳細に紹介しておきます。

第1　東名高速飲酒運転事件

1　事案の概要

　平成 12 年 6 月 8 日東京地裁判決（判例時報 1718 号 176 頁）において認定された罪となるべき事実は、おおむね次のとおりです。

　被告人は、

①　平成 11 年 11 月 28 日午後 3 時 8 分ころ、業務として大型貨物自動車を運転し、川崎市宮前区南平台一丁目一番地所在の東名高速道路東京料金所付近を川崎方面から用賀方面に向け進行してきて同料金所で一時停止した後発進進行するに当たり、同所で降車して歩行した際、先に飲んだ酒の酔いのため、足下がふらつくなど的確な運転操作が困難な状態になっていたのであるから、直ちに運転を中止すべき業務上の注意義務があるのにこれを怠り、先を急ぐ余り、直ちに運転を中止せず、前記状態のまま同所から右車両の運転を継続した過失により、同日午後 3 時 30 分ころ、東京都世田谷区砧公園一番地先の東名高速道路を川崎方面から用賀方面に向かい時速約 60 ないし 70 キロメートルで進行中、酔いのため前方注視及び運転操作が困難な状態に陥り、折から渋滞のため同方向に減速して進行していた A 子運転の普通乗用車を前方約 7.5 メートルに迫って初めて気付き、急制動の措置を講じたが間に合わず、同車後部に自車右前部を衝突させて右 A 子運転車両を前方に押し出し、同車左前部をその前方を同様に進行していた B 運転の普通乗用自動車右後部に追突させ同車を道路左側壁に衝突させて半回転させた上、同車左側面

に自車左前部を衝突させ、さらに、自車前部を右A子運転車両の後部に乗り上げたまま停止させて同車を炎上させ、よって、そのころ、同所において、同車後部座席に乗車中のC子（当時3歳）及びD子（当時1歳）の両名を焼死するに至らしめるとともに、右A子（当時31歳）に加療約1週間を要する手掌熱傷等の傷害を、右A子運転車両に同乗していたE（当時49歳）に加療約2か月間を要する熱傷Ⅲ度25パーセントの傷害を、右B運転車両に同乗していたF子（当時63歳）に全治約2週間を要する右手打撲・右膝挫傷の傷害を、同じくG（当時50歳）に全治約2週間を要する左下腿打撲の傷害を、同じくH子（当時54歳）に全治約2週間を要する前額部打撲の傷害をそれぞれ負わせ、

② 酒気を帯び、アルコールの影響により正常な運転ができないおそれがある状態で、前同日午後3時30分ころ、前記記載の東京都世田谷区砧公園一番地付近東名高速道路において、大型貨物自動車を運転したものである（図1参照）。

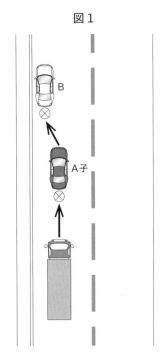

図1

2　東京地裁判決（刑事事件）の概要及び問題点

⑴　本件では、事故の外形的事実や、被告人の過失等については争いがなかったことから、被告人に対する刑罰の量刑だけが問題となりました。

　そこで、本件で適用された罰条ですが、当時の刑法211条前段の

　　業務上必要な注意を怠り、よって人を死傷させた者は、5年以下の懲役若しくは禁錮又は50万円以下の罰金に処する。

との業務上過失致死傷罪の規定と、道路交通法65条1項の

　　何人も、酒気を帯びて車両等を運転してはならない。

との規定と、その罰則を定めた同法117条の2第1号（当時）の

　　次の各号のいずれかに該当する者は、2年以下の懲役又は10万円以下の罰金に処する。

　　一　第65条（酒気帯び運転等の禁止）第1項の規定に違反して車両等
　　　を運転した者で、その運転をした場合において酒に酔つた状態（アル
　　　コールの影響により正常な運転ができないおそれがある状態をいう。
　　　以下同じ。）にあつたもの

の酒酔い運転に係る道路交通法違反の罰条でした。

　これらの規定によると、被告人に対する刑罰の上限は、懲役7年になりま
す。まず、業務上過失致死傷罪に関しては、被告人の追突という一つの行為
で2名を死亡させ、5名に傷害を負わせていますが、これは観念的競合にな
りますので、刑法54条により、「最も重い刑」によって処断されることか
ら、ここでは、死亡させたC子又はD子に対する業務上過失致死罪により処
断されることになります（C子とD子はどちらも同じ生命という価値ですか
ら、どちらを選択して刑罰の対象としても差し支えありません。）。

　そして、先の罪となるべき事実でも明らかなように、C子（又はD子）に
対する業務上過失致死罪と酒酔い運転は併合罪ですから、刑法47条で

　　　併合罪のうちの2個以上の罪について有期の懲役又は禁錮に処するとき
　　　は、その最も重い罪について定めた刑の長期にその2分の1を加えたも
　　　のを長期とする。ただし、それぞれの罪について定めた刑の長期の合計
　　　を超えることはできない。

と定められた規定に基づき、業務上過失致死罪について定めた懲役5年に、
その2分の1である2年6月を加えた懲役7年6月が上記条文前段の適用に
なります。しかし、後段により、それぞれの刑の長期の合計が上限を超える
ことができないことから、結局のところ、酒酔い運転の道路交通法違反の懲
役2年を加えて、懲役7年が上限となるのです。

⑵　しかし、本件では懲役7年までの求刑が可能であったにもかかわらず、
検察は、どういうわけか懲役5年を求刑しました。この刑は、業務上過失致
死罪としては最高刑ですが、本件では、酒酔い運転の道路交通法違反が併合
罪として存在するため、懲役5年にとどめる理由はなかったものと思われま
す。このような悪質な犯行であれば、最上限の懲役7年に近い求刑でもよ
かったはずです。

⑶　ところが、本件東京地裁判決では、懲役4年が言い渡されました。その
量刑の理由は、次のとおりでした。

　ア　まず、酒酔い運転による道路交通法違反については、「被告人は、高

知県を本社とする運送会社に勤務する職業運転手であり、本件犯行の前日、会社所有の大型トラックに4ないし5トンの生花を積んで高知県南国ターミナルから大阪南港行きカーフェリーに乗船し、本件犯行当日午前6時30分ころ、大阪南港に到着して、阪神、名神、東名の各高速道路を使って東京に向かっていたものであるが、同日午後0時30分ころ、昼食休憩のため海老名サービスエリアに立ち寄り、トラック内で昼食を取りながら、フェリーを下船する際に購入した250ミリリットル入りの缶酎ハイ一本を飲んだが飲み足らず、フェリー内で飲み残してトラック内に持ち込んでいたウイスキー約280ミリリットルを2回に分けてストレートで飲み干し、約1時間仮眠しただけで、午後2時30分ころ運転を再開して、本件飲酒運転の犯行に及んだというのである。被告人の犯行直前の飲酒量は右のとおり相当多量であり、実際、判示第2〔上記1②〕の交通事故（以下「本件事故」という）を惹起した後である午後4時15分ころに実施された飲酒検知において、呼気1リットルにつき0.63ミリグラムという高濃度のアルコールが検出され、歩行能力、直立能力ともに異常がみられたというのであるから、本件飲酒運転の犯行は、運転していた車両や運転場所の危険性ともあいまって、それ自体、極めて危険かつ悪質な犯行といわなければならない。被告人は本件飲酒運転の動機ないし理由として、勤務先の人事異動に関する不満等を述べているものの、それが飲酒運転を正当化する理由にならないのはもちろんである上、被告人の長距離運転の際の飲酒癖は最近始まったものではないこともうかがわれるのであるから、右犯行に至る経緯や動機に酌量の余地は全くないというべきである」と判示しました。

　高速道路のサービスエリアで酎ハイやウイスキーを飲むなど、言語道断であり、酌量の余地のない犯行です。しかも、事故発生が午後3時30分頃で、飲酒検知をしたのは、それより45分も経過していながら、当時の体内のアルコール濃度が呼気1Lにつき、0.63mgというのも相当に多量であるといえると思われます（ウィドマーク式を用いて遡れば、事故当時は、更に多量のアルコールが被告人の体内に保有されていたことが分かると思います。）。

　イ　次に、本件事故における業務上過失致死傷に関してです。

　　㋐　まず、その犯行態様については、「被告人は、前記のとおり飲酒した結果、東名高速道路川崎インターチェンジ付近から東名高速道路東京料金

所に至るまでの間、蛇行運転をするなど的確な運転操作が困難な状態になった上、右料金所において通行料金を支払う際、同料金所の係員から『あんた、ふらついているよ』、『具合が悪いようなら車を寄せて30分でも休んでいったら』などと勧められ、自らも足がふらついていることに気づいたというのに、配達の時間に遅れていたことなどから、あえて飲酒運転を継続した結果、本件事故現場付近に至って、酔いのため前方注視及び運転操作が困難な状態に陥り、本件事故を惹起しているのである。被告人の過失は、飲酒による運転中止義務の違反であり、被告人自身その義務をはっきりと認識する契機が存したことからすると、被告人の過失の程度は極めて重大である」と判示しました。

　高速道路上で蛇行運転をし、また、料金所の係員から酩酊状態を指摘されていながらもこれを無視して運転を継続したという行為は、もはや単なる過失にとどまらず、事故を起こして人を死傷させることを未必的に認識、認容していたとも評される行為であり、ほとんど殺人罪の実行行為に近いものと考えられるのではないでしょうか。

　㈠　次に、被害者側の落ち度などについては、「一方、本件事故の被害にあったA子運転の普通乗用自動車及びB運転の普通乗用自動車の2台は、前方が渋滞していたため交通の流れに従い徐々に減速していたところ、後方から迫ってきた被告人車両に一方的に追突されたものであって、右A子及びBらに落ち度は全く認められない」として、被害者側の落ち度が全くない事案であることも指摘されました。

　㈡　さらに、本件での被害の程度ですが、「いうまでもなく、本件業務上過失致死傷の結果はあまりにも重大である。被害者C子及び同D子の2児は、それぞれ3歳及び1歳という幼さで、人生の楽しみをほとんど知ることないまま、突然の炎に身体を焼かれて命を奪われたのであり、その苦痛の大きさは計り知れない。また、右2児の両親は、自身もそれぞれ傷害を負った（特に父親の傷害は加療約2か月間を要する相当重篤なものである。）だけでなく、目の前で最愛の我が子を殺され、幸福な生活を一瞬のうちに打ち砕かれたのであって、その悲しみや憤りの大きさは察するに余りある。そして、その他の被害者らもそれぞれ傷害を負っただけでなく、車が炎上する場面を目撃するなどして、多大な恐怖、衝撃を感じさせられているのである」と判示されました。

３歳と１歳の子供が死亡するという重大な結果となり、そのうえ、辛くも本件被害車両から脱出することができたＡ子は、子供が死亡する瞬間を見ていたのであり、その苦痛は察するに余りあるものです。

　(エ)　その上で、被告人の事故後の態度ですが、「被告人は、被害者らとの間で示談を成立させる努力を全く行っていないばかりか、第２回公判に至るまで謝罪文の１通すら送ろうとしていなかったものであって、十分な慰謝の措置を講じたとは到底いえないのであるから、被害者らの被害感情、被告人に対する処罰感情に極めて厳しいものがあるのは当然というべきである」と判示されている上、「加えて、被告人は、相当以前とはいえ業務上過失傷害による罰金前科３犯を有するものである上、今回、長距離輸送中にこれほど悪質な飲酒運転を敢行していることや、事故直後、被害車両の運転者であるＢらに対し、『何で止まったんだ。急に止まるからぶつかったんだ』などと文句を言い、右Ｂの妻から『お酒なんか飲んで運転してんじゃないよ』と怒鳴られたのに対し、『酒なんか飲んでいねえよ。風邪薬飲んだだけだ』などと言い返すなどしていることからすれば、被告人の規範意識の鈍麻には看過しがたいものがある」と判示されました。

この被告人がいかにいい加減で人命の重さなど歯牙にもかけない人物であったかが明らかに分かります。

　ウ　総合的な量刑判断として、これらの判示事実からすれば、求刑どおりの懲役５年でも軽すぎると思われる事案であるといえるでしょう。

ところが、本件判決は、被告人に有利な事情として、「他方において、被告人は、自らの軽率な行為により、２児の尊い生命を奪うような重大な結果となってしまったことに強い衝撃を受け、反省、悔悟する姿勢を示し、いささか遅きに失したとはいえ、被害者らに謝罪するとともに、今後自動車のハンドルを握ることはない旨述べていること、本件により長年勤続していた運送会社を懲戒解雇され、退職金受給権をも失うなど、既に相当の社会的制裁を受けていること、本件業務上過失致死傷の被害者らに対しては、被告人を雇用していた運送会社により相応の被害弁償がなされる見込みがあること、被告人にも、その社会復帰を待ち望む妻や子らがいることなど」を斟酌（しんしゃく）して、懲役４年としました。

しかしながら、このような事情が果たして被告人に有利な事情として働くようなものでしょうか。謝罪文すら送っていなかった被告人が反省している

とは思えませんし、勤務先の甲運送会社をクビになるのは当然のことであり、そんなことが理由になって減刑されるのでは、被害者にしてみれば、たまったものではないという気持ちになるのではないかと思われます。また、被告人を雇用していた甲運送会社から実際に被害弁償がなされるかどうかなどは不明であり、また、被告人の家族が軽い刑を望むのは当たり前のことであって、それらを被告人に有利な事情とするのは、被害者からみれば、こじつけとしかいえないでしょう。実際に、甲運送会社は、被害弁償には容易には応じておらず、最終的に被害者側が民事訴訟を提起して、その判決でしか決着が付けられなかったという経緯すらもあるのです（なお、この民事訴訟については後記 3 参照）。

　どのように考えても、本件では、懲役 4 年まで軽くする理由はなかった事案であるといえるでしょう。

　エ　そして、この判決に対して東京地検は、量刑不当を理由に控訴しました。ただ、求刑の懲役 5 年に対して言い渡された刑が懲役 4 年であったから不当であるというのであれば、なぜ、最初から懲役 7 年とか懲役 6 年という求刑をしなかったのかという疑問は残ります。それくらいの求刑をしていれば、本件の悪質性が極めて強度であることに鑑みて、懲役 5 年を超える判決が出されていた可能性もあったと思われます。

3　東京地裁判決（民事訴訟）の判示内容

　平成 15 年 7 月 24 日東京地裁判決（判例時報 1838 号 40 頁）は、上記被害者が、被告人やその雇用主である甲運送会社に対して損害賠償請求をした民事訴訟に係るものです。この判決では、前記刑事事件の東京地裁判決と同様に、被告人の犯行状況やその後の対応状況などについて詳細に事実認定していることから、より正確に事故当時の状況等が判明するため、ここで紹介しておきます。

　すなわち、「本件事故は、被告 X（筆者注：刑事事件の被告人）が被告甲運送会社の業務で高知から東京へ向かう途中で発生したものであるが、被告 X は、高知から大阪へ向かうカーフェリー内において飲酒し、さらに本件事故の約 3 時間前の午後 0 時 30 分ころ、海老名サービスエリアにおいて、カーフェリーから下船する際に購入した 250mL 入り缶酎ハイ 1 本を飲み、それでも足りずウイスキー約 280mL をストレートで飲み、呼気 1 L 当たり

0.63mgという高濃度のアルコールを保有したまま運転を強行して本件事故を発生させたものであり、その事故に至る経緯は極めて悪質であるというほかはない。しかも、前記サービスエリアから東京料金所までの間、30分以上も蛇行運転を続け（危険を感じた目撃者から多くの通報があったほどであった。）、同料金所においては、職員から『ふらついているよ』、『休んでいったら』等の指摘を受け、自らも足がふらついていることに気付くほどであったにもかかわらず、『風邪薬を飲んでいる』等と詐言を用いて運転を続けたものである。そして、被害車両に衝突して乗り上げ、同車両を50m以上も押し出してようやく停止したのである。このような経緯からすれば、被告Xには、もはや過失ではなく、殺人ないし傷害の未必の故意を認めることすら可能な事案である。このような行為は、もはや一般の交通事故事案における運転とは質的に異なっており、既にこの点において本件は交通事故の範疇を超えるものである。その結果、Cは3歳、Dに至ってはわずか1歳で人生を断ち切られた。これだけでも悲惨極まりない。しかしながら、本件の凄惨さは、その死亡態様にある。C及びDの血液中の一酸化炭素ヘモグロビンの飽和量からすると、C及びDは、明らかに火災発生中も自発呼吸を行って生存しており、しかも、意識を保ったまま業火に身を焼かれて死亡するに至ったものである。現に、燃え盛る車の中からは、『わーん』という泣き声と、『あちゅい』という声が聞こえてきたのである。2人の幼児が感じた苦痛は真に想像を絶するものであり、何人たりとも戦慄を禁じ得ないものである。幼児が生きながら焼死せしめられるなどということ及びその苦痛は、およそ交通事故の範疇のものではあり得ない。しかるに、被告Xは、燃え盛る車を後目に見つつ、Bらに対し、『まあ、ええじゃないか』、『何で止まったんだ、急に止まるからぶつかったんだ』等と文句を言い、B車両の同乗者に『お酒なんて飲んで運転してんじゃないよ』と怒鳴られたのに対し、『酒なんて飲んでねえよ、風邪薬飲んだだけだ』等とうそぶき、現場をしばらく離れてさえいるのである。このような被告Xの蛮行により凄絶な苦痛の中で死亡するに至った2人の幼児に対しては、いかに多額の金銭をもってしてもその苦しみを慰謝することはできないものである」と判示しています。

　また、A子の心情や公判廷での被告人の態度についても、「原告らは、本件事故により、2人の子供が目前で焼死していくのを、為すすべもなく見ていなければならなかった。『わーん』、『あちゅい』という悲痛な声を聞きな

がら、何もできずに、子供が中に残ったままの被害車両が炎上していくのをただ見ていなければならなかった親の気持ちはいかばかりのものか、想像を絶するところである。しかも、被告Xは、刑事事件の第4回公判期日に至るまで原告らに謝罪文すら送ろうともせず、公判廷においても、『フェリーではほとんどの人が飲酒している』等と述べ、自己弁護の姿勢が窺われるなど、真摯な反省態度が見られず、これによって原告らの被害感情はますます悪化し、さらなる苦痛を味わった。原告らの心中は察するに余りあり、その悲しみ、怒り、無念さは金銭をもって決して慰謝されることはない」とも判示されています。

4 東京高裁判決（刑事事件）の概要及び問題点

平成13年1月12日東京高裁判決（判例時報1738号37頁）は、検察官の前記控訴に対して、第一審の東京地裁判決とほぼ同様の認定をして、本件控訴を棄却しました。

ただ、そこでは上記東京地裁判決では指摘されていなかった事実として、被告人がA子の夫であり助手席にいたEを、燃え盛る被害車両からA子と共に引っ張り出して救出に協力したという事実を認定し、これを被告人に有利な事情として判示していました。

もっとも、控訴を棄却した大きな理由の一つは、そもそも求刑が懲役5年としたのは検察ではないかという観点です。この点について、本件判決は、「検察官の求刑は、刑事訴訟における当事者の一方である検察官の科刑意見であり、これに裁判所が直ちに拘束されるものでないことはもちろんであるが、他面、検察官同一体の原則に基礎を置いて、地域的特殊性をも加味しつつ、統一的な刑事政策的配慮のもとに行われるものとして、同種事案に対する量刑の公平を図る上で極めて大きな機能を有していることも、また明らかである。そして、これと同時に、検察官の求刑は、多くの場合当該事案の量刑の上限の目安を示すものとしての意味を有するものとして扱われている。そして、本件において原審検察官は、本件における処断刑の上限である懲役7年の範囲内で、懲役5年の求刑をしているのである」と指摘し、自分で量刑の上限の目安として、懲役5年を求刑しておきながら、それを懲役4年に減軽したから不当だというのは、いかがなものかという趣旨で書かれているものです。

　それと、もう一つの理由は、他の事案との処分の公平性という観点です。この点について、本件判決は、検察官の控訴理由に対して、「業務上過失致死事件は、その結果が重大であり、被害者及びその遺族の無念さは殺人事件や傷害致死事件と異なるところがない、刑事司法は、かかる被害者や遺族の声及び国民一般の感覚には真摯に耳を傾けるべきである、と主張する。この被害者、遺族らの声に耳を傾けるべきであるとする点は当然のことである。そして、本件被害者を含む国民の視点からみた場合に、本件のごとき重大な事故を惹起した被告人の刑事責任を懲役4年と評価することが軽いと感じられるとすると、業務上過失致死傷罪の量刑のあり方を一般的に見直すべきではないかということが十分検討すべき事柄になるのは確かである。しかしながら、近時におけるこの種事案の量刑の実際をみても、本件における原審の量刑が軽すぎるということのできる運用状況ではないことは当裁判所にも顕著な事実である。このような状況のもとで、本件被告人についてのみ他と比較して重い刑罰をもって臨むとすれば、所論が指摘する国民感情に応えることができたとしても、一方で、刑事司法の重要な原則として要請される処罰の公平性を損なう恐れがあるといわざるを得ない。右の処罰の公平性に配慮しながら、所論が指摘する問題に対処するには、立法に関わる事項につき裁判所が軽々に意見を述べるべきではないにしても、所感として敢えて触れれば、飲酒運転等により死傷事故を起こした場合に関する特別類型の犯罪構成要件の新設、関連規定の法定刑の引き上げ等の立法的な手当をもってするのが本来のあり方であるように思われるし、また運用で対処するにしても、本件のごとき特に悪質な事案を契機に徐々に求刑及び量刑の実際を変えていく手順をもって対応すべき事柄であると思われるのである。後者の意味で、原判決の量刑は、従前の運用に照らし、相応の評価がなされるべきものである」と判示しました。

　確かに、この当時の量刑事情からすれば、業務上過失致死傷罪が今から思えば不当に軽かったのですが、それが全国的にみても一般的な実情であったことからすれば、本件の懲役4年という量刑は必ずしも不当なものではないと判断できます。

　そして、さらに重要なのは、下線部分のように、この判決が指摘する特別類型の構成要件を新設すべきであるという、危険運転致死傷罪の成立を促していることです。

　刑法改正により、危険運転致死傷罪が設けられたのは、平成 13 年 11 月 28 日の第 153 回国会においてのことですが、本件東京高裁判決が言い渡された平成 13 年当初の頃には、既に、危険運転致死傷罪を新設する動きが出ており、それに応じて述べられたものと思われます。

　ただ、いずれにせよ、この東名高速飲酒運転事件がきっかけの一つになって、刑法に危険運転致死傷罪が創設されるに至ったものであり、また、飲酒運転に対する罰則の引上げにつながっていきます。

第 2　小池大橋飲酒運転事件

1　事案の概要

　平成 12 年 7 月 4 日横浜地裁相模原支部判決（判例時報 1737 号 150 頁）において認定された犯行に至る経緯及び罪となるべき事実は、おおむね次のとおりです。

(1)　犯行に至る経緯

①　被告人は 18 歳のころ普通自動車運転免許を取得したが、平成 4 年 12 月に起こした物件事故不措置、事故不申告（いわゆる当て逃げ事故）により平成 5 年 4 月に取消処分を受け、併せて罰金刑に処せられた。以後運転免許を取得しなかったが、平成 7 年に友人の車を無免許で運転して罰金刑を受けたり、自動車を保有したこともあった。

②　平成 12 年 3 月、友人から、車検切れ（有効期間の満了日平成 10 年 4 月 21 日）かつ保険切れの普通乗用自動車を、それと知って買受け、近在の駐車場を借りて保有し、本件までに数回使用した。

③　同年 4 月 8 日、座間市内で行われた友人の結婚式に、飲酒を予定しながらも警察に見つからなければよいとの考えで、右車両を運転して出席した。午後零時 30 分から午後 2 時 30 分ころまでの間披露宴でビールやウーロン茶割り焼酎を、午後 5 時からの二次会で同様の焼酎をそれぞれ飲み、その後厚木市内の店で午後 9 時ころから翌 9 日午前 1 時ころまで同焼酎を飲んだ。

④　厚木市内の駐車場でしばらく休んだ後、飲酒の影響を意識しながらも、またもや警察に見つからなければよいとの考えで本件車両を運転して帰途についた。

⑤　海老名市内に入り、杉久保・座間線を通って小田急線座間駅方面に向

かって同駅前交差点を右折したところ、交通取締中の警察官を認め、自己の無車検、無保険車の無免許・飲酒運転が発覚することを怖れ、その場から U ターンして逃走した。この間約 1 キロメートルにわたって警察車両に追跡され、これを振り切るため、交差点の赤信号を無視し、時々車のライト（前照灯及び尾灯）を消し、裏道を走行した。座間市役所北交差点を通過してからは、なおも追跡されていると思ってさらに加速し、時速 100 キロメートルを超える速度で、ライトを時折消して疾走した。

(2)　罪となるべき事実

　被告人は、

①　公安委員会の運転免許を受けないで、かつ酒気を帯び、呼気 1 リットルにつき 0.25 ミリグラムのアルコールを身体に保有する状態で、平成 12 年 4 月 9 日午前 1 時 55 分ころ、神奈川県座間市内の路上において、法定の除外事由がないのに、運輸大臣の委任を受けた最寄りの地方運輸局陸運支局長の行う継続検査を受けておらず、したがって有効な自動車検査証の交付を受けているものでなく、かつ自動車損害賠償責任保険の契約が締結されていない普通乗用自動車を運転し、

②　前記日時ころ、業務として前記車両を運転し、前記場所付近道路（陸橋小池大橋上）を緑ケ丘方面からひばりが丘方面に向かい進行するに当たり、同所は道路標識により最高速度を時速 40 キロメートルと指定されており、かつ右方に緩やかに湾曲する道路であったから、右指定速度を遵守するはもとより、ハンドル、ブレーキを的確に操作し、進路を適正に保持して進行すべき注意義務があるのにこれを怠り、時速約 100 キロメートルの高速度で進行した上、ハンドル、ブレーキの的確な操作を怠って、右湾曲部分でハンドルを不用意に右転把した過失により、自車を道路右側車線に逸脱進入させ、これを修正しようと左転把したが既に走行の自由を失って蛇行状態となり、対向車を避けようと左急転把して自車を左前方に逸走させ、道路左側の縁石に激突させて約 20 センチメートルの段差のある同所の歩道上に乗り上げさせ、折から同歩道上を被告人車両と同一方向に向けて連れ立ち歩行中の A （当時 19 歳）及び B （同）の両名に、自車前部を後方から激突させて同人らを跳ね飛ばし、よって、右 A を、高さ約 1.2 メートルの欄干に激突させこれをのり越えて約 19.3 メートル下のコンクリート製土手上に落下させ、同人に頭蓋骨粉砕骨折兼脳脱出の傷害を負わせ、また、右 B に頸椎骨折、脳挫傷

の傷害を負わせ、右両名を右各傷害によりいずれも同所付近でそれぞれ即死させたものである（図2参照）。

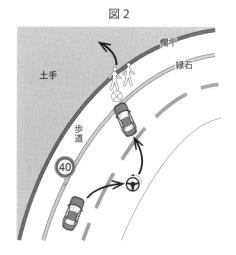

図2

2　横浜地裁相模原支部判決の概要及び問題点

(1)　本件でも、上記第1で述べた東名高速飲酒運転事件と同様に、事故の外形的事実や、被告人の過失等については争いがなかったことから、被告人に対する刑罰の量刑だけが問題となりました。本件で適用された罰条は、次のア〜オのとおりです。

　ア　刑法211条前段（当時）の

　　業務上必要な注意を怠り、よって人を死傷させた者は、5年以下の懲役若しくは禁錮又は50万円以下の罰金に処する。

との業務上過失致死傷罪の規定

　イ　道路交通法64条（当時）（現行1項）の

　　何人も、（中略）公安委員会の運転免許を受けないで（中略）、自動車又は原動機付自転車を運転してはならない。

との規定と、その罰則を定めた同法118条1項1号（当時）（現行117条の2の2第1項1号）の

　　次の各号のいずれかに該当する者は、6月以下の懲役又は10万円以下の罰金に処する。

　　一　法令の規定による運転の免許を受けている者（中略）でなければ運

　　　転し、又は操縦することができないこととされている車両等を当該免
　　　許を受けないで（中略）運転した者
との無免許運転に係る道路交通法違反の規定
　ウ　道路交通法65条1項の
　　　何人も、酒気を帯びて車両等を運転してはならない。
との規定と、その罰則を定めた同法119条1項7号の2（当時）（現行117
条の2の2第1項3号）の
　　　次の各号のいずれかに該当する者は、3月以下の懲役又は5万円以下の
　　　罰金に処する。
　　　七の二　第65条（酒気帯び運転等の禁止）第1項の規定に違反して車
　　　　両等（中略）を運転した者で、その運転をした場合において身体に政
　　　　令で定める程度以上にアルコールを保有する状態にあったもの
との酒気帯び運転に係る道路交通法違反の規定
　エ　道路運送車両法58条1項の
　　　自動車（中略）は、この章に定めるところにより、運輸大臣の行う検査
　　　を受け、有効な自動車検査証の交付を受けているものでなければ、これ
　　　を運行の用に供してはならない。
との規定と、その罰則を定めた同法第108条第1号の
　　　次の各号の一に該当する者は、6月以下の懲役又は20万円以下の罰金
　　　に処する。
　　　一　（前略）第58条第1項（中略）の規定に違反した者
との道路運送車両法違反の規定
　オ　自動車損害賠償保障法5条の
　　　自動車は、これについてこの法律で定める自動車損害賠償責任保険（中
　　　略）又は自動車損害賠償責任共済（中略）の契約が締結されているもの
　　　でなければ、運行の用に供してはならない。
との規定と、その罰則を定めた同法87条1号（当時）（現行86条の3第1
号）
　　　次の各号の一に該当する者は、6月以下の懲役又は5万円以下の罰金に
　　　処する。
　　　一　第5条の規定に違反した者
との自動車損害賠償保障法違反の規定

　これらの規定によると、被告人に対する刑罰の上限は、懲役 5 年 6 月になります。

　まず、業務上過失致死傷罪に関しては、被告人による被害者を跳ね飛ばすという一つの行為で 2 名を死亡させていますが、これは観念的競合になりますので、刑法 54 条により「最も重い刑」によって処断されることから、ここでは、死亡させた A 又は B に対する業務上過失致死罪により処断されることになります（A と B はどちらも同じ生命という価値ですから、どちらを選択して刑罰の対象としても差し支えありません。）。

　また、イないしオの交通法規違反行為についても、前記同様に一つの運転行為によりなされてるので、観念的競合となり、その中で一番犯情の重い無免許運転による道路交通法違反で処断することになります。

　その上で、A（又は B）に対する業務上過失致死罪と無免許運転は併合罪ですから、刑法 47 条の規定に基づき、業務上過失致死罪について定めた法定刑の懲役 5 年と、無免許運転による道路交通法違反について定めた法定刑の懲役 6 月とを合計して、懲役 5 年 6 月が上限となります。

(2)　検察は、その上限である懲役 5 年 6 月を求刑し、本件判決も、その求刑どおりの懲役 5 年 6 月の判決を言い渡しました。

　その判決での量刑の理由は、次のとおりです。少々長くなりますが、裁判官の意図するところを率直に伝えるために、そのまま掲載します。

　ア　被告人は、かつて当て逃げ事故で運転免許を取り消され、以後、無免許運転を重ねていた。平成 5 年には右当て逃げ事故、平成 7 年には無免許運転で、いずれも罰金刑に処せられた。本年 3 月下旬、取り立てて必要があるわけでもないのに、車検及び強制保険がとうに切れていた車両を家族に内緒でわざわざ購入して保有・使用し、本件時無免許、飲酒運転に及んだものである。

　被告人はそもそも自動車という近代に発達した高速交通機関の危険性に鑑み、危険回避措置として設けられた、運転免許制度、危険な運転方法の禁止、車検制度ないし万一の事故に対する賠償といった諸々の重要な法的規制を、「ばれなければいい、見つからなければいい」といった安易な考えでことごとく無視しており、かかる規範無関心な態度は安全な道路交通に背を向けるどころか、真っ向から敵対するものである。

　イ　そして、被告人は、本件事故前、結婚式披露宴という飲酒の場に、前

記のように万一の場合の保障の付されていない車を無免許運転して赴き、三次会まで長時間にわたって飲酒した上で、帰路当然のように無免許かつ酒気帯び運転をしたものである。その結果、取締りに遭うや、自己の行為の無法さを十分に知っているからには潔くすればよいものを、処罰を怖れて逃走し、警察官が追跡を諦めた後も、なおも追跡されていると感じて、これを振り切ろうと車のライトを点滅させながら猛スピードで走行した挙げ句、ハンドル操作等を的確になさず事故に至り、2名の人命を奪うという重大な結果を招くこととなった。前記アに述べた悪質さに更に加えて、極めて危険な運転態様が加わり、かかる被告人による危険の加速度的再生産の結果重大な事故を 惹 起したもので、被告人の犯行は同情の余地の全くない言語道断な行為である。

　ウ　A及びBの被害者両名はいずれも19歳で、今春志望大学に見事合格し、その入学式を終えたばかりで、輝くばかりの希望に燃えた旅立ちの身であった。

　両名ともに母一人子一人の家庭で、その存在はいずれも、遺族である母C子及びD子の命であり、生きる証であった。

　その2人が親交を結び、そして当夜楽しく語らいながら、およそ危険性のない、車道から約20センチメートルもの段差で守られた歩道を歩いていたのである。そのときに、予期せぬ被告人の暴走運転により無惨な形で命を落とすという結果となったのであるから、その悲惨さは筆舌に尽くし難い。これによりA及びBの、今正に味わっていた青春の喜び、あふれんばかりの希望、これから味わうべき人生の楽しみを根こそぎ奪ったばかりか、それぞれの愛する母からも、その生き甲斐をもぎ取り、これからの母らの人生も、本件に対する憤り、悔しさそして憎しみの念で哀しく汚されることとなった。C子及びD子ともに、当公判廷において、悲嘆の余り被告人に対する強い憎悪の念を露にし、重罰を望むと明言したが、その悲痛にあえぐ心情は、当裁判所としても当然のこととしてよく理解でき、両証人ともにとても言葉で言い尽くせるものではないとも察するものである。

　エ　金銭的な賠償については、被告人及びその家族には現在資力はなく、損害賠償能力は皆無に等しい。被告人の本件自動車は任意保険が付されていないことはもちろん、自賠責保険に加入していないことからして、遺族は、今後政府の行う保障事業に損害のてん補を求めるしか方法がないが、これも

限定的なものである。

　なお、被告人の母がせめてもの気持ちとして持参した香典は、いずれの遺族からも送り返されたというように、被害者両名の母の強い被害感情に遭って、慰藉の方法もそのなすべき術すら見い出せない状況にある。

　オ　もとより交通事故そのものは過失による行為であって、殺人などといった故意犯の、規範に対する意図的な侵害としての犯罪ではない。しかし、本件にあっては、犯行に至る経緯で見たように、被告人の道路交通法規に関する無関心、放任的な態度は、無免許運転、無車検・無保険車運行供用、酒気帯び運転として累積しているが、これらはもちろん全て故意犯である。その末に、被告人は、取締りを逃れようと猛スピードで疾走する無謀運転に出たもので、その時点では過失の前提となる、他車両や歩行者の人命に配慮して的確・適正な運転をすべき注意義務は、被告人のなかではもはや守るべき規範として機能しておらず、あたかもこれは無視すべきものとしての意味しかもっていなかったかのようである。これを指して包括的な人権無視の態度というほかなく、本件事故当時被告人が運転した自動車は、正に走る凶器になぞらえるしかない。

　このように、自動車交通に伴う人命への高い危険性を防ぐ目的で課せられる注意義務の重大な違背は、人間の生命身体に対する侵害の結果に対する認識ある過失として、故意に直接隣接し、むしろ未必の故意に限りなく近づくと評価される。

　そうすると、その行為の結果が2名の若者の死亡という重大なものである本件では、業務上過失致死及び無免許・酒気帯び運転の道路交通法違反等の併合罪で処罰される事案としては最も悪質な部類に属するといえる。ゆえに、量刑に当たっては傷害致死に準じた非難を加えても決して不当とはいえまい。

　カ　とはいえ、被告人は本件事実関係を率直に全て認めていること、自己の行為の重大悪質さに直面して自己の非を悟り、ひたすら恭順の態度を示し、おののいてさえいると認められること、両遺族に対し謝罪文を送付したこと（なお、C子においては、憤怒の余り被告人側の行為は一切拒否するとしてその受領を拒絶し、被告人の手紙は返送された。）、将来において被害弁償の意志を有し、一生かかっても償うと述べていること、前記のとおり母がせめてもの気持ちとして各30万円の香典を用意して被害者方に赴いたこ

と、被告人の家庭の状況にも気の毒な面はあること、被告人には罰金前科2回があるのみで体刑前科はないことなど、被告人にとり有利ないし同情すべきと考えられる事情はいくつか存在する。

　キ　しかし、これらを十分に考慮しても、被告人の本件での責任はあまりに重い。弁護人は賢明にも寛大な判決といわず穏当な判決を求めると弁論したが、被告人に関し最大限穏当に対処するとしても、本件行為の刑事責任は、検察官が求刑したように現行法上可能な最大の刑でもってのぞまざるを得ず、したがって法定の処断刑の最上限を科すことはやむを得ないと判断した。

(3)　求刑どおりの最上限の刑を科した裁判官の怒りが伝わってくる判決であるといえると思います。また、被害者の2人は、浪人時代に予備校で知り合い、2人とも念願の早稲田大学への入学を果たした矢先のことであったのです。本人たちの無念さや、その母親にしてみれば、どれほどの苦しみであったか想像を絶するものがあると言わざるを得ないでしょう。

　ただ、そのように思う反面、この被告人は、これだけのことをしておきながら、たったの懲役5年6月で済んでしまうのかという思いを持つのが、普通の交通警察官の感覚ではないでしょうか。自動車事故等に対する感覚の違いというのが、いくら時代が異なるといっても、量刑の観点からは、理不尽な思いでこの判決を読まれたのではないかと思います。

　なお、このような感覚は、上記第1で述べた東名高速飲酒運転事件の量刑に対しても、同様に持たれるのではないかと思います。

第3　飲酒運転に関する道路交通法の改正

　上記の東名高速飲酒運転事件や小池大橋飲酒運転事件などを受け、警察庁は飲酒運転に対する厳罰化のための法改正を実施しました。

　そして、平成13年法律第51号により、酒酔い運転は、それまでの2年以下の懲役又は10万円以下の罰金から、3年以下の懲役又は50万円以下の罰金に、酒気帯び運転は、それまでの3月以下の懲役又は5万円以下の罰金から、1年以下の懲役又は30万円以下の罰金へと引き上げられました（平成13年6月20日公布、同14年6月1日施行）。

第4　危険運転致死傷罪の制定に向けた動き及び刑法上での同罪の新設

(1)　小池大橋飲酒運転事件の後、同事件の遺族が中心となって、前述のような暴走運転を特別に罰することができる法改正を求める運動が開始されました。また、これには、東名高速飲酒運転事件の遺族も賛同して加わるなどしたことで、世論が盛り上がり、平成13年10月には、このような法改正を要望する37万4,339名の署名が法務大臣に提出されるに至りました。

　もちろん、法務省も、そのような動きに合わせて法改正を準備しており、平成13年法律第138号による刑法改正により、危険運転致死傷罪が刑法208条の2として新設され、改正刑法は、同年12月25日から施行されました。

(2)　その際の条文は、次のとおりです。

　まず、刑法208条の2第1項は、

　　アルコール又は薬物の影響により正常な運転が困難な状態で四輪以上の自動車を走行させ、よって、人を負傷させた者は10年以下の懲役に処し、人を死亡させた者は1年以上の有期懲役に処する。その進行を制御することが困難な高速度で、又はその進行を制御する技能を有しないで四輪以上の自動車を走行させ、よって人を死傷させた者も、同様とする。

と規定され、同条第2項は、

　　人又は車の通行を妨害する目的で、走行中の自動車の直前に進入し、その他通行中の人又は車に著しく接近し、かつ、重大な交通の危険を生じさせる速度で四輪以上の自動車を運転し、よって人を死傷させた者も、前項と同様とする。赤色信号又はこれに相当する信号を殊更に無視し、かつ、重大な交通の危険を生じさせる速度で四輪以上の自動車を運転し、よって人を死傷させた者も、同様とする。

と規定されました。

　これらの規定により、この罪の法定刑は、致傷に対しては10年以下の懲役、致死に対しては1年以上の有期懲役（最高15年、加重により最高20年）とされました。

　なお、それらの法定刑については、その後、平成16年法律第156号によ

る刑法改正において、刑法の有期懲役の刑期の上限を引き上げると同時に危険運転致傷罪の法定刑も引き上げ、致傷に対して15年以下の懲役、致死に対しては1年以上の有期懲役（最高20年、加重により最高30年）とされ、平成17年1月1日から施行されています。

⑶　2つの事件と新設された危険運転致死傷罪の規定を照らし合わせると、東名高速飲酒運転事件の被告人の犯行は「アルコールの影響下による正常運転困難状態の危険運転致死傷罪」が、小池大橋飲酒運転事件の被告人の犯行は「高速度による制御不能の危険運転致死罪」が成立するはずであり、これらの悲惨な事故が、今後の被害者保護に役立つように、条文の中に形を変えて生まれ変わったといえるところだと思われます。

危険運転致死傷罪の主体たる「自動車」の拡大

第1　序　論

　前章で述べたように、平成 13 年法律第 138 号により刑法が改正され、危険運転致死傷罪が制定された当時、その犯行の主体は、「四輪以上の自動車」を走行させた運転者に限定されていました（当時の刑法 208 条の 2）。

　では、平成 25 年に制定された自動車運転死傷処罰法ではどうでしょうか。同法 1 条 1 項では、

　　この法律において「自動車」とは、道路交通法（中略）第 2 条第 1 項第 9 号に規定する自動車及び同項第 10 号に規定する原動機付自転車をいう。

と規定されており、道路交通法 2 条 1 項 9 号（当時）は、「自動車」について、

　　原動機を用い、かつ、レール又は架線によらないで運転する車であつて、原動機付自転車、自転車及び身体障害者用の車いす並びに歩行補助車その他の小型の車で政令で定めるもの（以下「歩行補助車等」という。）以外のものをいう。

と定義していることから、四輪以外の二輪である自動二輪車なども含まれることになります。ただ、この規定で明らかなように、原動機付自転車は「自動車」には含まれないことから、自動車運転死傷処罰法 1 条は、「自動車」に加えて、道路交通法 2 条 1 項 10 号（当時）に

　　内閣府令で定める大きさ以下の総排気量又は定格出力を有する原動機を用い、かつ、レール又は架線によらないで運転する車であつて、自転車、身体障害者用の車いす及び歩行補助車等以外のものをいう。

と定義されている「原動機付自転車」も、危険運転致死傷罪の犯行の主体に含めています。

このような法改正は、いつ、また、なぜ行われたのでしょうか。さらに、四輪以外の自動二輪車等による危険運転致死傷罪の事例は存するのでしょうか。

第2　自動二輪車による危険運転致死傷罪の事例

1　事案の概要

平成29年6月23日さいたま地裁判決（公刊物未登載）において認定された罪となるべき事実は、おおむね次のとおりです。

被告人は、

①　公安委員会の運転免許を受けないで、平成27年1月30日午前3時32分頃、埼玉県川口市内の道路において、普通自動二輪車を運転し、

②　前記日時頃、前記車両を運転し、前記場所先の信号機により交通整理の行われている交差点をさいたま市方面から東京都方面に向かい直進するに当たり、同交差点の対面信号機が赤色の灯火信号を表示しているのを同交差点の停止線手前約58メートルの地点に認め、直ちに制動措置を講じれば同停止線手前で停止できたにもかかわらず、前記車両の運転が楽しく、信号を無視してでもスピードを出したまま運転し続けたいと思うとともに、深夜なので左右から来る車両はいないだろうと考えて、赤色信号を殊更無視し、重大な交通の危険を生じさせる速度である時速約50キロメートルで進行したことにより、折から信号に従い左方道路から進行してきたA運転の中型貨物自動車左前部に自車左側面部を衝突させて自車を路上に転倒させた上、自車の後部席に同席していたB（当時18歳）を衝突地点から約26.1メートル離れた路外の畑

図3

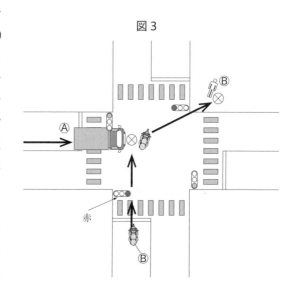

に転倒させ、よって、同人に重症胸部外傷等の傷害を負わせ、同日午前6時36分頃、同人を前記重症胸部外傷により死亡させたものである（図3参照）。

なお、被告人は、本件犯行当時は少年であったが、起訴時には成人となっていた。

2　適用される刑罰の範囲

まず、1①の犯行は、無免許運転による道路交通法違反であり、これまで述べてきたように、道路交通法117条の2の2第1項1号、64条1項により、3年以下の懲役又は50万円以下の罰金とされています。

次に、1②の犯行は、殊更赤無視による危険運転致死罪に該当しますから、当時の自動車運転死傷処罰法2条5号、同条柱書により、1年以上の有期懲役となりますので、20年以下の懲役が上限となります。

そして、両罪は併合罪ですから、この場合は、その法定刑の上限を合計して、23年以下の懲役が上限となります（刑法47条ただし書）。

また、被告人は起訴時点で成年に達していますので、少年法は適用されず、したがって不定期刑が適用されるということもありませんでした。

そこで、検察官は、本件において、被告人に対し、懲役5年を求刑しています。

3　公判における争点

(1)　起訴までの捜査手続の遅延

被告人は、本件犯行当時、18歳3か月でしたが、その後、捜査に時間がかかったり、また、被告人が遠方に転居していたりしたことなどの事情があって、本件が公判請求されたのは被告人が成人になってからでした。そのため、弁護人は、被告人が少年法に基づく刑事手続上の利益を受けることができなかったとして、そのような公訴提起は違法であるとの主張をしました。

しかし、この点について、さいたま地裁判決は、捜査の遅れ等はあるものの、意図的に遅らせたりしたものでもなく、やむを得ない事情もあったとして、公訴の提起は適法であると判示しました。

(2)　量刑判断

　本件において、被告人は、普通自動二輪車の免許を取得したことがないにもかかわらず、後部席に被害者を乗せた状態で普通自動二輪車を運転し、時速約50キロメートルの速度で赤信号を無視して本件事故を起こしており、その態様は極めて危険で悪質でした。また、当時18歳の被害者を死亡させたという本件結果が重大であることは言うまでもなく、被害者遺族が厳しい処罰感情を述べていたのも当然のことです。

　その上で、本件さいたま地裁判決は、次のように述べています。すなわち、「本件犯行に及んだ動機をみると、被告人は、バイクに乗って楽しかったためにテンションが上がった旨や、深夜であったために車が来ないと思った旨等を述べている。被告人は犯行時少年であり、未熟な部分があったことは否定できないが、18歳3か月という年長少年であった上、保護観察中で、しかも犯行2日前に原付免許の停止処分を受けていながら、このような短絡的な動機から犯行に及んだというのであるから、その意思決定には強い非難が妥当する。また、本件では、被害者が被告人の運転車両に同乗していたことが認められるが、被害者は同行していた先輩に言われて乗せられたというのであるから、自発的に同乗したような事案と同程度までこの事情を重視することはできない。そうすると、本件は、赤信号殊更無視の危険運転致死のうち処断刑と同一又は同種の刑が1件の事案と、危険運転致死のうち同乗者を死亡させた事案の、双方の量刑グラフを参照し、4年から6年程度の実刑が相当な事案と位置付けることができる。以上述べた被告人の犯罪行為自体の責任に加えて、本件捜査においては、被告人の年齢に対して十分な配慮がされていなかったことが認められ、仮に十分な配慮のもとに捜査が急がれていたならば、被告人が未成年のうちに刑事裁判を受け、不定期刑の判決を受けていた可能性があることは否定できない。このことは、一定程度被告人に有利に考慮されるべき事情と言える。さらに、その他の一般情状をみると、被告人は法廷で反省の弁を述べてはいるものの、本件事故の後にも普通自動車を運転して3度の交通違反をしており、反省は不十分であると言わざるを得ないし、被告人から被害者遺族への謝罪も不十分である。被害弁償100万円及び自賠責保険約2,690万円が支払われている点は被告人に有利に考慮できるものの、他方で、未だ被害弁償は不十分である。なお、被告人の父親は、今後被告人と暮らす旨を述べており、一応監督者のいる環境が確保

されていることは認められる」などとして、被告人に不利な事情も有利な事情も十分に考慮し、これまでの裁判例での判決の量刑傾向をも踏まえた上で、求刑どおりの懲役 5 年の実刑判決を言い渡しました。

(3)　東京高裁の判断

　被告人が前記さいたま地裁判決に対して控訴したところ、平成 30 年 5 月 18 日東京高裁判決（公刊物未登載）では、事実認定や捜査手続に関する判断については、原判決を是認したものの、量刑判断については、被害者が同乗者であることの評価を誤っている上、被告人が検察官の重大な職務怠慢により少年法の諸規定に基づく裁判を受ける利益を失ったことを十分斟酌したものとはいえないとして、これを破棄し、被告人を懲役 2 年 6 月に減軽して判決を言い渡しています。

第 3　危険運転致死傷罪の犯行の主体が当初は四輪以上の自動車に限定されたものの、その後の法改正で、それ以外にも広げられた理由

(1)　前述したように、危険運転致死傷罪が制定された当初、その犯行の主体は、「四輪以上の自動車」を走行させた運転者に限定されていましたが、その理由は、平成 13 年 11 月 6 日参議院法務委員会における政府参考人において明確に表されています。

　出席委員から、二輪車をも対象にすべきではないかとの質問に対し、「確かに、二輪車も対象にすべきではないかという御意見があることは私どもも承知しているわけでございますが、この点につきましては、さまざまな角度から検討をいたしました。その結果といたしまして、二輪車は、原付のようなものはもとより、大型の自動二輪でありましても、四輪以上の自動車に比べますと、重量におきまして格段に軽いわけでございます。そしてまた、走行の安定性がこれも著しく劣る、つまりひっくり返りやすいということですが、そういうことから、本罪に当たりますような悪質、危険な運転行為をする、これは、今委員のお言葉の中にもありましたけれども、一種の自爆事故につながるようなことでもあるわけで、重大な死傷事犯を生じさせる危険性が、四輪のものに比べれば、どうも類型的に低いということでございます。また、実際に二輪車による死傷事犯につきましても調べましたけれども、本罪に該当するような事犯の実態というのが乏しいのも事実でございます。委

員御指摘の中にありました歩行者とかこういう関係になってまいりますと、これはもちろんあるわけですが、そういう場合に、例えば歩行者の横をすれすれで高速で走っていくとか、そういうような本当に危険な事犯につきましては、これは傷害あるいは傷害致死罪による対応も可能でございまして、それ以外のケースを考えてみますと、これは車になることも多いと思いますが、業務上過失致死傷罪等で対応することは十分可能ではないかと考えているわけでございます。（中略）そういうことから今回は自動二輪については除外したものでございます」と述べられていました。

(2)　しかしながら、その後、自動二輪車等による特段の悪質重大事故が起きたというわけではないものの、平成19年の刑法改正時に、自動車運転過失致死傷罪を制定するのと併せて、危険運転致死傷罪の犯行の主体に自動二輪車等をも含めることとし、平成19年4月12日、衆議院法務委員会に提出された提案理由においては、「国会におきまして、平成13年に成立した刑法の一部を改正する法律に関し、衆議院及び参議院の各法務委員会においてそれぞれ附帯決議がなされ、自動二輪車の運転者を危険運転致死傷罪の対象とする必要性につき、今後の事故の実態を踏まえ引き続き検討することが求められましたが、近時、二輪車による悪質かつ危険な運転行為による死傷事故が少なからず発生しております。そこで、この法律案は、このような状況を踏まえ、自動車運転による死傷事故に対し、事案の実態に即した適正な科刑を行うため、刑法を改正し、所要の法整備を行おうとするものであります。この法律案の要点を申し上げます。第一は、自動車の運転上必要な注意を怠り、人を死傷させた者を7年以下の懲役若しくは禁錮又は100万円以下の罰金に処する旨の処罰規定を設けるものであります。第二は、現行の刑法第208条の2において、四輪以上の自動車とされている危険運転致死傷罪の対象を自動車と改めることにより、二輪車もその対象に含めるものであります」と述べられています。

そして、同月17日に開催された衆議院法務委員会においては、出席委員から、「この二輪車を加えることについては、平成13年11月の法律の制定時に国会でも繰り返しその必要性が問われたところでございまして、当時の法務省の刑事局長はその必要性はないと答弁をいたしていたようでございます。ということは、二輪車を追加する必要性がこの5年間で特段に生じたということでなければ、当時の刑事局長が甘かったということになるんではな

いかなと、そのように思いますが、5年間で二輪車がそんなに大きな事故が増えたのかどうか、その辺りを、別に責めるつもりはありませんから正直に経過だけおっしゃってください」と自動二輪車等を当初に加えなかったにもかかわらず、新たに追加する理由について追及がなされました。

それに対して、政府参考人は、「御指摘のように、平成13年の法改正のときにそのような議論がございまして、衆参両法務委員会におきまして、自動二輪車の運転者を危険運転致死傷罪の対象とする必要性につきまして、今後の自動二輪車による事故の実態を踏まえて、必要性につき引き続き検討することという附帯決議がなされたわけでございます。そこで、法務省におきましてこの附帯決議を受けまして、この点につき引き続き検討するということで、危険運転致死傷罪が新設された後に発生した二輪車の運転者による業務上過失致死傷事犯を調査いたしましたところ、酒酔い運転によるもの、赤信号無視によるもの、著しい速度超過によるものなど、危険かつ悪質な運転行為によって被害者を死亡させ又は被害者に加療期間1か月以上の重傷を負わせるなどの重大な結果を生じる死傷事故が少なからず発生している状況にあることが認められました。また、二輪車による事故の被害者、遺族の方々などから、同罪の対象が四輪以上に限定されていることを疑問とし、その対象を二輪車に拡大することを求める声も私どもにも寄せられるようになったわけでございます。

そこで、二輪車の悪質かつ危険な運転行為による重大な死傷事故の事案の実態に即した適正な処罰を行うために、今回の法改正が必要であると考えたものでございます」と述べていました。

このように、自動二輪車等による特に顕著な悪質重大事故があったというわけではないものの、重大な結果を生じる死傷事故が少なからず発生していたことから、自動二輪車等をも含めることとなり、現在に至っています。

第**4**章　アルコールの影響に係る危険運転致死傷罪

第1　序　論

　第2章で述べたように、当初、危険運転致死傷罪は刑法に規定されていたものの、その後、自動車運転死傷処罰法の制定に伴い、危険運転致死傷罪は同法2条の各号に移され（アルコールの影響に係るものは同条1号）、また、より軽度の酩酊状態から、その後、深刻な酩酊状態に陥って事故を起こした類型が、同法3条1項に新設されました。

1　アルコール等の影響による正常な運転が困難な状態での走行に係る危険運転致死傷罪

　そこで、それらの規定ですが、まず、本法2条柱書は、

　　次に掲げる行為を行い、よって、人を負傷させた者は15年以下の懲役に処し、人を死亡させた者は1年以上の有期懲役に処する。

と規定した上で、同条1号において、

　　アルコール又は薬物の影響により正常な運転が困難な状態で自動車を走行させる行為

を処罰の対象としています。

　これは、第2章で述べたように、そもそも危険運転致死傷罪が創設されるに至った経緯が、悪質な飲酒運転事故によるものであったため設けられたものであり、刑法で規定されていた時代でも、本法2条1号のこの類型が最初に規定されていました。

　この2条1号の規定は、要するに、高度に酩酊していることで正常な運転ができない状態にあるにもかかわらず、あえて自動車を運転して走行させた結果、人を死傷させた場合に、負傷であれば15年以下の懲役に、死亡の場合には1年以上の有期懲役に処するとするものです。

2 アルコール等の影響による正常な運転に支障が生じる おそれのある状態での走行に係る危険運転致死傷罪

　また、自動車運転死傷処罰法3条1項は、

> アルコール又は薬物の影響により、その走行中に正常な運転に支障が生じるおそれがある状態で、自動車を運転し、よって、そのアルコール又は薬物の影響により正常な運転が困難な状態に陥り、人を負傷させた者は12年以下の懲役に処し、人を死亡させた者は15年以下の懲役に処する。

と規定しています。

　この規定が新設されることとなったのは、次のような理由によるものです。当初、危険運転致死傷罪が刑法に規定されていた時代では、アルコールによる酩酊に関わる危険運転致死傷罪は、後に自動車運転死傷処罰法2条1号になる規定しかありませんでしたが、その後、この規定だけでは捜査処理上、困難な問題が生じてきました。というのは、この規定は、「アルコール又は薬物の影響により正常な運転が困難な状態で自動車を走行させる行為」が実行行為である以上、それに対応する故意として、自分が自動車を走行させる際に、「アルコール又は薬物の影響により正常な運転が困難な状態」であることの認識、認容が必要になります。ところが、対向車線上を走行したり、周囲の建造物等に衝突したりしながら走行していたような場合で、そのような事実関係を分かりながら運転していたのであれば、さすがに運転者本人も「正常な運転が困難な状態」にあることを認識、認容していたと評価できるでしょうが、当初はそこまでには至らなかったものの、最終的に、酩酊がひどくなって「正常な運転が困難な状態」になって重大な事故を引き起こしたような場合には、運転時において、「正常な運転が困難な状態」を認識、認容していなかったとして故意が認められず、この2条1号の規定の適用ができないという問題が明らかになってきたのでした。

　特に、飲酒運転により重大な事故を起こしながら、そんなに酔っているとは思わなかった、「正常な運転が困難な状態」であるとは認識していなかったという弁解を強力に主張する被疑者らに対しては、この2条1号の故意の認定が難しく、危険運転致死傷罪による起訴を諦めていたような事態も生じていたようでした。

　そのため、当初は、それほど酩酊の度合いが進んでいなくても、その後、酔いが回ってきて「正常な運転が困難な状態」に陥った場合、その危険性は、2条1号の場合と同様ですから、このような類型も危険運転致死傷罪の類型に含める必要が出てきました。ただ、それは最初から「正常な運転が困難な状態」で運転を開始した場合よりは犯情が悪くないので、別の類型として、法定刑も軽くした危険運転致死傷罪を創設することになったのです。それが、先に挙げた本法3条1項の規定です。

第2　本法2条1号と3条1項の適用の仕方

　では、実際のところ、どのような場合に、自動車運転死傷処罰法2条1号を適用し、どのような場合に3条1項を適用したらよいのでしょうか。

1　「正常な運転が困難な状態」とは

　そもそもそれらの条文で規定されている「正常な運転が困難な状態」とは、「アルコールの影響により道路交通の状況等に応じた運転操作を行うことが困難な心身の状態をいい、アルコールの影響により前方を注視してそこにある危険を的確に把握して対処することができない状態もこれに当たる」（いわゆる「福岡海の中道大橋飲酒運転事件」（平成23年10月31日最高裁決定・刑集65巻7号1138頁）。なお、この事件の詳細は、次章で説明いたします。）といわれており、また、同決定における裁判官の補足意見においては、更に詳細に、「精神的、身体的能力がアルコールによって影響を受け、道路の状況、交通の状況に応じ、障害を発見する注意能力、これを危険と認識し、回避方法を判断する能力、その判断に従って回避操作をする運転操作能力等が低下し、危険に的確に対処できない状態にあることをいうと解される」とされています。

　もっとも、このような表現で示されても分かりにくいと思われますが、道路状況に応じた適切な運転行為が行い得ない状態になっていれば「正常な運転が困難な状態」といってよいと考えてよいでしょう。

2　「正常な運転に支障が生じるおそれがある状態」とは

　これに対し、3条1項で規定されている「正常な運転に支障が生じるおそれがある状態」とは、「正常な運転が困難な状態」であるとまではいえない

ものの、自動車を運転するのに必要な注意力、判断能力又は操作能力が、そうではないときの状態と比べて相当程度減退して危険性のある状態のほか、そのような危険性のある状態になり得る具体的なおそれがある状態の両者を含むものと考えられています。

　具体的には、アルコールの場合であれば、それが酒気帯び運転罪に該当する程度のアルコールを身体に保有する状態でこれに該当すると解されています。したがって、捜査に当たっては、酒気帯び運転の際に認められる程度のアルコールの影響がある状態であれば、「正常な運転に支障が生じるおそれがある状態」であると考えればよいことになります。この点に関しては、基準が比較的はっきりしているので、立件する上でも難しいことはあまりないと思われます。

　そして、３条１項が成立するためには、そのような状態で運転をした結果、「正常な運転が困難な状態」に陥って、人を死傷させたという結果を発生させる必要があります。

3　上記１についての故意とは

　この場合には、「正常な運転が困難な状態」であることについての「認識」と、それを認識しながらあえて運転を継続したという「認容」が必要になります。

　ただ、この場合、注意が必要なのは、自己の運転行為について、それが「正常な運転が困難な状態」であるとの評価が必要なのではなく、それを基礎付ける事実を認識していれば足ります。酒のせいで頭がふらふらするとか、物が二重に見えるとか、前方がよく見えなくなったなど、正常な運転が困難な状態に陥るための事実関係を認識していれば足りるということです。そのように「認識」された状態が「正常な運転が困難な状態」であると認定できるかどうかは法的な問題です。ですから、そのような状況を認識した上で、被疑者が、それでも自分としては正常に運転できると思っていたと供述しても、「正常な運転が困難な状態」であることを認識していたと認定して差し支えありません。というのは、「正常な運転が困難な状態」であるかどうかは、法的な評価ですから、被疑者自身が判断する筋合いのものではないからです。

4　上記2についての故意とは

　この場合には、「正常な運転に支障が生じるおそれがある状態」であることについての「認識」と、それを認識しながらあえて運転を継続したという「認容」が必要になります。

　この場合には、前述したように、酒気帯び運転程度のアルコールを身体に保有することが「正常な運転に支障が生じるおそれがある状態」であることから、その程度のアルコールを摂取したとの認識があれば足りることになります。大雑把にいえば、通常、呼気1リットル中に0.15mgのアルコールを保有することになる、ビール大瓶1本分程度を飲んだという認識であればこれを満たすものと考えられましょう。

　その上で、結果として「正常な運転が困難な状態」に陥ればよいのですから、この状態についての故意は不要です。単に、「正常な運転に支障が生じるおそれがある状態」で運転したことと、その後の事故との間に因果関係があれば足りるので、「正常な運転が困難な状態」に陥ったことの認識、認容はいらないのです。

　ですから、この罪の成立に必要とされる故意についての立証はさほど難しいものではありません。

5　本法2条1号と3条1項の各危険運転致死傷罪の使い分け

　両罪の制定過程でも述べましたように、元々あった2条1号の罪を補完するために3条1項の罪ができたのですから、2条1号の罪の成立が見込まれる場合には、極力、その成立のための捜査を尽くすべきであって、安易に立証の容易な3条1項の罪で処理しようと考えてはいけません。

　例えば、2条1号による致死の場合には裁判員裁判の対象となるなど、法定刑においてもかなりの差がありますから、捜査官としては、極力、2条1号の立証に努めるべきです。

前方不注視と「正常な運転が困難な状態」との関係

　アルコールの影響による危険運転致死傷罪の捜査・公判においては、ひどい酩酊状態にありながらも、単なる前方不注視による事故であって、「正常な運転が困難な状態」であったことによる事故ではないとの主張がしばしばなされています。

　そこで、この点が問題とされた事例を 2 つ紹介しましょう。

第1　福岡海の中道大橋飲酒運転事件

1　事案の概要

　本件の公訴事実の要旨は、おおむね次のとおりです。

　被告人は、

①　平成 18 年 8 月 25 日午後 10 時 48 分頃、福岡市内の海の中道大橋上の道路において、運転開始前に飲んだ酒の影響により、前方の注視が困難な状態で普通乗用自動車を時速約 100km で走行させ、もってアルコールの影響により正常な運転が困難な状態で自車を走行させたが、折から、前方を走行中の被害車両右後部に自車左前部を衝突させ、その衝撃により、被害車両を左前方に逸走させて橋の上から海に転落・水没させ、その結果、被害車両に同乗して

図 4

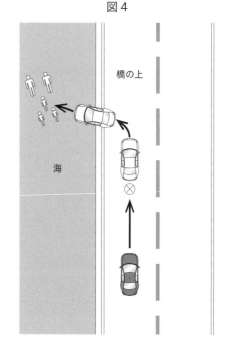

橋の上

海

いた3名（当時1歳、3歳、4歳）をそれぞれ溺水により死亡させたほか、被害車両の運転者（当時33歳）及び同乗していたその妻（当時29歳）に傷害を負わせ、

② 上記事故について、負傷者を救護する等必要な措置を講ぜず、かつ、その事故発生の日時場所等を直ちに最寄りの警察署の警察官に報告しなかったものである（図4参照）。

2 争点及び公判の経緯

本件では、被告人の犯行が当時の刑法208条の2第1項に規定されたアルコールの影響下による運転困難状態での危険運転致死傷罪が成立するのか、それとも、刑法211条1項前段の単なる業務上過失致死傷罪にとどまるのかという点が問題とされました。

そして、平成20年1月8日、第一審の福岡地裁は、本件事故の原因は、単なる被告人の脇見に過ぎないものであり、被告人が「アルコールの影響により正常な運転が困難な状態」で自車を走行させたとは認められないとして、危険運転致死傷罪の成立を認めず、業務上過失致死罪及び道路交通法違反（酒気帯び運転及びひき逃げによる救護義務違反）を認定し、被告人に対して、懲役7年6月の判決を言い渡しました（判例タイムズ1268号330頁）。

この当時、業務上過失致死傷罪の法定刑は5年以下の懲役等で、酒気帯び運転は1年以下の懲役等、ひき逃げは5年以下の懲役等でした。したがって、刑法の併合罪の規定を適用すると最高刑は、懲役7年6月です。福岡地裁は、その範囲内で被告人を最も重く処罰しました。

しかし、検察としては、危険運転致死傷罪の成立を否定されることに納得がいかず、福岡高裁に控訴しました。

そして、同高裁は、平成21年5月15日、検察官の主張を受け入れ、第一審判決における本件事故原因が被告人の脇見にあるとした判断は誤りであり、被告人は、基本的には前方に視線を向けて運転していたものの、アルコールの影響により正常な状態であれば当然に認識できるはずの被害車両の存在を認識できない状態にあったと認められるとしました。これが「アルコールの影響により正常な運転が困難な状態」であったと認定して、第一審判決を破棄して危険運転致死傷罪の成立を認め、被告人に対して懲役20年

の判決を言い渡しました（判例タイムズ 1323 号 65 頁）。

　被告人が上告したところ、平成 23 年 10 月 31 日、最高裁は、本件上告を棄却する決定をし、被告人を懲役 20 年に処した高裁判決が確定しました。

　なお、本件最高裁決定では「アルコールの影響により正常な運転が困難な状態」について、「アルコールの影響により道路及び交通の状況等に応じた運転操作を行うことが困難な心身の状態をいうと解される」と定義付けています。

3　争点について判断する上で必要な事実関係

⑴　被告人の犯行前の飲酒状況

　本件最高裁決定における裁判官の補足意見によれば、次のような状況が判明します。

　すなわち、「被告人の当日の飲酒状況やこれによる酩酊状態をみると、被告人は、午後 6 時頃から午後 7 時頃までの間、自宅で夕食をとりながら 350mL の缶ビール 1 本と焼酎ロック 3 杯を飲み、午後 7 時 45 分頃から午後 9 時 20 分頃まで、居酒屋で焼酎ロック 5、6 杯を飲み、午後 9 時 35 分頃からスナックでブランデーの薄い水割り数杯を飲んでおり、長時間にわたり多量の飲酒をしている。被告人は、居酒屋を退店する際、腰掛けて靴を履いているときにバランスを崩すように肩を揺らしたり、店員に対して「酔うとります」と言ったりもしている。スナックでも、従業員の女性に対して「今日は酔っぱらっとるけん」などと言ったり、同店の丸椅子に座ろうとした際、バランスを崩して後ろに倒れそうになったり、同女が飲んでいる水割りのグラスの底を持ち上げて無理に飲ませようとして水割りを同女のスカートにこぼしたり、左肘を左太股の上に置いて前屈みの姿勢になったり、伸びをした後大きくため息をついたりするなど、高い酩酊状態の様相を示している。このような状況からみて、前記の著しい注意能力の弛緩等の原因は、多数意見のとおり、アルコールによる影響以外には考え難い」と認定されています。

　ここで認定されているような多量かつ長時間にわたる飲酒がなされた上、誰の目から見ても分かる程度の酩酊状況がうかがわれる以上、その飲酒の影響で、本件運転時における著しい注意能力の弛緩等が引き起こされているのは、むしろ当然のことといえると思われます。

　このような飲酒状況及びその際の酩酊状況は、被告人が「アルコールの影

響により正常な運転が困難な状態」にあったことを強力に推認させる間接事実となります。

(2)　犯行に至るまでの運転状況等

　本件における被告人の事故前の運転状況として、被告人は、事故当日午後10時30分頃、前記スナックを出て、普通乗用自動車を運転し、本件道路まで約8分間、距離にして約6km、中には幅員約2.7mの狭い道路を接触事故などを起こすことなく通り抜けて走行してきていました。

　そのような運転ができていたという事実は、被告人が当時「アルコールの影響により正常な運転が困難な状態」にあったわけではないとして、これを否定する方向に働く間接事実であるともいえそうです。

　しかし、この点については、前記裁判官の補足意見によれば「被告人が当夜運転した前記道路は、被告人の自宅付近の道路であることを考慮すべきであろう。すなわち、実況見分調書等によれば、スナックから本件道路に至るほぼ中間に被告人の自宅があるから、自宅から本件道路までは毎日通勤のため通行している道路であり、最も幅員が狭い部分もこれに含まれる。スナックから自宅までは、通勤経路ではないが、本件当日も自宅付近の駐車場から車で向かった道路であって、その道路状況は被告人の熟知しているところであろう。このような道路を、狭いが故に緊張感を持って運転して事故を起こさなかったことは、理解できないわけではなく、『正常な運転が困難な状態』かどうかの判断に当たり、過大に評価することは相当でないと考える」として、「アルコールの影響により正常な運転が困難な状態」であったことを否定的に考える必要はないとしています。

　確かに、普段から通行しているような勝手知ったる道路であれば、たとえ酩酊していたとしても事故を起こさずに運転できるということは、あり得ないことではありませんが、このような観点からすれば、前記裁判官の補足意見どおり、その事実をもってして「アルコールの影響により正常な運転が困難な状態」になかったと評価するのは誤りであるといってよいと思われます。

　本件では事故前の運転状況が問題となりましたが、同様の問題は、事故後に被害者を放置して逃走する案件においても同様に生じます。この場合、事故を起こすことなく無事に逃走していることから「アルコールの影響により正常な運転が困難な状態」にあったわけではないと主張されることがありま

すが、言語道断の主張です。

このような案件では、前記裁判官の補足意見で示された考え方と同様に扱ってよいかどうかを検討し、慣れている道などであれば、適切な通行ができることもあると考えるべきであって、被疑者が無事に逃走した事実をもって「アルコールの影響により正常な運転が困難な状態」になかったと認定する必要などは全くないということを認識しておいていただきたいと思います。

(3) 事故当時の運転状況

ア　被告人が本件事故を起こした道路は、ほぼ直線の見通しのよい海上の一本道路であり、交差点もなく、当時は夜間で交通量も閑散でした。

このような本件道路で、被告人は、最高速度が時速50kmと指定されていたにもかかわらず、時速約100kmの高速度で自車を走行させ、周囲が暗かったとはいえ、衝突の約9秒前には発見できたはずの被害車両を約8秒間発見せず、追突の約1秒前に気付いて急ブレーキを掛け、右転把するも、ほとんど制動などの効果もないまま衝突に至っています。

イ　このような運転状況をどのように評価するかが問題です。前述したように、第一審の福岡地裁は、そのような状況でも単なる脇見に過ぎないとしたのに対し、控訴審の福岡高裁は、そのような運転態様は飲酒酩酊下ならではの行為であるとして、危険運転致死傷罪が認められました。本件最高裁決定においても、「被告人が、自車を時速約100kmで高速度走行させていたにもかかわらず8秒程度にわたって被害車両の存在を認識していなかった理由は、その間終始前方を見ていなかったか、前方を見ることがあっても被害車両を認識することができない状態にあったかのいずれかということになる。認識可能なものが注意力を欠いて認識できない後者の場合はもちろんのこと、前者の場合であっても、約8秒間もの長い間、特段の理由もなく前方を見ないまま高速度走行して危険な運転を継続したということになり、被告人は、いずれにしても、正常な状態にある運転者では通常考え難い異常な状態で自車を走行させていたというほかない。そして、被告人が前記のとおり飲酒のため酩酊状態にあったことなどの本件証拠関係の下では、被告人は、飲酒酩酊により上記のような状態にあったと認定するのが相当である」と判示されました。

要は、前方に走行していた被害車両を見ていながら当該車両を認識してい

なかったのであれば、それはもはや極度の酩酊状態であって、「アルコールの影響により正常な運転が困難な状態」にあったことは明らかです。仮に、それを見ていなかったがゆえに認識していなかったのであれば、約8秒もの間、前方を見ずに時速100kmという高速度で走行するということですから、そのような運転態様は、正常な運転者には恐ろしくておよそ不可能な行為である以上、それを行い得たのは、被告人が「アルコールの影響により正常な運転が困難な状態」にあったからにほかならないと判断したのです。

　ウ　また、この点について、裁判官の補足意見では「この約8秒間が脇見運転によるものかどうかについて第一審と原審で判断が分かれているが、私としては、被告人がとにかく約1秒前まで被害車両を発見、認識していなかったことにこそ（この点は、ブレーキ痕などから客観的に認定できる。また、被告人には、事故態様、事故原因について明確な認識はない。）、本件事故当時の被告人の尋常ではない心身の状態がうかがわれると考える。すなわち、本件道路は、ほぼ直線の海上道路で信号もなく、対向車もまばらであり、被告人としては専ら先行車両の有無、動静に注意すればよい状況にあった。また、第一審判決の認定によれば、本件道路は被告人の自宅から勤務先に向かう道路であり、被告人は毎日本件自動車で通行しているものである。毎日通勤する道路で、気をひかれる光景もなかったにもかかわらず、ほとんど衝突の寸前まで被害車両を発見、認識できなかったのである。これは単なる『よそ見』や『考え事』では説明がつかないのであって、著しいというべき程度の注意能力の弛緩、判断能力の鈍麻を認めないわけにはいかない」としています。

　ここでも、8秒もの長い間、前方を見ずに走行できるということ自体が異常すぎる運転態様であり、それをもって単なる「よそ見」や「考え事」では説明がつかない事情であると言っています。したがって、そのような長時間の前方不注視ができるということは、取りも直さず、極度の飲酒酩酊によるものであり、「アルコールの影響により正常な運転が困難な状態」にあったと言えるのです。

(4)　事故後の被告人の状況

　本件事故後、被告人は、直ちに現場から逃走したのですが、被告人車両は大破していたため、約300m進んだところで走行不能になり停止しました。

　しかし、被告人は、本件事故を警察署に報告することなく、携帯電話で友

人に電話をかけ、飲酒運転の発覚を免れるため、まず被告人の身代わりになってもらうことを依頼しました。ところが、これを断られるや、今度は、飲酒事実の発覚を免れるために友人に水を持ってくるよう依頼したところ、当該友人がこれに応じて、2 L のペットボトル入りの水を持ってきたので、急いで、そのうちの 1 L 弱を飲みました。

その後、友人の勧めで、被告人は本件事故現場に戻りましたが、飲酒検知に応じた時点では、本件事故後、既に約 50 分も経過していました。

このように逃走を図り、また、友人に身代わりや水の提供を依頼できたという事実関係は、被告人として事態を正常に認識していたのであるから、むしろ事故当時、「アルコールの影響により正常な運転が困難な状態」にあったわけではなかったとする方向に働く事実ではないかとも思われるかもしれません。

しかし、この点については、裁判官の補足意見によれば、「事故後の被告人の言動、すなわち友人に身代わりを依頼したこと、水を持ってくるよう頼んだこと、また同乗者に累が及ばぬようにその場から立ち去らせたことをもって相応の判断能力があるとし、『正常な運転が困難な状態』になかったことの証左とする見方については、逆に、正常な判断能力があれば、被告人車両は大破しているのであるから、まずは事故の状況を確認するはずであるのに、被告人はこれを全く確かめていないのであるから、相当ではないと考える。事故状況を確認せず、飲酒運転の発覚を免れることだけを考え、運転の身代わりを頼んだり、水を大量に飲もうともくろんだことは、むしろ正常な判断能力が損なわれていたことを示すものといえよう（この点は、酒酔い運転による免許取消しをおそれての工作とも考えられ、免許取消しの危惧、酒酔い運転の認識が被告人にあったことすらうかがわれるところである。）」と指摘されています。このように逃走行為や罪証隠滅がなされたことをもって「アルコールの影響により正常な運転が困難な状態」にはなかったと考えるべきではありません。むしろ、正常な判断ができれば、それ以外のもっと真っ当な行為に及んでいたはずであるという見方ができると言えるでしょう。

(5)　飲酒検知の際の状況及びその結果についての検討

被告人は、飲酒検知後警察官から質問を受けた際、質問事項には答えており、完全に倒れ込むことはなかったものの、肩や頭が左右に揺れたり、腰が

徐々に前にずれてきて座っている姿勢が崩れることもありました。このような身体の状況は、被告人が「アルコールの影響により正常な運転が困難な状態」にあったことを推認させる間接事実です。

　そして、本件被告人の飲酒検知の結果は、呼気1L中の0.25mgの目盛りと0.3mgの目盛りの中間付近のやや0.3mg寄りのところまで青白く変色していました。飲酒検知の結果は、体内のアルコール保有量を示す重要な数値ですが、本件では、事故後約50分が経過していることや、少量とはいえない水を飲んだ上でのものであることが考慮されなければならないものの、本件決定では、裁判官の補足意見によれば、「事故後の時間の経過や水を飲んだ場合の飲酒検知の結果の影響は僅少であるとの実験結果が提出されている一方で、本件当日の被告人の飲酒量からすれば、血液1mL中に1.0mgに近いアルコールを保有するに至るとする実験結果も提出されているが、いずれも摂取状況や個体差を考慮せざるを得ないことからすると、これらの実験結果から本件事故時の被告人の体内のアルコール保有度を確定することはできないといわざるを得ない。多数意見並びに第一審判決及び原判決のように、血液1mL中0.5mgを上回る程度と認定するほかない」とされています。

　確かに証拠上、飲酒検知結果よりずっと多いアルコール量が、被告人の体内に保有されていたという事実について、合理的な疑いの余地がないほど立証できているかという点では不十分であったのかもしれません。ただ、交通警察官の感覚として、前述したような多量かつ長時間にわたる飲酒がなされ、かつ、これほど酩酊している運転者の呼気中のアルコール濃度が、たったの0.25mgしかないというのは、やはり奇異な印象を持たれるのではないかと思います。私も過去に大阪地検交通部長として、多くの飲酒運転や飲酒に起因する事故事例を見てきましたが、被告人のような運転者であれば、呼気1L中0.5mg程度のアルコール量が出ていてもおかしくないなと思うほどです。

　実際のところ、ウィドマーク式を使って被告人の事故当時の体内のアルコール保有量を推定することは可能です。ただ、判決文からは、被告人の体重が不明ですので、仮に、これを70kgとし、事故後50分経過を、分かりやすく1時間経過後として、62頁コラムに掲載した計算ソフトで算出すると、最大で呼気1L中0.345mgで、最小0.305mgとなります。これでも、最小で0.3mgを超える程度ですから、やはり少なく出ているなと感じます。

　そうなると、ほかに残された要素としては、１Ｌ近くの水を飲んだ事実が、飲酒検知にどの程度の影響を与えたかという点です。

　この点について、私としては、胃の中の水分が急激に増えることにより、胃の中のアルコール濃度が下がり、胃壁から吸収されるアルコール量や、同様に小腸から吸収されるアルコール量なども減ることで、その後の飲酒検知への影響があるのではないかと思っていますが、実際のところは、よく分からないというのが現在のところの結論だと思います。

　少なくとも、私の知る限り、水を飲んだことによる飲酒検知結果への影響という内容の論文や文献は見当たりませんし、知り合いの法医学者に聞いても、水を飲んでも体内のアルコール量自体は変わらないのだから、あまり影響しないのではないかという意見や、私が先に述べたようなことと同様の意見を述べる方もありますが、確たる見解は出ていません（もっとも、アルコールを専門とする法医学者の先生であれば、正しい答を知っているかもしれません。）。

4　事故を契機とした法改正

　本件事故は、被害車両に乗っていた女性（母親）が、一緒に海に落ちた３人の子供を助けようとしたものの、誰も助けることができず、結局、３人とも溺れ死んでしまい、気の毒でならないこの悲惨さが多くの人の涙を誘い、広く報道されました。この事故さえなければ、現在では、３人とも中学生や高校生になっていたかと思うと、その人命を軽々に失わせてしまった被告人の責任の重さは計り知れないと思います。

　そこで、このような悪質な飲酒運転を抑止するためにも、道路交通法の飲酒運転等に関する法改正がなされました。

　具体的には、平成19年法律第90号により、酒気帯び運転罪及び救護義務違反罪の法定刑が引き上げられることになり、酒気帯び運転罪（道路交通法117条の２の２）の法定刑は３年以下の懲役又は50万円以下の罰金に引き上げられ、また、酒酔い運転罪（同法117条の２）の法定刑は５年以下の懲役又は100万円以下の罰金に引き上げられ、さらに、救護義務違反罪（同法117条２項）の法定刑は、人の死傷が当該運転者の運転に起因するものであるときは、10年以下の懲役又は100万円以下の罰金に引き上げられました。

　そして、それら改正法は、平成19年９月19日から施行されています。

　また、業務上過失致死傷罪に関する刑法の規定も改正され、平成19年法律第54号により、刑法211条2項（当時）が、

> 　自動車の運転上必要な注意を怠り、よって人を死傷させた者は、7年以下の懲役若しくは禁錮又は100万円以下の罰金に処する。ただし、その傷害が軽いときは、情状により、その刑を免除することができる。

と改正され、自動車運転過失致死傷罪が新設されました。自動車の運転に起因する事故で、悪質な運転者に対して、より重い懲役7年以下という刑罰を科することができるように改正されたものでした。

　この改正法については、平成19年6月12日から施行されています。

第2　おたるドリームビーチ事件

1　事案の概要

　本件の第一審である平成27年7月9日札幌地裁判決（公刊物未登載）において認定された罪となるべき事実は、おおむね次のとおりです。

　被告人は、

① 　平成26年7月13日午後4時28分頃、北海道小樽市内の路上において、運転開始前に飲んだ酒の影響により、前方注視が困難な状態で、普通乗用自動車を北方向から南方向に向けて時速約50ないし60キロメートルで走行させ、もってアルコールの影響により正常な運転が困難な状態で自車を走行させたことにより、その頃、同所付近道路において、進路左前方を自車と同一方向に歩行中のA（当時30歳）、B（当時29歳）、C（当時29歳）及びD（当時30歳）に気付かないまま、同人らに自車左前部を衝突させ、同人らをはね飛ばして路上に転倒させ、よって、前記Aに脳幹部離断等の傷害を負わせ、即時同所において、同人を前記傷害により、前記Bに骨盤骨折兼下肢軟部組織出血等の傷害を負わせ、同日午後4時45分頃、同所において、同人を前記傷害に基づく出血性ショックにより、前記Cに頭頂部左後半打撲等の傷害を負わせ、同日午後7時50分頃、札幌市内のE病院において、同人を前記傷害に基づく外傷性脳腫脹により、それぞれ死亡させるとともに、前記Dに加療約1年間を要する右大腿骨骨幹部骨折、頸椎骨折等の傷害を負わせ、

② 　前記日時場所において、前記普通乗用自動車を運転中、前記のとおり、

前記Aらに傷害を負わせる交通事故を起こし、もって自己の運転に起因して
人に傷害を負わせたのに、直ちに車両の運転を停止して同人らを救護する等
必要な措置を講じず、かつ、その事故発生の日時及び場所等法律の定める事
項を、直ちに最寄りの警察署の警察官に報告しなかったものである（図5参
照）。

図5

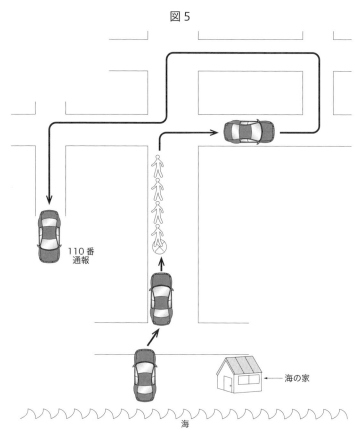

110番
通報

海の家

海

2　争点判断上必要な事実関係及びその法的評価

(1)　被告人の事故前の飲酒状況

　本件札幌地裁判決によれば、次のような事実が認められます。

　すなわち、「被告人の飲酒状況や酔いの程度を見ていくと、被告人は、事
故前日の正午頃に起床して夜間勤務を終えた後、睡眠をとらずに、事故当日

の午前4時30分頃にビーチに到着し、その後、正午過ぎ頃までの7時間半近くもの長時間にわたって、つまみを口にすることもなく、分かっているだけでも生ビール中ジョッキ4杯、350ミリリットルの缶酎ハイ4、5缶、焼酎のお茶割り1杯といったお酒を断続的に飲み続け、遂に本人の言によっても泥酔して完全に酔い潰れてしまい、2時間程度寝込んでしまったというのである。目を覚ましてからも、シャワーを浴びた後の着替えがないという理由で、客席からも見える海の家の厨房内に下半身も露わになった全裸のままで入り、店の関係者から注意されるなど、第三者から見ても、まだ酒が残って酔っていると窺われるような行動をとっている。運転開始直前、つまり最後に酒を飲んでから4時間半程度経過した時点においても、被告人自身の感覚として、まだ二日酔いのような状態であり、体もだるく、目もしょぼしょぼするなど、体に酒が残っている感覚があったというのであるから、完全に酒が抜け切ってしらふの状態に戻ったとはとても言えず、むしろ、酒の影響による体調の変化を自覚するほどの酔いが残っていたと認められる」と判示されています。

　このような酩酊状態にまで至っていれば、被告人が「アルコールの影響により正常な運転が困難な状態」にあったことを強力に推認させるといってよいと思われます。

⑵　被告人の事故直前の運転状況及びその際の道路状況

　このような状態で、被告人は車の運転を開始し、ビーチを出て丁字路を曲がり、事故現場となった直線道路の走行を開始しました。

　この道路は、歩車道の区別や中央線のない幅員4.7mのほぼ直線の道路で、見通しも良く、丁字路交差点から衝突地点までは約440mの距離がありました。被告人が立ち会った実況見分によれば、衝突地点の約160m手前から被害者らを人として認識可能でした。

　被告人は、角を曲がってから車の速度を上げ、おおむね時速50～60kmの速度を維持しながら車を進行させました。

⑶　事故時における被告人の運転状況

　ア　被告人は、直線道路に入ってから間もなくの3、4秒後に、ズボンの右後ろポケットから右手でスマートフォンを取り出して左手に持ち替え、その約3秒後にスマートフォンの操作をするため、顔を真下に向けて、画面に目を落としました。

　そして、５秒程度画面を見続けて操作をした後、対向車の有無を確認するため一瞬だけ顔を上げて右斜め前方直近に視線を向けましたが、再び画面に目を落として４、５秒間画面を見続けながら操作をし続けました。その後、更にもう一度同様に一瞬だけ顔を上げてから再び画面を注視して操作を続けるなどし、４、５秒程度経過したところで衝突事故の衝撃を感じ、同道路左側を２列に固まって同一方向に歩いている被害者らに自車を衝突させて次々とはね飛ばしました。

　イ　そして、この際の被告人の前方注視状況について、本件札幌地裁判決は、次のように判示しています。

　すなわち、「被告人は、このように途中で２度顔を上げたとはいうものの、被告人質問における被告人の動作を見る限り、顔をほぼ真下に向けた状態から、前に向けてまた真下に戻し終わるまでの時間がせいぜい１秒程度であり、右斜め前方に視線をやった時間となると、文字通り瞬きする程度の瞬間的な動きでしかない。しかも、被告人は、歩行者の確認という点については、全く意識をしていなかったというのであるから、単に顔を上げた動作をしただけであり、それが前方の安全を確認するものであったなどとは到底言えない。本来、前方を注視してさえいれば、容易に被害者らを発見可能であったにもかかわらず、被告人の運転というのは、最初にスマートフォンの画面を注視し始めてから衝突するまでの間を通じて、前方とりわけ歩行者の有無や安全などを全く確認しないまま、ほぼ画面だけを見続けるような運転であったと認められる。そのような形で基本的に画面を見続けていた時間は、被告人が述べる注視の時間を足していっても約15秒間にも達するし、直線道路に入ってから画面を注視し始めるまでの被告人の時間的な感覚の方が比較的正しいと仮定すると、最低でも20秒程度は注視し続けていたような計算になる」と判示しました。

　この認定からは、被告人が相当長時間にわたってスマートフォンの画面だけを見続けていた事実がうかがわれます。実際のところ、時速50～60kmで走行中に、そんなに長時間にわたって前を見ずに運転するという行為は尋常ではないと思われます。

　ウ　そして、このような被告人の行為に対する法的な評価として、本件札幌地裁判決は、「そもそも、この道路を時速50ないし60キロメートルという速度で車を走行させながら、15ないし20秒程度もの間、下を向き続ける

などという運転の態様自体が、『よそ見』というレベルをはるかに超える危険極まりない行動としか言いようがない。2、3秒ならまだしも、およそ『よそ見』とは次元が異なる。事故の恐怖を感じることなく、こうした運転ができること自体が異常であるし、携帯電話の画面を見ながら運転することがある人にとっても、ここまでの危険な行為は自殺行為に等しく、正常な注意力や判断力のある運転者であれば到底考えられないような運転である。このような運転の状態が、『前方を注視してそこにある危険を的確に把握して対処することができる状態』と対極にあることは、誰が見ても明らかである。したがって、被告人は、本件の当時、道路交通の状況等に応じた運転操作を行うことが困難な心身の状態、すなわち、正常な運転が困難な状態にあったことが客観的に見て明らかといえる」と判示しました。

　ここでは、被告人が15〜20秒もの間、前方を注視せずに、時速50〜60kmで走行させる行為が危険極まりなく、「よそ見」というレベルを超えるもので、まともな運転者では到底できないような危険な運転をしたということ自体が、「アルコールの影響により正常な運転が困難な状態」にあったことを示しているといえるとしています。

　エ　さらに、本件札幌地裁判決は、被告人が客観的に「アルコールの影響により正常な運転が困難な状態」であったことと、その際に、主観的に故意も認められることについて、「被告人がこれほどまでに異常な運転をしたのは、表面的にはスマートフォンの操作に熱中したことによるものであるが、それは、とりもなおさず、運転をする者の務めとして常に前方の安全を確認しながら車を走行させなければならないという最も基本となる注意力や判断力をほぼゼロに等しいくらいに失っていたからにほかならない。被告人自身、この道路の人通りが少ないとはいえ、歩行者が通ることもあることは分かっていたというのに、本件では、まずスマートフォンを操作しようとする段階から、歩行者の確認という点につき全く意識すらしていなかったというのであって、このことからも、被告人の注意力等が著しく減退していた様子を見て取ることができる。さきに見たとおり、酒の影響による体調の変化を本人が自覚するほど被告人に酔いが残っていたことを併せ考えると、このような単なる油断では説明の付かないような著しい注意力の減退や判断力の鈍麻は、常識的に見て、まさにその酒の影響によるものとしか考えられない。2、3秒程度であれば、何かの拍子に手元やスマートフォンなどに気を取ら

れることはあるかもしれないが、15 秒から 20 秒にわたって、例えば酒も飲んでいない人の注意を引きつけてやまないような特異な画面があるとはとても思われない。実際、被告人は、LINE を立ち上げようとしていただけである。被告人は、体に酒が残っていないと仮定しても、今回の事故を起こしたであろうなどとも述べているが、現に体に酒が残っていると自覚している人間が、あれだけ注意力等を極端に欠く運転をしておきながら、何の根拠があって酒の影響が全くないなどと言い切れるのか、理解に苦しむところである。結局、被告人がアルコールの影響により正常な運転が困難な状態で自動車を走行させて人を死傷させたことは明らかである。もとより、被告人は、酒による身体の変調についての自覚もあり、特段運転中に意識を失ったりすることもなく、自分の行った危険な運転行為について余すところなく認識しているのであるから、故意についても問題なく認められる」と判示しました。

　異常ともいえる長時間にわたる運転中のスマートフォンの注視は、アルコールの影響なしには考えられないとしたものであり、また、その際の体調の変化の自覚や行為の状況を全て認識していることに照らせば、「アルコールの影響により正常な運転が困難な状態」についての故意も認定できるとしました。

　このように、被告人は法廷で本件事故の原因がスマートフォンの画面を見ていたことによる「わき見」であると力説し、それが長時間にわたっていたから前方注視がおろそかになったという主張を繰り返していたのですが、そのような主張自体が逆に「アルコールの影響により正常な運転が困難な状態」であることを明らかにしてしまったという結末でした。

　したがって、この事故時の運転状況だけで、被告人の危険運転致死傷罪の成立が認められましたが、実は、事故後の状況では、被告人が「アルコールの影響により正常な運転が困難な状態」になかったのではないか、とうかがわせるような事実が認められ、それが検察の当初の訴因である過失運転致死傷罪を選択させた一因ではないかとも思われますので、事故後の状況についても検討することにします。

(4)　事故後の被告人の状況

　ア　被告人は、本件事故後、人をはねたことをすぐに理解しましたが、酒を飲んでいたことから逃走することとし、そのまま停止することなく直進を

続けました。そして、その逃走している間に、コンビニエンスストアで煙草を買い、その際、海の家の同僚に電話を掛け、「事故っちゃった。どうしよう」と言ったところ、当該同僚は、すぐに現場に戻り、警察に連絡するように勧めました。ただ、同店内の防犯ビデオの映像からは被告人が特に酩酊しているような様子などはうかがわれませんでした。

　結局、被告人は、約 10.5km 走行した後、同日午後5時半頃、事故現場付近まで戻りました。そして、被告人は、事故現場付近で停車した後、110 番通報をしました。その際の通話状況は自然な会話ができており、かみ合っていないなどの酩酊状態を示すものはありませんでした。もっとも、「人を轢いちゃった模様です」とか、「コンビニに行く途中で巻き込まれまして」などと、他人事のような反応をしているほか、「何人くらい轢いたんですか」との問いに対し、「いや、一人だとは思うんですけど」などと事態を全く認識していない返答をしていました。また、自車のナンバーを答えられず、自車から降りてナンバーを読むように言われて、それで初めて自車から降りてナンバーを答えるといった状況などもうかがわれました。

　その後、被告人は、現場に駆けつけた警察官に逮捕されました。

　イ　このような被告人の犯行後の状況は、どのように評価すべきでしょうか。

　まず、第4章でも触れましたが、果たして、事故後、適切に走行して無事に逃走した行為をもって「アルコールの影響により正常な運転が困難な状態」ではなかったと評価すべきなのでしょうか。そうであるなら、うまく逃げおおせた者こそ「逃げ得」になるのではという問題が起きてしまうことにもなりかねません。

　確かに、被告人は、事故後逃走し、特段の事故などを起こすことなく約 10.5km を走行していることや、その途中のコンビニエンスストアでの防犯ビデオの映像から酩酊状態がうかがわれなかったこと、その際の友人との間の電話においても特に呂律が回らないなどの様子も見られなかったこと、さらに、110 番通報でも一応まともな会話ができていました。これらは、いずれも「アルコールの影響により正常な運転が困難な状態」ではなかったという方向に働く消極的な間接事実になるといえると思われます（もっとも、110 番通報での会話については、先に説明したように、必ずしも酩酊を否定することにはならないともいえると思います。）。

　このような事故後の状況を重く考慮し過ぎて、また、被告人が捜査段階で「わき見」にすぎないと強く主張していたことに引っ張られたことで、検察も、当初は過失運転致死傷罪が成立するにすぎないと考えて、同罪により起訴したものと推測されます。

　ウ　確かに、先に挙げた事故後の状況に関する各間接事実は、危険運転致死傷罪の成立を否定する方向に働くものといえるでしょう。しかし、事故後の走行経路は極めて単純なもので、事故を起こすことなくその走行ができたからといって、正常な運転が可能だったと認定されるほどのものではないと評価できると思われます。この点を福岡海の中道大橋飲酒運転事件の被告人が通行した道路と比較すると、はるかに容易に通行できる大通りばかりでした。

　また、そのほかにも、事故により覚醒し、依然としてアルコールの影響下にあるにしても、事故前よりは正常に近い運転が可能になるということも経験則上あり得るのではないかと思われること、さらに、事故後の友人らとの電話や買い物についても同様に評価できるのではないかと考えられます。

　この点、上記札幌地裁の控訴審である平成27年12月8日札幌高裁判決（公刊物未登載）は、本件札幌地裁判決と同様の認定と判断をした上で、弁護人が、被告人は運転を開始してから事故を発生させるまで的確な運転をしており、また、本件事故直後にも的確な運転をしていたのであるから、そのような運転態様に照らせば、「正常な運転が困難な状態」にあったとは認められないと主張したことに対し、「被告人が運転を開始してから本件道路に差し掛かるまでの距離が数百メートルにすぎない上、本件事故後の運転について、事故を引き起こしたことによる精神的衝撃やそれに伴う覚醒効果等を考慮すると、事故前後の運転に際して他に事故を起こさなかったことなど、異常な点が認められないとしても、被告人が本件事故を起こした当時に正常な運転が困難な状態であったことと矛盾するものではない」と判示し、被告人の控訴を棄却しました。

　特に下線部分の、事故後の運転において事故などを起こさなかった理由として「事故を引き起こしたことによる精神的衝撃やそれに伴う覚醒効果等」を考慮していることは、他の同様の事件においても適用できる法理であるといえます。

　なお、同判決に対しては、被告人が上告したものの、平成29年4月18日

最高裁決定（公刊物未登載）により上告棄却されており、最高裁においても
その判断は是認されているといってよいでしょう。

　したがって、うまく逃げおおせたような場合であっても、必ずしもその行
為だけから「アルコールの影響により正常な運転が困難な状態」でなかった
との結論が導き出されるものではないことに留意してください。

(5)　事故後の飲酒検知結果

　被告人が逮捕された後、事故から 44 分経過後の段階で実施された飲酒検
知により、被告人の体内から呼気 1 L 当たり 0.55mg ものアルコールが検出
されました。

　また、現場に臨場した警察官の証言等によれば、被告人の目は充血し、酒
の臭いは最初からかなり強く、事情聴取中に時折うとうとしたり、事故後の
逃走経路を正しく案内できなかったこともあったという状況も認められまし
た。

　このように多量のアルコールが検出されている状況や、明らかに酩酊して
いる状態が、事故後 44 分を経過しても認められるのですから、この点から
見ても、たとえ(4)で述べたような事実があったとしても、被告人は「アル
コールの影響により正常な運転が困難な状態」にあったとみてよいと思われ
ます。

(6)　判決結果

　本件札幌地裁判決は、前述したように、被告人に対して、危険運転致死傷
罪の成立を認め、検察官の求刑どおりの懲役 22 年の判決を言い渡しました。

　この判決後に、遺族の方々がマスコミに対して感想を述べていましたが、
この判決の量刑に納得してくれていました。娘さんを亡くされた方々にとっ
ては本当に辛いことであったと思いますが、たとえ僅かであっても、警察や
検察がその傷を癒やすことに力を尽くせたことはよかったと思います。

　もし、過失運転致死傷罪の訴因のままであったなら、その求刑は懲役 14
年となることを考えると、おおよそ遺族が納得できる結論には至らなかった
でしょう。

　このようなことに照らしても、悪質な飲酒運転事犯に対しては、積極的な
危険運転致死傷罪の立件、起訴が必要であると思います。

3　同様の参考事例

　本件と同様に、長時間の「わき見」をした行為を「アルコールの影響により正常な運転が困難な状態」にあったと認定した事例として、平成 25 年 5 月 29 日仙台地裁判決（公刊物未登載）がありますので、ここで簡単に紹介しておきます。

　この事案は、不必要なオーディオ操作ばかりに気をとられ、進路前方をほとんど見ないまま、時速約 75km で約 276.2m の距離を、時間にすれば約 13 秒もの間、自車を走行させた結果、道路舗装工事に全く気付かず、作業中の被害者らに衝突して 2 名を死亡させ、2 名に重傷を負わせたというものです。

　この事案において、本件仙台地裁判決は、「片側三車線で交通量の少ない深夜であったとはいえ、仙台市内中心部の一般道路で、この間には信号機が設置されている 2 か所の十字路交差点がある道路状況において、前記の高速度で走行する場合、通常であれば、恐怖心等が作用し、13 秒もの間前方にほとんど目を向けないまま走行するとは到底考えられず、このような被告人の運転は異常なものである」と判示し、その上で、なぜそのような異常な運転をしたかについて検討したところ、それがアルコールの影響によるもので「相当程度酩酊状態にあったことは明らかである」とし、「したがって、アルコールの影響により平衡感覚が正常に作用しないまま、被告人は車を発進させ走行させているのであって、被告人が約 13 秒間にわたり前方をほとんど見ないで高速度で運転するという、通常では想定し難い行動をとった原因はアルコールの影響以外には考えられない」として、被告人がアルコールの影響により正常な運転が困難な状態にあったものと認定し、危険運転致死傷罪の成立を認めたものです。

　このように、前方不注視の原因が、スマートフォンの画面であれ、車内の音響機器であれ、それを長時間注視することで前方を全く見ないという状況で事故が惹（じゃっ）起された場合、捜査上では、常に、それが「アルコールの影響により正常な運転が困難な状態」であったのではないかとの観点で、危険運転致死傷罪の成立を目指して立件の努力をしてほしいと思います。

飲酒運転事犯捜査における 基本的な知識

第1 アルコール代謝の原理

アルコールにはエタノール（エチルアルコール）、メタノール（メチルアルコール）、プロパノール（プロピルアルコール）などがありますが、一般的に飲酒に用いられるのは、エタノールです。このエタノールの代謝原理それ自体については、一般的によく知られていますが、概略は次のとおりです。

経口摂取により体内に入ったエタノールは、胃から約30%、小腸から約70%が吸収されます[2]。胃からの吸収に比べて、腸からの吸収は速いのですが、いずれにせよ、消化管内のエタノールは飲酒後1～2時間でほぼ吸収されます。その大部分は門脈で送られて肝臓で処理されます。そして、肝臓内でエタノールは、まず、ADH（アルコール脱水素酵素）やMEOS（ミクロゾームエタノール酸化系）により分解されることにより、アセトアルデヒドに酸化され、さらに、肝臓内のALDH（アルデヒド脱水素酵素）により、酢酸へと分解されます。その後、この酢酸は血液により全身を巡り、水と二酸化炭素に分解され、汗や尿、呼気中に含まれて外へ排出されることになります。

このように、アルコールは胃腸壁からそのままの形で吸収され、消化による変化を受けないものです。そして、吸収されたアルコールは、前述したように、大部分が体内で酸化され、尿、呼気、汗等に排出される分は僅か数%にすぎないといわれています。

そのため、酒気帯び運転の際の血中アルコール濃度については、道路交通法施行令44条の3において、

---

2 白倉克之ほか「アルコール医療入門」12頁

　　身体に保有するアルコールの程度は、血液1ミリリットルにつき0.3ミ
　　リグラム又は呼気1リットルにつき0.15ミリグラムとする。

とされているように、酒気帯びの基準として、血中アルコール濃度に関して
は、血液1mLにつき、0.3mgであるにもかかわらず、呼気中のアルコール
濃度については、呼気1Lという、血液の1,000倍もの量を使って、0.15mg
のアルコール量を検出した場合に同様に扱うということで、2,000倍の違
い、つまり、呼気中のアルコール量は、血中アルコール量の2,000分の1と
いう違いがありますが、いかに呼気の中に排出されるアルコール量が微小で
あるか分かることと思います。

第2　ウィドマーク式の原理及び公式

1　ウィドマーク式の原理

　そもそも「ウィドマーク」というのは、ドイツ人法医学者Widmark博士
の名前であり、ここで問題にする事柄は、この博士が1932年に発表した見
解に関するものです。

　つまり、血中アルコール濃度は、飲酒後上昇してピークに達した後、肝臓
でこれが代謝されることで漸次下降しますが、その下降率はほぼ一定してお
り、このときの血中アルコール消失曲線は、直線であって、理論的には、三
角形の一辺を滑り降りていくような直線状になることを、ウィドマーク博士
は発見しました。これは、飲酒後の血中アルコールの消失速度から間接的に
肝臓でのアルコール代謝状況を調べることができるというもので、その消失
曲線が前述したような直線になるというのがウィドマーク博士の研究成果と
されるものです。

2　ウィドマーク式の公式

　そこで、ウィドマーク博士は、飲用アルコール量と血中アルコール濃度と
の関係について、

　　　A　（摂取したアルコール量・単位はg）

　　　P　（飲酒者の体重・単位はkg）

　　　t　（飲酒後の経過時間）

　　　C　（血中アルコール濃度・単位はmg/mL）

　　　　γ　（体内分布係数）

　　　　β　（アルコール酸化による減少率）

とすると、次のような関係が導かれるとしました。

　　　　A= γ・P（Ct + β t）

　この関係式は、左辺を飲酒したアルコール量としているのですが、この式を変形して、左辺を血中アルコール濃度とした式が、

　　　　Ct=A/P・γ − β t

であり、これがt時間経過後のC、つまり血中アルコール濃度を示すものとして、現在一般的にウィドマーク式として使われている公式です。

　ただ、我が国で一般的にウィドマーク式として表されている計算式では、体重を示すPをW（WeightのWです。）で表しており、

　　　　Ct=A/W・γ − β・t

とされ、飲酒直後であれば、tが0となるため、差し引くものがなくなって、

$$\text{C（血中アルコール濃度 mg/mL）} = \frac{\text{アルコール摂取量(g)}}{\text{体重(kg)} \times \gamma \text{（体内分布係数）}}$$

とされているのが通常です。

3　ウィドマーク式の公式の係数等の理論的根拠

　前記の公式は、ウィドマーク博士が人類一般に適用できるものとして発見したものですが、同公式のうちのβやγの値については、人種等によっても異なると推測されることから、昭和48年に、神戸大学医学部法医学教室の溝井泰彦教授が、健康な成人144名に清酒200mLないし600mLを飲ませ、血中アルコール濃度を測定し、その飲酒量と体内でのアルコール代謝の状況などを調査、研究しました。

　その研究結果をまとめたものが、昭和48年9月30日に日本アルコール医学会（当時）発行の日本アルコール医学会雑誌「Japan. J. Stud.Alcohol§⑷ 179〜192頁、1973」に掲載された「アルコールの代謝の個人差に関する研究―特に血中アルコール濃度とβ値について―という論文（以下「溝井論文」という。）です（この論文については、拙著「Q&A 実例交通事件捜査における現場の疑問（第2版）」602頁以下に、前記日本アルコール医学会

雑誌からこの論文自体をそのままコピーして掲載してあります。）。

　この溝井論文こそが、現在、日本での交通事件捜査で使われているウィドマーク式の理論的根拠となるものです。ですから、裁判官から、ウィドマーク式の計算式の根拠を示してくださいと言われた場合には、この論文の写しを示せば、γ や β といった係数の根拠が実験上明らかにされていることを説明することができます。

アルコールの分解とアルコール依存症

　ここでは、アルコールの分解や依存症について医学的な説明をしておきます。

1　アルコールの吸収・分解のシステム

　そもそも、人が食べ物を口から摂取した場合、食道を通って胃に入り、胃液によって消化され、それが十二指腸に送られ、そこで、胆嚢から出された胆汁や、膵臓から出された膵液などによってブドウ糖やアミノ酸といった栄養素に分解されます。そして、それが小腸に送られ、その表面にある柔毛組織（じゅうもう）において、その内部の毛細血管やリンパ管に栄養分が吸収されます。

　これに対し、アルコールにはエタノール（エチルアルコール）、メタノール（メチルアルコール）、プロパノール（プロピルアルコール）などの種類がありますが、一般的に飲酒に用いられるのは、エタノールです。エタノールは、他の食品と異なり、消化を受けることなく吸収されます。

　まず、経口摂取により体内に入ったエタノールは、胃から約 30％、小腸から約 70％が吸収されます[3]。胃からの吸収に比べて腸からの吸収は速いのですが、いずれにせよ、消化管内のエタノールは飲酒後 1 ～ 2 時間でほぼ吸収されます。つまり、消化という過程を経ることなく、そのままの形で胃腸管粘膜を通して拡散し吸収されるため、その吸収速度は著しく速いのです。

　そして、そのように吸収されたエタノールの大部分は、門脈（消化管を流れた血液が集まって肝臓に注ぐ部分の血管）によって肝臓に送られて処理されます。肝臓内で、エタノールは、まず、ADH（アルコール脱水素酵素）や MEOS（ミクロゾームエタノール酸化系）によって分解されることにより、アセトアルデヒドに酸化され、さらに、肝臓内の ALDH（アルデヒド脱水素酵素）によって酢酸へと分解されます。その後、この酢酸は、血液に乗って肝臓を離れ、筋肉や心臓に移動して更に水と二酸化炭素に分解され、汗、尿、呼気中に含まれて体外へ排出されます（もっとも、このような肝臓の分解過程を経ずに、直接、汗、尿、便によって体外に排出されるものもありますが、数％以内と少量です。）。

3　白倉克之ほか「アルコール医療入門」12 頁、もっとも、胃から吸収されるのは 20％程度という文献も存するし、もっと少ないという説もある。

　ただ、肝臓での分解は、一度に全てのエタノールに対して行いきれるものではなく、分解しきれなかったエタノールは、肝臓から心臓への血管を経由して全身の臓器に行き渡ります。エタノールは水によく溶け、低分子で容易に細胞膜を通過するため、臓器の水分中に拡散します。そして、水分含量の比較的多い臓器（脳、肝臓、腎臓など）に分布、蓄積されます。その後、蓄積されなかったものは、また、血流に乗って肝臓に戻り、前記のように分解されるという過程を繰り返します。

　このように肝臓で分解されなかったエタノールが含まれる血液が、肺にも流れて行くため肺の臓器中にもエタノールが行き渡り、臓器から浸潤したエタノールが呼気に含まれることにより、飲酒検知によって、呼気中のアルコール分が検出されることになるのです。

2　アルコールの薬理作用

　アルコールは、その薬理作用として中枢神経系に対する抑制作用を有しています。ですから、アルコールは中枢神経抑制薬の一つであるといえます。

　具体的には、人の覚醒状態に関与する部分である網様体賦活系の機能を著明に抑制します。そのため、高次の中枢による低次の中枢機能の抑制あるいは調整が解除されることになり、精神的発揚（多弁、注意力散漫、運動能力低下など）が認められ、その上で、アルコールの作用が強くなれば、大脳や小脳などの高位中枢機能が抑制を受けるために、思考力の低下、運動失調に起因する歩行障害などが出現し、更には、昏睡状態に陥ることがあり、意識の完全喪失や呼吸抑制などが認められる状態に至ります[4]。

3　アルコール依存症の発生機序

(1)　アルコール依存症は、アルコールに耽溺することが基盤となり、エタノールの常用及び摂取量の増大により生じるものであります。具体的には、依存性薬物（アルコールもこれに含まれますが。）は、快反応を引き起こすため、それは更なる薬物探索と摂取行動を引き起こす、つまり、もう一度、その薬物を再摂取しようとする動機を引き出す正の強化効果を持つものです。

　そして、WHOによれば、アルコール依存とは、「薬物であるエチルアルコールに対する過剰摂取抑制障害を主症状とする薬物依存の一種であり、それは精神依存、身体依存及び耐性の出現に基づく諸症状を有する状態である」と定義されています[5]。

　このようなアルコール依存症は、中枢神経系機能障害の一つであり、薬理学的には、鎮静薬など向精神薬の一群であるバルビツール酸や抗不安薬に対する依存と同一のカテゴリーに分類される身体依存であり、この身体依存形成後にアルコール摂取を中止すると、禁断症状（離脱症状）を引き起こします。

(2)　このようなアルコール依存の形成には、アルコールが中枢神経機能へ与える影響が中心的な役割を果たしていると考えられています（もっとも、実際のところ医学者等の中でも確定的な見解があるわけではなく、その機序が正確に判明しているわけではないようです[6]。）。具体的には、身体依存や精神依存を生じさせることについて

4　栗山欣弥ほか「アルコール・薬物の依存症」14頁
5　前出栗山ほか24頁

の主要な見解として、次の3点が挙げられます[7]。

ア 神経細胞膜への影響

アルコールは、神経細胞膜に作用し、細胞膜の流動性を変化させることが身体依存を形成する原因の一つと考えられています。

そもそも神経の伝達は、ニューロンと呼ばれる感覚神経細胞が刺激を受けて興奮し、シナプスと呼ばれる連結部を経て、神経細胞体に興奮を伝達することによってなされます。その際、シナプスと神経細胞体との間には、シナプス間隙と呼ばれる隙間があり、そこにシナプス側から神経伝達物質と呼ばれるもの（アセチルコリン、ノルアドレナリンなど）が放出され、それを神経細胞体の細胞膜が取り込んで興奮が伝達されます。

このような神経伝達構造の下、前記シナプスの細胞膜の流動性が高まると興奮の伝達がしやすくなり、アルコールの作用からすれば、神経抑制作用が強化されることになります。一般的に、アルコールの摂取により、この細胞膜の流動性が高まるのに対し、これまでの研究結果から、アルコール依存や、アルコールへの耐性が強化され、更には、アルコール依存症になると、この細胞膜の流動性が低下することが認められています。そうなると、アルコールの神経抑制作用による効果を求めるには、更なるアルコールの摂取しかなくなるので、いきおいアルコール摂取量の増加、間断のない摂取へと移行し、アルコール依存症が形成されるものと考えられるでしょう。

イ 神経伝達物質への影響

脳内の神経伝達物質としては、アセチルコリン、ドーパミン、セロトニン、γアミノ酪酸（GABA）、興奮性アミノ酸（グルタミン酸）などがあります。アルコールは、これらの物質の脳内含量、シナプスからの放出と取込み、そして、神経細胞の受容体への変化をもたらすことが知られています。特に、アルコール依存症が成立する際の関連が論じられているのは、GABA系、グルタミン酸系です。

これまでの研究結果から、アルコールを急性投与したとき、これが大量であった場合は脳内GABA含量は減少し、少量であった場合はこれが増加するということが分かっています。さらに、依存症になっている場合はGABA含量が増加し、禁断症状が生じる離脱症状発現時は低下することも分かっています。

これらのことから、アルコールの継続的な摂取で依存症に至るような場合、一時的に大量に摂取してGABAが減少しても、継続的な飲酒が前記の少量であった場合に相当してGABAが増加することにより、神経伝達が活発になることから、アルコールによる神経抑制作用が強化され、これが継続することで、GABA含量が増加した状態である依存症に至ると考えられるところです。

---

6 「現在までアルコール依存症の病態生理のみならずアルコールの中枢神経作用機序も完全には明らかになっていない。それはアルコールが他の中枢神経作用薬と異なり、脳内に特異的結合部位（受容体）を有しておらず、第一次作用点が不明確であるからである。」（菱本明豊「アルコール依存の生物学」日本生物学的精神医学雑誌21巻1号40頁）との指摘がなされている。

7 次は、前出栗山ほか18頁以下、洲脇寛ほか「アルコール依存症とその本態」『メディコピア35』135頁以下、前出菱本39頁以下に基づく。

ウ　脳内報酬系の影響

　アルコールを含む依存性薬物が当該薬物の再摂取をしようとする動機を引き出すことは前述しましたが、その快反応を強化する神経回路は、脳内報酬系と呼ばれ、中脳ドパミン神経系[8]に影響されます。これは、中脳の一領域である腹側被蓋野から側坐核[9]を経て、思考や創造性を担う前頭前野へ働き掛けます。そして、アルコールが、中脳ドパミン神経系におけるドパミン放出を増強して活性化することにより、薬物探索行動の開始や維持に重要な影響を与え、強い精神依存が生じるといわれています。

　そして、このような精神依存は身体依存を誘発し、更に依存が重篤化していくのです。

(3)　このようにアルコール依存症は、中枢神経細胞の作用に異常をもたらすことによって引き起こされるものと考えられます。

4　血中アルコール濃度の計算について

　次のURLから、血中アルコール濃度の自動計算がご利用いただけます。

・交通事故前に飲んだお酒から事故時のアルコール濃度を求める計算
・検出されたアルコール量から遡って事故時のアルコール濃度を求める計算（追加の飲酒量が0の場合でも計算が可能です。）

　　　URL　https://www.tokyo-horei.co.jp/magazine/kotsu/
　　　202010/keisan.php

8　ドパミンは、ドーパミンとも発音され、同じものを指す。
9　側坐核は、前脳に存在する神経細胞の集団である。報酬、快感、嗜癖、恐怖などに重要な役割を果たすと考えられ、両側の大脳半球に一つずつ存在する。

飲酒運転をめぐる喫緊の課題（その１：飲酒検知不能）

第1　序　論

　飲酒運転をして交通事故を起こしたものの、被害者の救護をすることなく逃走し、その後、体内からアルコールが抜けてから出頭する犯人がいることは歴然とした事実です。このような場合、飲酒検知で必要なアルコール量が検知できなかったことを理由に、酒気帯び運転等の立件を諦めているようなことはないでしょうか。このような者は、検問等で飲酒検知に応じて飲酒運転が発覚し、その刑罰を素直に受けている者に比べれば、はるかに悪質性が高く、より厳重な処罰が必要である者らです。

　また、飲酒運転をして交通事故を起こしてから、直ちに、缶ビール等を購入して飲んだ犯人（いわゆる「追い飲み」）に対し、事故後に飲んだアルコールが体内にあることから、その後に実施された飲酒検知が役に立たないとして、酒気帯び運転等の立件を諦めているようなことはないでしょうか。

　このような法規範の欠如が著しい者らに対しては、飲酒検知ができなかった、若しくは、飲酒検知をしたものの前述した基準量が検出できなかった、更には、追い飲みをされた場合であっても、次に述べるウィドマーク式を使うなどして、酒気帯び運転等の立件、起訴をしなければならないと考えています。でなければ、正直者が馬鹿を見るという結果をもたらし、国民の間に法を守ろうという意識が低下してしまうことになるからです。

　そのため、次のような設例を検討し、その対策を考えてみましょう。

第2　設例（追い飲みによる酒気帯び運転逃れ）

①　被疑者は、午後7時半頃から午後9時頃までにかけて、友人宅において、ビール300mL入りの中ジョッキ6杯を飲んだ。そして、飲み直しとして、午後9時半頃から午後11時頃までにかけて、ガールズバーで、同じサ

イズの中ジョッキでビールを3杯飲んだ。その後、被疑者は、普通乗用自動車を運転し、午前零時頃、道路を横断中の歩行者をはねるという人身事故を起こした。

その後、逃走し体内のアルコールが完全に消失してから出頭したとしたら、この被疑者を酒気帯び運転等により処罰することは可能でしょうか。

②　その後、被疑者は、負傷した被害者を放置したまま、直ちに、先の友人宅に逃げ戻り、午前1時頃、同人方の冷蔵庫にあった350mLの缶ビール2本を飲んだ。その後、警察による犯人割り出しにより、午前2時半頃、甲警察署に出頭させられ、飲酒検知が実施されたところ、被疑者の呼気1L中から0.46mgのアルコールが検出された。

この被疑者を酒気帯び運転により処罰することは可能でしょうか。

③　①の後、上記②を次のように変更します。

事故の目撃者からの通報を受けた警察官が、事故後10分ほどで現場に駆け付けた。それを見た被疑者は、これはまずいと思って、手荷物の中にあった350mLの缶ビールを取り出し、警察官が「やめろ」と言って飲酒行為を制止しようとするのを無視して一気に飲み干した。その後、警察官は、被疑者に口をすすがせた上で、飲酒検知をしたところ、呼気1Lから0.5mgのアルコールが検出された。

この被疑者を酒気帯び運転により処罰することは可能でしょうか。

第3　問題の所在

飲酒運転による検挙を免れるために、この質問にあるような事故後に追い飲みをしておくというケースはしばしば見られるところです。このような犯行に及ぶ者らには、遵法精神というものが微塵もなく、反社会性は極めて顕著です。このような者らに対してこそ、法執行機関である警察や検察は強く対応しなければなりません。つまり、必ず逮捕、勾留などの強制捜査をし、公判請求をしなければならないということです。そうでないと、素直に飲酒運転の犯行を認めて刑罰を受ける者らに対し、正直者が馬鹿を見るという結果になってしまうからです。

ただ、追い飲みをすることによって、その後の飲酒検知の結果は、運転時の飲酒量と運転後の追い飲みの飲酒量が混同してしまい、運転時の飲酒量が不明となります。そのため、酒気帯び運転等の立件が不能となってしまうお

それが問題とされるのですが、そのような結果を許すわけにはいきません。

　したがいまして、ここで、このような者たちと戦うための方策を提示したいと思います。

第4　ウィドマーク式による計算手順及びその検討

1　設例①　飲酒検知不能

⑴　ウィドマーク式による

$$C（血中アルコール濃度 mg/mL）= \frac{アルコール摂取量（g）}{体重（kg）× γ（体内分布係数）}$$

を用いて、設例①のケースを計算します。

　ただし、

　　　A＝アルコール摂取量（g）＝飲酒量（mL）×アルコール濃度×アルコール比重（0.8）

　　　W＝体重（kg）

　　　γ＝体内分布係数（0.60〜0.96）

　　　β＝減少率（0.11〜0.19）

　　　t＝飲酒後の経過時間

　そして、何時間か経過後であるなら、上記の計算で出された血中アルコール濃度に対し、減少率と時間を掛けたものを

　　　Ct（t時間後の血中アルコール濃度）＝C − β（減少率）× t

といった計算式で算出することになります。

⑵　ここで、設例①に沿って、その計算式に実際に数値を入れて計算してみます。まず、飲酒直後の体内のアルコール保有量を計算します。ただ、実際には、1時間半という時間をかけて飲んでいるのですが、最初に飲み始めた分は、その1時間半の経過のうちに分解されていきますので、その間に飲んだ量の全てが1時間半経過後に被疑者の体内に残っているわけではありません。したがって、飲んだ全ての量を1時間半後に存在するとして計算することはできません。

　そのため、この点については、被疑者に有利に計算するため、アルコール

を飲み始めた時点で、1時間半経過後の全てのアルコール量が、被疑者の体内に摂取されたものとして取り扱います。

　ア　被疑者（体重74kg）が、中ジョッキの生ビール（300mL）を6杯飲んだ場合の計算ですが、

　　　300mL × 6 × 0.05（ビールのアルコール濃度は通常5％）× 0.8（比重）

となり、そのアルコール摂取量（g）は、

　　　72g

となります。

　その上で、その被疑者の血中アルコール濃度を算出するためには、まず、その分母として、体重にγで表される体内分布係数を乗じたものを求めておく必要があります。ここでいう体内分布係数というのは、アルコールが分布しにくい骨などの硬組織や脂肪組織などの分を差し引くための係数です。というのは、アルコールは、飲酒後、胃と腸からそのほとんどが吸収され、骨などの硬組織や脂肪を除いた全身の臓器の水分にほぼ均等に分布すると考えられているので、アルコールが分布しにくい組織の分を差し引いておく必要があるからです。

　そして、日本人の場合、その平均は、第6章で紹介した溝井論文から、

　　　0.78

で、その幅としては、± 0.18で、結局、

　　　0.60〜0.96

と考えられています。

　そこで、体重の74kgに、それらの数字を乗ずると

　　　44.4〜71.04

と算出されるので、これが分母となり、これらの数字で上記のアルコール摂取量の72gを除することになります。

　その結果は、

　　　1.62〜1.01mg（小数点以下第3桁以下は四捨五入）

となります。

　これが、飲酒後に体内に全てのアルコールが拡散、分布した場合の血液1mL中のアルコール濃度です。

　イ　次に、同じ被疑者（体重74kg）が、中ジョッキの生ビール（300mL）

を３杯飲んだ場合の計算ですが、

　　　300mL × 3 × 0.05（ビールのアルコール濃度は通常５％）× 0.8（比
　　　重）

となり、そのアルコール摂取量（g）は、

　　　36g

となります。

　その上で、体内分布係数γの 0.60〜0.96 を、体重の 74kg に乗じた

　　　44.4〜71.04

は、先に算出されているので、この分母で、上記のアルコール摂取量の 36g
を除することになります。

　その結果は、

　　　0.81〜0.51mg（小数点以下第３桁以下は四捨五入）

となります。

　これが、飲酒後に体内に全てのアルコールが拡散、分布した場合の血液１
mL 中のアルコール濃度です。

⑶　そして、飲酒後、体内に吸収されたアルコールは酸化され、最終的に二
酸化炭素と水になるので、そのような代謝による血中アルコール濃度の減少
について、時間の経過を考慮しなければなりません。

　ア　その減少率βに関し、日本人については、溝井論文から、平均で

　　　0.15

であり、その幅として、± 0.04 とされており、結局、

　　　0.11〜0.19

と考えられています。

　そして、その減少率に経過時間を乗じたものを、先の飲酒直後の血中アル
コール濃度から差し引いたものが、当該時間経過後の被疑者の血中アルコー
ル濃度となりますが、これは、先に示した

　　　Ct（t 時間後の血中アルコール濃度）＝C − β（減少率）× t

の計算式で表されることになります。

　イ　この質問では、午後７時半の時点で、血中アルコール濃度 1.62〜
1.01mg のアルコールが体内に保有されていたところ、事故を起こしたの
は、その４時間半後になりますから、その時間である

　　　4.5

に、0.11～0.19 を乗ずると、差し引く減少率は、

　　　0.495～0.855

となります。

　また、午後9時半の時点で、血中アルコール濃度 0.81～0.51mg のアルコールが追加して体内に摂取されたところ、事故を起こしたのは、その2時間半後になりますから、その時間である

　　　2.5

に 0.11～0.19 を乗ずると、差し引く減少率は、

　　　0.275～0.475

となります。

　そこで、血中アルコール濃度の合計（1.62～1.01mg ＋ 0.81～0.51mg ＝ 2.43～1.52mg）から、減少率の合計（0.495～0.855 ＋ 0.275～0.475 ＝ 0.77～1.33）を差し引くと、最大で、

　　　1.66mg

で、最小で、

　　　0.19mg

となります。

　したがって、この場合、最小値が血中アルコール濃度血液1mL中に0.3mgを下回るので、立件できないということになります。

⑷　しかしながら、計算の仕方を変えて、被疑者に有利にするという考え方から、2軒目で飲んだ分も先の1軒目で一緒に飲んだとして、午後7時半に、合計中ジョッキ9杯を飲んだとすると、

　　　300mL × 9 × 0.05（ビールのアルコール濃度は通常5％）× 0.8（比重）

となり、そのアルコール摂取量（g）は、

　　　108g

となります。

　その上で、体内分布係数 γ の 0.60～0.96 を、体重の 74kg に乗じた

　　　44.4～71.04

は、先に算出されているので、この分母で、上記のアルコール摂取量の108gを除することになります。

　その結果は、

　　　　2.43〜1.52mg（小数点以下第 3 桁以下は四捨五入）

となります。これは、先の(3)イで計算した結果と同じです。

　そして、飲酒後、事故発生まで 4 時間半になりますから、その時間である

　　　　4.5

に、0.11〜0.19 を乗ずると、これも先に計算していたものと同じですが、

　　　　0.495〜0.855

となります。

　この値を先の 2.43〜1.52mg から、それぞれ差し引くと、その値は、最大で、

　　　　1.935mg

となり、最小では、

　　　　0.665mg

となり、最小であっても、血中濃度 0.3mg 以上になります。

　それゆえ、この段階での、被疑者の呼気 1 L 中のアルコール濃度としては、呼気中のアルコール濃度は、血中の 2,000 分の 1 として算出することから、

　　　　0.9675〜0.3325mg

となり、最小でも 0.15mg 以上になります。

(5)　ここでの問題は、なぜ、同じように計算したのに、(3)では立件できないという結果になり、(4)では基準値を超えるという結果になったのでしょうか。

　これは、減少率の計算で、(3)では、午後 7 時半と午後 9 時半それぞれの飲酒量に対応する減少率を差し引いていますが、(4)では、午後 7 時半からの減少率しか差し引かれていません。どちらが正しいのでしょうか。

　実は、ここでいう「減少率」というのは、個々の飲酒量に対応しての減少の程度を示すものではないのです。つまり、「減少率」の示す体内のアルコールの代謝とは、時間とともにどれくらいアルコールが分解されているのかというものを示すものであることから、個々の飲酒量に対応するものではないということなのです。すなわち、肝臓の働きにより、アルコール代謝がなされるのは、肝臓が機能する時間に応じて代謝が進んでいくということであって、追加して飲酒したから、それについて、個別に代謝が進むというものではないのです。だから、追加されたアルコールは、どの段階でどのよう

に分解されるかはともかくとして、先に体内に入ったアルコールと一緒に代謝が進み、それは先に飲酒した分に対する減少率で計算された分に含まれるということなのです。それゆえ、減少率をオーバーする追加の飲酒量があれば、それは体内に蓄積されることになるのです。

　したがって、追加の飲酒量は、その飲酒した時間にかかわらず、そこで摂取したアルコール量を加算すればよいのですが、その点については、被疑者に有利に計算するため、飲酒を開始した時点まで遡らせて飲酒したとして計算をするのであれば問題はないといえるのです。

　したがって、本事例では、この(4)での計算結果により、被疑者は、事故時において、酒気帯び運転状態であったと認定してよいことになります。

　このように、被疑者の飲酒量から運転時の体内アルコール保有量を推定する場合には、追い飲みに係る量を検討する必要はありませんから、最低限、これだけでも酒気帯び運転行為は立証できることになります。

2　設例②　追い飲み

(1)　この場合、まず、追加して体内に摂取されたアルコール量を計算します。この場合は、350mL の缶ビール2本ですから、

　　350mL × 2 × 0.05（ビールのアルコール濃度は通常5％）× 0.8（比重）

により、アルコール摂取量（g）は、

　　28g

となります。

　その上で、体内分布係数 γ の 0.60〜0.96 を、体重の 74kg に乗じた

　　44.4〜71.04

は、先に算出されているので、この分母で、上記のアルコール摂取量の 28g を除することになります。

　その結果は、血中アルコール濃度が

　　0.63〜0.39mg（小数点以下第3桁以下は四捨五入）

となります。そして、これを呼気1Lに換算すると、

　　0.315〜0.195mg

となります。そして、これが飲酒検知の際に余分に含まれているアルコール量ですから[注]、呼気検査で示された呼気1L中、0.46mg から、0.315〜

0.195mg を差し引くと、最大で

　　　0.265mg

で、最小は、

　　　0.145mg

となり、酒気帯び運転が立件できる数値とはなりません。

　しかしながら、この場合、事故時より、さらに2時間半を経過しているのですから、この飲酒検知の際に呼気1L中0.15mgのアルコールが検出されなくてもおかしくはありません。

⑵　そこで、今度は、この検知されたアルコール量から、逆に遡って事故時のアルコール量を検討する必要があります。

　この場合、事故後、2時間半経過した後で、最小量としては、先に示した0.145mgのアルコールが残っていたのですから、先の減少率に関する

　　　Ct（t時間後の血中アルコール濃度）＝C － β （減少率）× t

の数式に分かっている数値を入れていきますが、ただ、0.145mgというのは呼気1L中のアルコール量ですから、血中アルコール濃度に換算して、0.29mgを使うと、

　　　0.29mg ＝ C － （0.11～0.19） × 2.5

となるので、事故時の体内のアルコール濃度を示すCの数値を計算すると、

　　　0.29 ＝ C － （0.11 × 2.5 ＝ 0.275～0.19 × 2.5 ＝ 0.475）

　　　0.29 ＋ 0.275～0.29 ＋ 0.475 ＝ C

　　　0.565～0.765 ＝ C

となり、事故当時の血中アルコール濃度は、

　　　最大0.765mg、最小0.565mg

となり、呼気換算で、

　　　最大0.383mg、最小0.283mg

となるので、事故当時においても、酒気帯び運転状態であったことが計算上は明らかとなります。

（注）　ただ、この数値も、追い飲みをしてから1時間半を経過していますので、その時間経過による減少率を差し引くことが必要で、理論的には、飲酒検知時における追い飲みによる影響はもっと下がります。ただ、その計算をするとかなり複雑になるのと、その計算をしないことは被疑者に有利に扱うことになることから、ここではそのような減少率を用いることはしませんでした。

3　前記1、2の留意事項

　前記1と2で計算した方法は、ウィドマーク式を用いる上で、「前からの方法」と「後ろからの方法」と私が呼んでいるもので、この両者とも酒気帯び運転の基準値を超えていれば、その立証は相当に強力になると考えられるものです。両方から挟み込んで立証するということですね。特に、飲酒検知管に残された数値を基に逆算して算出する「後ろからの方法」では、飲酒検知をした結果、呼気中で、0.01mgしか出ていなかったとか、0.05mgだったという場合に効力を発揮します。この場合に、0.15mg出ていなかったとして諦めるのではなく、その数値を基にして、事故時まで遡らせればいいのであって、それで事故時の体内のアルコール保有量が算出できるからです。特に、運転開始前にどの程度飲酒したかを明らかにして算出する「前からの方法」よりも、よく確実性が高い（客観的に一定量のアルコール量が認められることを基にしているので）ことから、この方法であれば、酒気帯び運転の立件を可とする検察官も多く見られます。

　もっとも、ウィドマーク式は、あくまで平均的なケースを想定していますので、計算上、基準となる法律上の数値を超えたからといって、直ちにその数値を飲酒検知の数値と同様に扱ってよいということにはなりません。ある程度の幅と余裕をもってみておく必要があります。この幅や余裕などは、個々の事件ごとに判断する必要がありますから一概にはいえませんが、まあ、これくらい余裕をもって見積もっておけば大丈夫だろうというくらいの感覚でなされればよいかと思います。

　ここでの設例①、②においては、なんとか酒気帯び運転で立件できると考えられます。極力、被疑者に有利に計算していますので、そういったこともあって、数値的には決して多いものが出ているわけではないものの、この程度の余裕があれば、立件してもよいのではないかと思われます。

　飲酒運転をして事故を起こしながら、逃走することで飲酒運転による処罰を免れようとする卑怯な者らを許してはなりませんので、そのためにもウィドマーク式を正確に理解し、実際の捜査で活用することにより、「逃げ得」を許さない捜査の実施に努めてください。

4　設例③　追い飲み（警察官の面前）

⑴　この場合、まず、追加して体内に摂取されたアルコール量を計算します。この場合は、350mL の缶ビール1本ですから、

$$350mL \times 1 \times 0.05（ビールのアルコール濃度は通常5\%）\times 0.8（比重）$$

により、アルコール摂取量（g）は、

14g

となります。

その上で、体内分布係数 γ の 0.60〜0.96 を、体重の 74kg に乗じた

44.4〜71.04

は、先に算出されているので、この分母で、上記のアルコール摂取量の 14g を除することになります。

その結果は、血中アルコール濃度が

0.315〜0.197mg（小数点以下第3桁以下は四捨五入）

となります。

そして、これを呼気1Lに換算すると、

0.158〜0.099mg

となります。

そして、これが飲酒検知の際に余分に含まれているアルコール量ですから、呼気検査で示された呼気1L中、0.5mg から、追い飲みに係るアルコール量の 0.158〜0.099mg をそのまま差し引くと、最大で

0.401mg

で、最小は、

0.342mg

となり、最小でも呼気1L中 0.342mg のアルコールが検出されており、0.15mg の基準値を超えていますので、酒気帯び運転が立件できる数値となることが分かると思います。

⑵　このように、警察官の面前での飲酒の場合には、被疑者に有利にしてやって、その飲酒に係るアルコール量をそのまま全部差し引いてやればよいのです。本当は、飲んだ直後は、まだアルコールは、胃の中などにあって、呼気にまで影響しないのですが、被疑者に有利に扱って全部引いてやれば問

題はないはずです。

　そして、このように全部を差し引くとしても、だいたい警察官の面前では
それほど多量には飲めませんから、ほとんど問題は生じないはずです。た
だ、もともと大して飲んでいない被疑者であれば、この差引きで呼気1L中
のアルコール量が0.15mgを下回ることもあるかもしれませんが、そのよう
なケースでは、さすがにこのやり方では立証できません。そうなると、先に
述べた「前からの方法」である、被疑者の飲酒量を明らかにして、追い飲み
とは関係なく、事故時のアルコール体内保有量を計算して立証するというこ
とになろうかと思います。

　なお、この飲酒検知は、被疑者が追い飲みをしてから、どの段階でやって
も構いません。というのは、飲酒したアルコールが体内に回って呼気に影響
が出るまでは、大雑把な目安として20分くらいと考えればよいといわれて
いるのですが、目の前で飲酒したのを見てから20分くらい経過した後に飲
酒検知をすれば、呼気中に追い飲みをした量が影響するようになり、その分
多くアルコール量が検知されることになります。そこで、その段階から追い
飲みをした分を差し引いた方が最終的なアルコール量が多く出ますので、ど
うせ追い飲みの全量を差し引いてやるなら、一番多く出るのを待ってから検
知して、その結果から差し引くほうが、0.15mg以上の量が出やすいといえ
るところです。

　ただ、そこまでしなくても大丈夫だろうとは思いますので、いつ飲酒検知
をしても気にすることはないと述べたものです。ただ、あまりに時間が経過
してしまうと、今度は、設例②で説明したように、減少率を計算しなければ
ならなくなりますので、そのようなことをしなくてもよいように、手短な時
間のうちに飲酒検知を実施しておいたほうが好ましいということはいうまで
もありません。

　このように、警察官の面前で飲酒する被疑者に対しても、毅然として酒気
帯び運転を立件するという態度で臨んでもらいたいと思います。

ウィドマーク式を用いて立証したアルコール等の影響による危険運転致死罪

ウィドマーク式が有効に使われた事案として、自動車運転死傷処罰法3条1項の危険運転致死罪が認定された令和3年12月21日大津地裁判決（公刊物未登載）が参考になると思いますので、この事件を紹介したいと思います。

第1　事案の概要

被告人は、令和元年5月5日午前零時41分頃、普通乗用自動車を運転し、大津市小野1674番地の2付近道路（69.5kp付近）を京都市方面から滋賀県高島市方面に向かい時速約60kmで進行するに当たり、運転開始前に飲んだ酒の影響により、正常な運転操作に支障が生じるおそれがある状態で同車を運転し、もってアルコールの影響により、その走行中に正常な運転に支障が生じるおそれがある状態で自動車を運転し、よって、同日午前零時49分頃、大津市南比良1006番地の18付近道路（58.9kp付近）から58.6kpまでの区間の中間付近において、そのアルコールの影響により正常な運転操作が困難な状態に陥って自車を対向車線に進出させて時速約78kmで進行し、同日午前零時50分頃、同市北比良1036番地の45先道路（58.2kp付近）におい

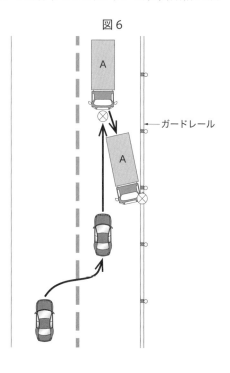

図6

て、折から対向から進行してきたＡ（当時45歳）運転の普通貨物自動車を
至近距離に発見し、急制動の措置を講じたが間に合わず、同車右前部及び右
側部に自車右前部を衝突させ、その衝撃で前記Ａ運転車両を対向車線右側導
流帯に設置されたガードレールに衝突させ、よって、同車両の同乗者（当時
9歳）に脳挫傷の傷害を負わせ、同日午前2時6分頃、同市内の甲病院にお
いて、同人を前記傷害により死亡させた（図6参照）。

　このように本件では、自動車運転死傷処罰法3条1項のアルコール等の影
響による危険運転致死罪が、認定されています。

第2　犯行に至る経緯

　本件は、被告人が飲酒した上で、あえて普通乗用自動車を運転したことに
よって本件被害を発生させたものであり、その経緯においては、自動車の運
転者として、非常に悪質なものが見られるところです。その概要は次のとお
りです。

1　直前の被告人の飲酒状況

　被告人は、本件事故当時、高島市に所在する乙宿泊施設に支配人として勤
務しており、普段は京都市内の自宅から同施設まで自動車で通勤していた
が、繁忙期は同施設の宿直室に宿泊しながら勤務をしていた。

　被告人は、令和元年5月4日午後8時頃、乙宿泊施設内で勤務していたと
ころ、同施設内にあるレストランにおいて、被告人の勤務先の社長であり、
義理の父でもあるＢから、同人と知人らの酒席に加わるように言われたた
め、被告人は、その頃から同日午後8時45分頃までの間、Ｂらと共に、レ
ストランにおいて中ジョッキのビールを飲んだ。なお、同レストランにおい
て提供されるビールは、アルコール度数5％の生ビールであり、中ジョッキ
に注がれるビールの量は約270mLであった。

　このレストランで被告人がビールジョッキ何杯を飲んだかが争点となりま
したが、この点は後述します。

　被告人は、同日午後9時過ぎ頃、酒に酔ったＢを送るため、乙宿泊施設か
ら被告人車両を運転してJR新旭駅へ向かったが、Ｂが予定していた電車に
乗り遅れたため、Ｂが次の電車が来るまで飲み直すことを提案した。そのた
め、被告人は、上記車両を空き地に駐車し、同日午後9時半頃、Ｂと共に、

同駅近くにあるスナック丙に入店した。被告人は、その頃から同日午後 10 時 45 分頃までの間、同店において、Ｂと共にウイスキーを飲んだ。なお、スナック丙において被告人らに提供されたウイスキーは、Ｂがボトルキープしていたもので、アルコール度数 40％のウイスキーであった。同店におけるウイスキーロック 1 杯分のウイスキーの量は約 60mL、水割り 1 杯分のウイスキーは約 50mL であった。

　このスナックで被告人がウイスキーを何杯飲んだかが争点となりましたが、この点も後述します。

2　被告人の事故前の運転状況等

①　被告人は、同日午後 10 時 45 分頃、スナック丙を退店し、Ｂを電車に乗せるために、Ｂと共に徒歩で JR 新旭駅に向かったが、Ｂが同駅発の京都方面の最終電車に乗り遅れたことなどから、被告人は、被告人車両を運転して、Ｂを京都市内の同人宅付近まで送り届けることとした。

　被告人は、5 月 4 日午後 11 時 30 分頃、スナック丙付近の空き地から、被告人車両の運転を開始し、国道 161 号高島バイパス、湖西道路等を走行して、同月 5 日午前零時 11 分頃、京都市内のＢ方付近に到着し、Ｂを降車させた。

②　被告人は、同日午前零時 13 分頃、乙宿泊施設に戻るため、被告人車両の運転を再開し、その後、国道 161 号湖西道路に至った。この道路は、自動車専用道路ではあるが、基本的に片側一車線の道路である。

　被告人車両は、同日午前零時 41 分頃、湖西道路 69.5kp（大津市小野 1674 番地の 2）付近において、北向き車線を時速約 60km で進行しながら、車線の幅の中でゆるやかに右に寄ったり、左に寄ったり、時に左側の白線を踏みそうになりながら走行し、少なくとも和邇インターチェンジのある 68.3kp 付近までの約 1.2km にわたり、このような走行状態が継続した（この時点を、以下「異常運転開始時」という。）。

　被告人車両は、和邇インターチェンジと志賀インターチェンジ（63.0kp）の中間付近から、指定最高速度 60km の道路を、時速 5 km 程度の低速度で、北向き車線の左側の白線をまたいだまま走行したり、同車線中央に戻ったりしながら走行し、その後、時速約 20～30km に速度を上げ、同車線の左側の白線をまたいでは同車線中央に戻ることを 2、3 回繰り返し、更に、急

に減速し、停止してから再び時速約 20〜30km に速度を上げて走り出すといった動きを 2、3 回繰り返すなどした。

③　滋賀バイパスとなる 63.0kp 付近は、右カーブとなっているところ、被告人車両は、同日午前零時 47 分頃、同カーブを走行中、進行方向左側に大きくふくらみながら走行した。もっとも、60.7kp 付近は、左カーブとなっているところ、同地点に設置されたカメラの映像では、特に被告人車両に異常な挙動はみられなかった。

　しかしながら、59.85kp 付近は、右カーブとなっているところ、被告人車両は、同日午前零時 48 分頃、時速約 20〜30km で走行しながら、カーブの手前の直線で左右に揺れ、右方向へのカーブの手前、中間、曲がり終わりの各地点でそれぞれ明らかに不要なブレーキをかけ、車線内を小刻みに揺れながら走行し続け、その後左右に大きく揺れ、時速約 30〜40km で南向き車線（対向車線）にはみ出ては、北向き車線に戻るという動きを 2、3 回繰り返した。

④　右カーブを抜けた 58.9kp（大津市南比良 1006 番地の 18 付近道路）から 58.6kp までの区間は、上り勾配の直線となっているところ、被告人車両は、同区間の中間付近において、追い越しのための右側部分はみ出し通行禁止の黄色い二重線による中央線を越えて、対向車線である南向き車線に進出し、同時に時速約 50〜60km に加速して逆走を開始した。被告人車両は、逆走を開始してからは、左右に揺れたりブレーキを踏んだりすることはなかった。被告人車両が逆走を開始した当時、北向き車線において、被告人車両の前方を走行する車両はなく、南向き車線を走行する車両もなかった。

　58.6kp から約 144m にわたり、曲線半径 450m で上り勾配（勾配度約 4 ％）の左カーブとなっているところ、被告人車両は、58.5kp 地点から少なくとも約 8 秒間にわたり、側壁等にぶつかることもふらつくこともなく、左カーブに沿って南向き車線上を北向きに逆走し続けた。なお、被告人車両の当時の走行速度は、時速約 78km（秒速約 21.8m を時速に換算したもの）であった。

第 3　犯行状況（事故発生状況）

1　現場の地形的状況

　本件事故現場は、国道 161 号志賀バイパスの 58.2kp 地点（大津市北比良 1036 番地の 45 先道路）であった。58.2kp の手前約 20m の地点からは約 80m にわたり、曲線半径 700m で下り勾配（勾配度約 4 ％）の右カーブとなっており、被告人車両の走行方向手前からみると、58.6kp から約 144m にわたる上り勾配の左カーブの後、58.5kp 過ぎからの下り勾配の直線部分を経て、58.2kp 手前からの前記右カーブに連なる、緩やかな S 字を描く道路の途上にある。

2　被害者の走行状況

　被害車両を運転していた A は、国道 161 号志賀バイパスの南向き車線を、高島市方面から京都市方面に向かい時速約 70km で進行していたところ、本件事故現場手前約 25.3m の地点で、南向き車線上を時速約 78km で逆走してくる被告人車両を前方約 52.7m の地点（被告人車両から見て事故現場手前約 27.4m の地点）に認め、直ちにハンドルを左に切るとともに、急ブレーキをかけたが、衝突を避けることはできず、5 月 5 日午前零時 50 分頃、本件事故現場の南向き車線右端付近において、被告人車両の右前部と被害車両の右フロントドア付近が衝突し、被害車両がその衝撃で南向き車線左側のガードレールに衝突し、同乗していた 9 歳の児童が死亡する本件事故が発生した。

第 4　事故後の被告人の言動等

　本件事故を受けて、事故から約 30 分後、滋賀県大津北警察署交通課所属の C 警部補が事故現場に臨場した。その際、被告人は、C に対し、居眠り運転をしたことを認める旨の発言をした。被告人には、意識が混濁したり、朦朧としたりしている様子はなく、酒に酔った様子も見られず、そのため、C が被告人に飲酒の有無を確認することもなかった。被告人は、本件事故により負傷していたことから、戊病院に搬送された。

　C は、5 月 5 日午前 4 時頃、本件事故現場の見分を終えた後、戊病院に赴

き、被告人に飲酒の有無を確認したところ、被告人は飲酒した旨を述べた。そこで、Cは、同日午前4時30分頃、同所において、被告人に対し、北川式飲酒検知器を用いた飲酒検知を実施した。その結果、呼気中アルコール濃度の検知結果は、0.05mgの目盛りを少し越えた値を示したが、Cは、検知管に細かい目盛りが記されていなかったことから、被告人に有利に捉えて、測定結果として、飲酒検知結果濃度表に0.05mg/Lと記載した。また、Cは、引き続き、酒酔い酒気帯び鑑識カードに基づき調査見分を行い、被告人の応答結果を踏まえて、「言語態度普通」「約10mを真直ぐ歩行させたところ正常に歩行した」「10秒間直立させたところ直立できた」「酒臭顔面より約30cm離れた位置でかすか」「顔色普通」「目の状態普通」などと記載した。

　なお、当然のことですが、この数値では、道路交通法における酒気帯び運転罪は成立しません。

┃第5　公判における争点

　そもそも本件では、被告人が対向車線に進出したことで事故を引き起こしたことについては争点とならず、専らアルコールの影響による危険運転致死罪の成否でした。具体的には、その構成要件のうちの、「その走行中に正常な運転に支障が生じるおそれがある状態で、自動車を運転していた」といえるのか、また、その結果、「よって、そのアルコール又は薬物の影響により正常な運転が困難な状態に陥った」といえるのか、という点などが問題とされ、被告人に対し、運転開始から事故時まで、どの程度、アルコールの影響があったのかという点などが争点とされました。

　ただ、飲酒検知をした時期が、事故後3時間半以上も経過した後であったため、事故時の被告人の体内のアルコール保有量については、ウィドマーク式を用いて算出するしか方法はありません。そして、そのためには、被告人が運転開始前にどの程度飲酒したかを明らかにして算出する「前からの方法」と、飲酒検知管に残された数値を基に逆算して算出する「後ろからの方法」があります。

　もっとも、この「前からの方法」については、被告人や一緒に飲酒した者、更には、アルコールを提供した者らが、被告人の飲酒量を正確に供述することが大前提となります。実際のところ、それらの者は、被告人と利害関

係を有する者になることから真相を供述させるのは困難も多く、少なめに供述されてしまうことが通常です。本件においても、そのような問題があり、本件判決では、飲酒量の事実認定が困難であるとして、「前からの方法」を採ることはできないとした上で、「後ろからの方法」によるウィドマーク式を用いて事故当時の被告人の体内のアルコール保有量を算出しました。

　ただ、このような飲酒運転事故において、交通警察官として「前からの方法」でも被告人の事故当時の体内のアルコール保有量を算出できるようにしておく必要があることから、まず、「前からの方法」を検討しておき、その後、「後ろからの方法」を検討することとします。

第6　前からの方法での被告人の事故時における体内アルコール保有量の算出

1　前記レストランでの飲酒量について

⑴　本件のような飲酒量が問題とされる事件においては、事前の飲酒状況における関係者の取調べやその際の証拠物の検討が不可欠です。本件では、乙宿泊施設の従業員で、被告人とBらとの酒席に同席した証人Dは、公判廷において、被告人が中ジョッキのビール2杯を飲酒した（2杯目も飲み干した）旨を供述していました。

　しかしながら、このDは、上司である被告人に有利な証言をしようとする立場の者です。したがって、この2杯という証言も少なめに話しているおそれがあります。

　そして、この点につき、本件判決は、Dの証言を供述が変遷しているなどの理由で信用できないとしました。

⑵　そもそも、被告人は、捜査段階においては、同レストランでのビールの飲酒量について、次のとおり、自己の刑責を軽減させる意図が明らかに見て取れるような変遷をさせ、その量を減らす方向での供述をしています。すなわち、

①　本件事故から約4時間後に行われた酒気帯び鑑識に際し、Cから事情聴取をされた際には、中ジョッキビール3杯を飲酒した旨供述していた。

②　その後の6月の警察官による取調べにおいては、中ジョッキビール2、3杯ぐらい飲んだ旨を供述していた。

③　11月の検察官による取調べにおいては、中ジョッキビール1から3杯飲んだ旨を供述していた。

④　そして、公判廷においては、ビール1杯余り飲んだ旨述べている。

このような被告人の供述の変遷は、見事なまでに漸次低減を示しています。ビールの飲酒量が自己の責任に直結すると分かるにつれて、その量を減らしているのであり、このような場合、事故直後の記憶が新鮮なうちに述べられた飲酒量がもっとも真実に近いと認定すべきであることは当然です。

そうであるなら、ここでは、被告人は、最低限、捜査段階で当初述べた量である中ジョッキビール3杯を飲んだと認定すべきであることが当然であると考えます（そもそも、後述する「後ろからの方法」によって算出されたアルコールの体内保有量に鑑みれば、それすらも少なめに供述しているおそれがある。）。

(3)　この点について、本件判決は、「被告人は、このような供述経緯や変遷の理由等について、前記①の事故直後の事情聴取においては、重大な事故を起こしてしまった自責の念から、自分で考えられる最大限の量を答えた、検察官に対しては、自分の記憶を改めて見直して、最終的には自分の記憶に従って前記③のとおり答えた、その後、全ての事情聴取を終えて、気持ちの整理をした後に、捜査官（C）や関係者から聞いた話や供述調書を読んだことも踏まえて、公判廷で前記④のとおり述べたなどと説明する。しかし、事故直後は、動揺した心理状態の下、十分に記憶を喚起することが難しかった可能性を否定し得ないにせよ、事故後の約1か月後の6月の時点において感覚的にしか覚えていなかった旨自認し、Cから種々の説明を受けた上、自分の記憶を改めて見直した上での11月の取調べにおいても、なお、1杯から3杯などという曖昧な記憶しかなかった被告人が、それから更に1年近く後に行われた被告人質問において、レストランでビールを1杯と少し以上飲酒した可能性も、（中略）全くない、その記憶には自信があるなどと言い切るほどに具体的で確実な記憶を保持するに至ったというのは、それ自体不自然である」などと認定して、被告人の中ジョッキビールの飲酒量については信用できないとしています。

もっとも、本件判決は、元山口大学医学部法医学講座教授の藤宮医師の公判供述や呼気検査の結果をも併せて考慮すれば、自身が供述するビール1杯余りを含み、かつ、これを相当程度上回る、呼気検査の結果に整合し得るも

のであったと認めるのが相当であるとして、結局は、中ジョッキビール１杯よりは多めに飲んでいると認定しました。

2　前記スナックでの被告人の飲酒量

⑴　この点について、スナック丙の従業員である証人Ｅは、被告人が、同店において、ウイスキー水割り２杯、ロック１杯を飲酒した旨を供述し、同店経営者である証人Ｆも、被告人が同店でウイスキーを２、３杯飲んだと思う旨を供述しています。

　これらの立場の者は、被告人とは直接の利害関係はないものの、常連と思われるＢを顧客とする立場であるところ、その義理の息子であってＢの従業員である被告人に対して不利な証言はし難い立場であることがうかがえます。そのため、顧客Ｂらのために被告人に有利に証言しようとする懸念がないわけではありません。

　もっとも、これらの証人についても、本件判決では、その供述内容が変遷しているなどの理由から、いずれも信用できないとしました。

⑵　一方、被告人のウイスキーの飲酒量に関する供述の変遷状況としては、先のビールの場合と同様ですが、自己の刑責を軽減させる意図が明らかに見て取れるような変遷をさせながら、その量を減らす方向での供述をしています。すなわち、被告人は、

①　本件事故から約４時間後に行われた酒気帯び鑑識に際し、Ｃから事情聴取をされた際には、ウイスキー３杯を飲酒した旨供述していた。

②　６月の警察官による取調べにおいては、ウイスキーは感覚的にはグラスで３杯ぐらい飲んだ旨を述べていた。

③　11月の検察官による取調べにおいては、ウイスキーはロックで１から３杯程度飲んだ旨を供述していた。

④　公判廷においては、ウイスキーのロックを１杯程度飲んだ旨述べていた。

　このような極めて不自然な変遷からして、被告人の弁解が信用できないのは当然です。この点については、本件判決でも、前述したビールと同様に信用のできないものと認めており、それゆえ、被告人が、スナック丙でウイスキーを２杯以上飲んだ可能性も全くないと主張していることは信用できないとしています。

　その上で、前記ビールの場合と同様の理由づけにより、ウイスキーロック1杯程度を含み、かつ、これを相当程度上回る、呼気検査の結果に整合し得るものであったと認めるのが相当であるとして、結局は、ウイスキーロック1杯よりは多めに飲んでいると認定しました。

3　ウィドマーク式による計算

　第6章で紹介した「ウィドマーク式」を用いて、被告人の事故時における体内のアルコール保有量を計算します。

　ただし、本件では、被告人の体重が不明であるため、仮に70kgであるとしておきます。

⑴　アルコール摂取量（A）

　　　　アルコール摂取量（g）＝A

　　　　＝飲酒量（mL）×アルコール濃度×アルコール比重（0.8）

で算出すると、本件被告人のアルコール摂取量は、

　　　ア　ビール中ジョッキ3杯

　　　　　270 × 3 × 0.05 × 0.8 ＝ 32.4g

　　　イ　ウイスキーのロック1杯

　　　　　60 × 1 × 0.4 × 0.8 ＝ 19.2g

　　　ウ　ウイスキーの水割り2杯

　　　　　50 × 2 × 0.4 × 0.8 ＝ 32.0g

　ウイスキーのアルコール摂取量は、イとウを合計して

　　　51.2g

となります。

⑵　中ジョッキビールを飲んだ際の被告人の体内のアルコール保有量

$$C（血中アルコール濃度 mg/mL）＝\frac{A（アルコール摂取量 g）}{W（体重 kg）× \gamma（体内分布係数）}$$

を用いて算出する。

　⑴アで算出した32.4gが計算式の分子（A）となる。分母は、体内分布係数（γ）を被告人に有利な値として、0.96を用いるとして、

　　　70 × 0.96 ＝ 67.2

となるので、血中アルコール濃度（C）は、

$$32.4/67.2 = 0.48\text{mg/mL}$$

となる。そして、これを呼気1L に換算すると、2000：1 として、

$$0.24\text{mg/L}$$

となります。

　これは、呼気1L 中0.15mg のアルコールが存した場合に、酒気帯び運転とする道路交通法施行令44条の3の規定をはるかに上回るものとなります。

(3)　ウイスキーを飲んだ際の被告人の体内のアルコール保有量

　(2)同様に計算して、

$$51.2/67.2 = 0.76\text{mg/mL}$$

となるので、呼気1L に換算すると、

$$0.38\text{mg/L}$$

となり、これも酒気帯び運転の基準をはるかに上回るものとなります。

(4)　減少率

　ビールやウイスキーは、それぞれ飲んだ時刻が異なり、更に、事故はその何時間か経過後に発生していることから、(1)～(3)の計算で出された血中アルコール濃度に対し、減少率 β と時間を掛けたものを差し引く必要があります。

　この場合の計算式は、

　　　　Ct（t 時間後の血中アルコール濃度）＝C － β （減少率）× t

となります。

(5)　ビール及びウイスキーに関する減少率

　まず、ビールについては、午後8時45分まで飲んでおり、事故発生は、その約4時間後であるから、ここでは、この4時間を経過時間として使用します。通常のウィドマーク式の計算では、被疑者に有利にするために、飲酒開始時刻を使用することが多いですが、ここでは、実際の判決でも、この「前からの方法」は、使われていないことから、便宜上、この時間を使用します。

　もっとも、その2時間後にウイスキーを飲んでいるので、その時点からは新たなウイスキーによるアルコール量をも加算して減少率を差し引く必要があります（なお、ウイスキーについては、午後10時45分まで飲んでおり、事故発生は、その約2時間後であるから、上記同様に、便宜上、この2時間を経過時間として使用する。）。

　まず、2時間経過時点でのビールの体内アルコール保有量を算出するに当たり、被告人に有利な減少率 β として、0.19 を採用し、

　　　0.48mg/mL － 0.19 × 2 ＝ 0.1mg/mL

となり、これに、0.76mg/mL のウイスキーのアルコール量を加えた 0.86 が、午後10時45分時点での体内のアルコール保有量になります。そこで、この数値から2時間分の減少率を差し引くと、事故時点でのビール及びウイスキーの体内アルコール保有量は、

　　　0.86mg/mL － 0.19 × 2 ＝ 0.48mg/mL

となります。これを呼気換算すれば、

　　　0.24mg/L

となり、酒気帯び運転の基準以上のアルコールが体内に保有されていたことが判明します。

(6)　算出方法の違いによる乖離(かいり)から分かること

　しかしながら、この数値は、後述する「後ろからの方法」と乖離が著しく、被告人を含めた周囲の者らが真実の飲酒量を供述していなかったことをうかがわせるに十分です。その意味で、本件判決が、証人らの証言内容による飲酒量をも当てにしないように認定していたことには、このような数値を算出しないようにするためであったと理解することも十分に可能であろうと思われます。

　ただ、アルコールの体内保有量だけで、「正常な運転が困難な状態」であったかどうかを判定するわけではなく、その他の要素も考慮することになるので、ここでは、とりあえず、「前からの方法」によっても、酒気帯び運転の基準を超えることから、本法3条1項における「正常な運転に支障が生じるおそれのある状態」で運転をしていたことは立証可能であることが判明します[10]。

　もっとも、このような「前からの方法」では、前述したように、被告人らの飲酒量についての供述の信憑性が問題となることから、売上伝票などの客観的な証拠物等で飲酒量の特定がなされたような場合でない限り、少なめに算出されることのほうが通常です。そこで、飲酒検知管に残された数値か

10　なお、「正常な運転に支障が生じるおそれがある状態」の判断に酒気帯び運転の基準を用いることができる理由については、拙著「ケーススタディ危険運転致死傷罪（第3版）」11頁以下参照。

ら、逆算して事故時の被告人のアルコール保有量を算出する「後ろからの方法」がより重要となります。

第7　後ろからの方法での被告人の事故時における体内アルコール保有量の算出

　本件では、事故発生から約 3.5 時間経過後に実施された飲酒検知結果では、呼気 1 L 中に

　　　0.05mg/L

のアルコールが検出されていました。この数値では、酒気帯び運転の基準を満たさず、道路交通法違反とすらならないことになります。そこで、①この数値を血中アルコール濃度に換算した数値を算出し、②減少率の計算をして事故当時の血中アルコール濃度を算出し、③その数値を呼気 1 L に換算するという手順で計算します。

　まず、検知結果の数値を血中アルコール濃度に換算すると

　　　0.10mg/mL…①

となります。前記第 6、3、(4)の計算式に

　減少率 β については、被告人に有利に、第 6 とは逆に少ない数値である 0.11 を用いて計算すると、

　　　0.10 = C － 0.11 × 3.5

となることから、事故時の体内のアルコール保有量である血中アルコール濃度である C は、

　　　C = 0.10 + 0.385 = 0.485mg/mL…②

となり、呼気 1 L に換算すると、

　　　0.24mg/L…③

となります。これは、酒気帯び運転の基準を十分に上回るだけでなく、第 6 の「前からの方法」とほぼ同様のアルコール保有量が算出されています。

第8　判決における被告人の事故時におけるアルコール保有量の算出

(1)　本件判決では、「被告人の飲酒量については、正確な量を確定することができないため、飲酒量に基づいて被告人のアルコール保有量を推計したとしても、正確な数値を得ることはできない。他方、本件事故後に実施された

被告人の呼気検査の結果については、その手法の適切性や検査値の正確性に疑義を差し挟むべき事情はないため、当該呼気検査の結果に基づいて被告人のアルコール保有量（血中アルコール濃度）を推計するのが相当である」として、ウィドマーク式を用いる上で、「前からの方法」を否定し、「後ろからの方法」によるとしていますが、この点は、飲酒検知結果という客観的数値が残っていることから、極めて妥当な考え方です。

(2)　ただ、その減少率 β については、上記のとおり、0.11〜0.19 までの幅のあるものであるところ（本件判決では、その数値の幅を 0.12〜0.20 としており、若干のずれはある。）、被告人については、その普段の飲酒量からして、大半の日本人と同等の

　　　0.16

であると認定しています。これは、捜査機関が常に被告人に有利な減少率 β を採用するのと異なり、積極的に、被告人に適した減少率を選択したもので、裁判所として極めて妥当な認定であると評価できるところです（なお、本件判決では、上記減少率 β については、「60 分当たりのアルコール消失速度（β 60 値）」という表記をしており、判決では、減少率 β については「β 60 値」と表記されている。）。

　この点については、前述した元山口大学医学部法医学講座教授の藤宮龍也医師が学者証人として出廷し（同教授は法医学のアルコール分野における我が国の最高権威者である。）、その証言に基づき、次のように判示しています。

　すなわち、「アルコール代謝能力である β 60 値には、飲酒能力や飲酒習慣による個人差があるが、大半の日本人の β 60 値は 0.16（mg/mL/hr）であり、この 0.16 を中心に 0.12〜0.20 の幅で正規分布の形をとっている。β 60 値が 0.20 となるような人は、日常的に飲酒して非常に酒が強く、β 60 値が 0.12 となるような人は、酒に弱いいわゆる下戸といった特徴がある。また、体調不良による代謝能力の低下により β 60 値が低下する場合もあるが、差が生じるのは入院する程度の肝機能障害のような場合であって、基本的には影響がない」として、減少率 β（β 60 値）について、その範囲を 0.12〜0.20 としており、また、大半の日本人の β 60 値が 0.16 であるとしている。なお、本稿で筆者がその範囲を 0.11〜0.19 としているのは、溝井論文から引いている数値です。

　その上で、本件において、この0.16を用いることの合理性については、上記藤宮教授の証言を踏まえて、「本件事故以前の被告人の飲酒能力及び飲酒習慣からすれば、被告人のβ60値は大半の日本人と同等ないしそれを上回る0.16〜0.20に当たる可能性が高い。他方、本件事故当時、被告人が連日の長時間勤務や睡眠不足による疲労を抱えていたことは認められるものの、本件事故前の言動や様子に照らし、被告人がβ60値の数値に影響が生じるほどの体調不良に陥っていたことはうかがわれない。そうすると、本件事故当日の被告人のβ60値については、少なくとも大半の日本人と同等の0.16であったものと合理的に推認される」と認定しました。

⑶　そして、更に、本件において、「後ろからの方法」により、ウィドマーク式を用いることの合理性について、「藤宮証言によれば、ウィドマーク式においては、吸収分布相を経た後の血中アルコール濃度は、β60値を比例定数として、時間に比例して減少していくものとなることから、吸収分布相を経た後の直線的消失相における血中アルコール濃度の減少量は、β60×t（時間）で表すことができ、具体的なアルコール保有量（C1）が判明している一定の時刻（t1）から遡った過去の特定の時点（t2）におけるアルコール保有量（C2）は、「C2−C1＋β60×（t2−t1）」という計算式で求めることができることになる」として、前述した「後ろからの方法」による計算が妥当することを判示しました。

　なお、この判決で示された上記の式が、第6、3、⑷で示した式の形からどのように変わったのかというと、

$$Ct（t 時間後の血中アルコール濃度）=C − β（減少率）× t$$

$$\downarrow$$

$$C 1 = C 2 − β 60 × （t 2 − t 1）$$

$$\downarrow$$

$$C 1 + β 60 × （t 2 − t 1）= C 2$$

$$\downarrow$$

$$C 2 = C 1 + β 60 × （t 2 − t 1）$$

となっていたのであり、全く同じ計算をすることがお分かりになると思います。

　その上で、この計算式に、飲酒検知結果の呼気中アルコール濃度0.05mg/Lを、血中アルコール濃度に換算した0.10mg/mLを使って、「被告人のβ

60値を0.16として、前記の計算式により、公訴事実記載の運転開始時（以下「異常運転開始時」ということもある。）である5月5日午前零時41分時点（呼気検査時から3時間45分前）及び本件事故時である同日午前零時50分時点（呼気検査時から3時間36分前）の被告人の血中アルコール濃度を推計すると、それぞれ0.70mg/mL、0.676mg/mLとなる」と判示しました。

　具体的には、異常運転開始時では、3.75時間前となり、事故時では、3.6時間前となるので、まず、前者は、

$$0.10 + 0.16 \times 3.75 = 0.7\text{mg/mL}\cdots①$$

となり、次に、後者は、

$$0.10 + 0.16 \times 3.6 = 0.676\text{mg/mL}\cdots②$$

となり、前者を呼気1Lに換算すると、

$$0.35\text{mg/L}$$

となり、後者も同様に換算すると

$$0.34\text{mg/L}$$

となり、「前からの方法」より計算した前記の結果や、また、前述した被告人に有利な減少率β（0.11）を用いた場合より、はるかに多い数値が見出されています。

⑷　そして、本件判決は、⑶①値及び②値が被告人に対して、既に色々な点で有利に取り扱って算出されたものであることを明らかにしており、最終的に、「被告人は、異常運転開始時刻である同日午前零時41分頃において、血中アルコール濃度にして0.70mg/mL前後（被告人に最大限有利に解したとしても0.60mg/mL）、本件事故時である同月5日午前零時50分頃において約0.676mg/mL前後（被告人に最大限有利に解したとしても0.576mg/mL）のアルコールを体内に保有していたものと推認される」として、被告人の体内のアルコール保有量を確定しました。

　この判断過程は極めて緻密かつ正確になされており、本件判決の妥当性が揺らぐことはあり得ないと考えられます。

第9　第8、⑶①値及び②値の運転への影響については いての評価

　このような血中アルコール濃度と酩酊度の関係について、本件判決は、次のとおり判示しています。

　すなわち、「酩酊症状は、一般的には血中アルコール濃度と相関関係にあり、世界保健機関（WHO）においては、便宜的に、無症状期、軽度酩酊、中等度酩酊、強度酩酊、泥酔期、それ以上の段階の6つに区分して、血中アルコール濃度と酩酊度の一般的な傾向を整理している。WHOの区分においては、血中アルコール濃度が0.1〜0.5mg/mLの場合（無症状期）は、爽快で気持ちが緩み愉快になる、自己抑制の低下、脈拍や呼吸数の上昇、作業の遂行能力や判断力の低下といった症状が見られ、0.6〜1.0mg/mLの場合（軽度酩酊）には、注意力や忍耐力の低下、全身の反応の鈍化、協調運動や筋力の低下、不安や抑うつの増加、合理的な解決や分別ある行動の低下といった症状が見られ、1.0〜1.5mg/mLの場合（中等度酩酊）には、反応の著明な低下、運動機能の低下、言語不明瞭、視覚機能や平衡感覚の低下、嘔吐（特に急速に血中濃度が上昇した場合）などの症状が見られるとされている」とした上で、本件では、第8、⑶①値及び②値は、上記の軽度酩酊に該当することになることから、被告人は、これらのいずれの時点においても、「正常な運転能力ないし思考・判断能力に影響を与える程度のアルコールを体内に保有していた（前記のWHOの区分によれば、注意力や忍耐力の低下、全身の反応の鈍化、協調運動や筋力の低下、不安や抑うつの増加、合理的な解決や分別ある行動の低下といった症状が見られる軽度酩酊状態ないし同状態と無症状期との境界域）ものと認められる」と認定した上で、「以上によれば、被告人は、異常運転開始時及び本件事故時のいずれにおいても、正常な運転能力ないし思考・判断能力に影響を与える程度のアルコールを体内に保有していたものと認められる」と判示したものです。

　本件判決に対しては、ウィドマーク式を用いて、事故当時における被告人の運転行為等に対し、アルコールが与えた影響を適切に判断したものと評価されよう。

第10 「正常な運転が困難な状態」に陥っていたとの法的評価

　本件では、ウィドマーク式による計算結果から算出された被告人の体内のアルコール保有量に照らし、それが「正常な運転に支障が生じるおそれのある状態」であることは明らかとなりました。残りの問題は、本件事故が、アルコールの影響により正常な運転が困難な状態に陥ってなされたものであるかどうかという点です。

　この点については、本件判決では、第2、2、④記載の対向車線上を高速度で逆走した事実を捉えて、それはアルコールの影響によるもので、「正常な運転が困難な状況」下で走行したものと認定しました。

　すなわち、「逆走開始時及び逆走開始後の異常運転については、25秒前後の間を通じ、意識状態の著しい低下や意識の喪失をうかがわせる走行は含まれず、仮睡状態でなかったことはもとより、意識朦朧状態であったとも考え難い。むしろ、一気に加速しながら車線を変更するなどの意識的な運転操作を連続的に行っていることからすれば、被告人は、覚醒状態で、道路状況を認識しつつ意識的に運転操作をしたものと認めるのが相当である。そして、被告人が、強い眠気等の影響を受けることもなく、覚醒状態において意識的にした逆走後の運転行為は、明らかに不合理な判断に基づくものというべきである。

　すなわち、被告人が逆走を開始した道路は、指定最高速度が時速60kmとされており、本件事故当時、対向車線上の走行車両は少なかったとはいえ、時速60km前後で進行してくる対向車両がいつ来てもおかしくない状態であった。そして、時速50〜60kmに加速しながら対向車線上に進出し、時速約78kmまで更に加速して同車線上を進行すれば、対向車両と正面衝突し、死傷結果を伴う重大な交通事故を起こす現実的な危険があったことは明らかである。特に、被告人が逆走を開始したのは、144mにわたる左カーブの手前であり、進行方向側の見通しが限られる区間であり、追い越しのための右側部分はみ出し通行禁止を示す黄色い二重線による中央線が続いていた。しかるに、被告人は、被告人車両の前方を走行する車両がなく、それ以外にも走行車線上に障害物があるなど、進路を変更する必要を生じさせる特段の事情は一切うかがわれないにもかかわらず、突如、対向車線に進出すると同時

に一気に加速し、その後も時速約 78km という高速度になるまで更に加速を続け、カーブで見通しが限られる区間も含めて対向車線上の逆走を続けたものである」として、被告人による対向車線上の逆走行為の異常性について事実認定をしました。

　その上で、このような行為についての法的評価として、「被告人は、前記のようなアルコールを保有する状態で、対向車線に進出しながら加速をし、更に加速しながら逆走を続けているところ、このような異常運転は、それ単体でみても、仮睡状態でも意識朦朧状態でも困難なものであり、被告人が覚醒状態にあったと見るほかない。そして、そのような覚醒状態の下で、道路状況を誤認したわけでもなく、前方に走行車両もなく、何ら必要性もない中、追い越しのための右側部分はみ出し通行禁止の中央線を越えて対向車線に進出して、指定最高速度を上回る高速度で逆走を続けるという危険な運転行為を選択する判断は明らかに不合理である。そのような判断の原因については、本件事故前の飲酒により体内に保有されていたアルコールによる思考・判断能力の低下の影響によるものとみるのが自然である一方、前記のような意識状態に照らし、強い眠気によるものと考えることは困難であるほか、一件記録を精査しても、不合理な判断の原因となり得るその余の事情を見出すことはできない」、「以上によれば、本件事故に直結した逆走開始後の異常運転は、疲労の蓄積や睡眠不足等に起因する眠気によるものとは考えられず、本件事故前に飲酒したことで体内に残存していたアルコールの影響により、思考・判断能力が低下していたことが原因となっているとみるほかなく、これに先立つ異常運転についても、疲労の蓄積等のほか、アルコールの影響も相まって強い眠気を感じたことによるものであるというべきであるから、被告人は、異常運転を開始した 5 月 5 日午前零時 41 分の時点で、アルコールの影響により、その走行中に正常な運転に支障を生じるおそれがある状態で自動車を運転していたと認められ、同日午前零時 50 分の本件事故時においては、被告人が、アルコールの影響により正常な運転操作が困難な状態に陥っていたものと認められる」として、自動車運転死傷処罰法 3 条 1 項におけるアルコールの影響による危険運転致死罪の成立を認めたものです。

　本件では、裁判所による現場の状況などの検証も実施されており、裁判所が真摯に本件事件に向き合い、適切な事実認定と法的判断をしたものと評価されよう。

第11　捜査における問題点

　この事件の犯行に至る経緯など読んで、交通警察官としては、どのような印象を持つのであろうか。この事件で最も重大な責任を負うべき者が被告人であることは当然であるが、では、それ以外には誰も責任を負う者はいないのでしょうか。

　そもそもBは、被告人が前記レストランで中ジョッキビールを飲んでいることを分かっていながら、JR新旭駅まで本件普通乗用自動車で送らせた上、予定の電車に乗り遅れたからという理由で、更に、スナックで被告人に飲酒をさせています。その上、真実、最終電車に乗り遅れたのかどうか疑問がないではありませんが、最終的に、京都市内まで被告人に本件車両で送らせています。もちろん、その後、被告人が乙宿泊施設に戻るために運転をすることもBは知っていたものと思われます。

　このような一連のB及び被告人の行動状況に照らせば、Bは、本件危険運転致死罪の共犯、つまり、幇助犯となり得るのではないかと考えられます。仮に、危険運転致死罪の共犯とならないとしても、最低限、酒気帯び運転罪の幇助犯にはなると思われます。。

　この点、平成23年2月14日さいたま地裁判決（裁判所ウェブ）や、平成20年9月19日仙台地裁判決（研修725号105頁）などでは、同乗者が運転者の危険運転致死傷罪の幇助犯や、酒酔い運転罪の幇助犯として認定されています[11]。

　ただ、上記の各裁判例は、いずれも幇助犯が事故時まで同乗していたものであり、本件では、事故以前に降車しているが、それでも、被告人に飲酒や運転をさせたことが本件危険運転致死行為を容易にしたという因果関係は残るであろう。

　そうであるなら、交通警察官としては、当初の段階で、被告人のみならず、Bについても危険運転致死罪の幇助犯として身柄拘束をするなど、Bの責任に応じた捜査をすべきであったと思われます。実際のところ、Bも警察の取調べを受けているはずですが、Bの供述は本件判決上一切出てきません。これは、Bが真摯に警察の取調べに臨んでいなかったことを示すもので

11　詳細は、前出「ケーススタディ危険運転致死傷罪（第3版）」84頁以下参照。

す。

　本件事故発生について多大な寄与をしていたＢが、全く責任を問われずに無罪放免とされていることに、大きな違和感を感じる国民は少なくないのではないでしょうか。。

第12　量刑について

　本件では、被告人に対して、結局、懲役４年という短期の実刑に終わっています。被告人の行為は、多量に飲酒しておきながら、長距離にわたって運転を続け、挙句の果てに対向車線を走行して、本件事故を惹起したもので、被害者側に全く落ち度がないばかりか、その犯行で失われたものは、９歳の男の子の命です。命の重さに軽重はないのかもしれませんが、やはり子供の命は、より重いものと感じるのは、世の中の親であれば当然のことと思うのではないかと思われます。

　被害者の母親による「大切に大切に頭をなでて育てたのに、通りすがりの酔っ払いに頭を砕かれて死んでしまった。命を落とすほどの痛み、どんなに痛くて辛かったでしょう。私は死にゆく我が子にただ名前を呼ぶことしかできませんでした」との意見陳述に涙を流さない人はいないでしょう。亡くなった児童もその両親も本当に辛いことだったと思われます。

　にもかかわらず、たった４年の懲役で済んでしまうというのは、他の事件との比較がどうこうというよりも、やはり問題だと思われます。交通刑務所は、開放処遇も進んでいますし、仮釈放もありますから、実際に、４年間も塀の中にいるということはないでしょう。そのようなことを考えると、本件で危険運転致死罪が認定されたことは正しかったと思いますが、検察の求刑も裁判所の判決も、もっと重くてよかったのではないかと思われてなりません。

第9章 ウィドマーク式の活用が不可欠となる過失運転致死傷アルコール等影響発覚免脱事犯

　ここでは、過失運転致死傷アルコール等影響発覚免脱事犯において、ウィドマーク式の活用が不可欠となることや、その適用によって処理された事件の説明などをします。

第1　基本的な構成要件

　自動車運転死傷処罰法4条は、

> アルコール又は薬物の影響によりその走行中に正常な運転に支障が生じるおそれがある状態で自動車を運転した者が、運転上必要な注意を怠り、よって人を死傷させた場合において、その運転の時のアルコール又は薬物の影響の有無又は程度が発覚することを免れる目的で、更にアルコール又は薬物を摂取すること、その場を離れて身体に保有するアルコール又は薬物の濃度を減少させることその他その影響の有無又は程度が発覚することを免れるべき行為をしたときは、12年以下の懲役に処する。

と規定しています。確かに長い条文で、構成要件が面倒くさそうだなと感じられるのではないかと思います。では、それらの条文を分解して、どのような捜査等が必要であるのかを説明していきます。

1　ウィドマーク式の計算方法を習熟する必要性

　まず、この犯罪の前半部分の構成要件は、要は、酒気帯び運転をしたということです。この前半部分の「アルコール（中略）の影響によりその走行中に正常な運転に支障が生じるおそれがある状態で自動車を運転した」とは、前述したように酒気帯び運転をしたことを意味しています。ですから、この犯罪の捜査に当たっては、事故が起きる前に、被疑者が酒気帯び運転をしていたことの立証が不可欠になります。ところが、この犯罪は、被疑者が事故

後現場から逃走するなどの行為に出たことなどを実行行為とするものですから、事故直後に飲酒検知ができていないことになります。そうなると、例えば、２日も経ってから犯人を発見しても、飲酒検知ができないことから、どうやって、酒気帯び運転状態で事故を起こしたと立証できるのかという疑問にぶつかることになります。

　この場合には、ウィドマーク式の計算方法を使うしかありません。

　そもそも、この犯罪を創設するに当たっては、ウィドマーク式の計算式を使うことが大前提となっていたはずです。そうでなければ、事故後現場から逃走したり、事後に追い飲みをしたりするなどの行為を処罰するための前提として、酒気帯び運転状態の立証を要求するような構成要件にするはずがないからです。

　したがって、この種の犯罪の捜査に従事する方々は、ウィドマーク式の適用に習熟しておく必要があるということになります。

2　被害者が死傷しているという認識の立証

　本条では、先の条文に続いて「**運転上必要な注意を怠り、よって人を死傷させた場合**」としていますが、これは通常の過失運転致死傷罪に該当する行為です。ですから、事故それ自体については、通常の交通事故としての捜査を尽くせば足りることになります。

　ただ、通常の交通事故処理の場合と異なることとして留意しておかなければならない事項が一つあります。まず、過失運転致死傷事件においては、運転者は、被害者がどの程度の傷害を負ったかなど、被害者の死傷の結果についての認識は必要ありません。要は、自らの過失により被害者に死傷の結果を与えれば足りるので、過失の有無については問題になるものの、被害者の死傷という結果は、上記過失行為と因果関係がありさえすれば足り、結果発生の認識は要求されないからです。

　ところが、本罪では、「運転上必要な注意を怠り、よって人を死傷させた場合」と規定されていることから、被疑者は、そのような場合であることを認識することが求められていることになります。それゆえ、本罪の成立に当たっては、被害者の死傷についての認識が必要とされるのです。したがって、被疑者が、確かに事故は起こしたが被害者がけがをしているとは思わなかった、単なる物損事故だと思っていた、などという弁解がなされた場合、

それが虚偽であることを立証しないと本罪での有罪が得られないことを覚えておく必要があります。後述する免脱の目的が「よって人を死傷させた場合」におけるアルコール等の影響の発覚を防ぐためのものでなければならない以上、その事故において「よって人を死傷させた」ことの認識が当然に必要になるからです。

3　酒気帯び運転状態の発覚を免れる行為（免脱行為）の立証

本条では、前記2の条文に続いて、「その運転の時のアルコール（中略）の影響の有無又は程度が発覚することを免れる目的で、更にアルコール（中略）を摂取すること、その場を離れて身体に保有するアルコール（中略）の濃度を減少させることその他その影響の有無又は程度が発覚することを免れるべき行為」を実行行為として挙げています。

これは、要は、逃走したり、追い飲みをしたりして、事故当時、酒気帯び運転状態にあったことを分からなくする全ての行為が対象になります。多くの場合は、現場からの逃走でしょうし、また、その際に、追い飲みをする者もいると思いますが、それらの行為がなされたことで、免脱行為がなされたとみてよいはずです。

ただ、現場からの逃走については、酒気帯び運転状態に変化をもたらすようなものでなければならないと考えられていることから、短時間での現場からの離脱では、飲酒検知結果に影響を与えないため、飲酒検知管の一目盛り程度を減らす時間が必要であり、そのため、現場からの離脱に関しては、40分程度の離脱があって初めて、この免脱行為として認められるとされています。

また、アルコールの濃度を減少させる行為として、大量の水を飲んだ場合は該当するのかということも問題になります。ただ、第5章で述べたようにこれはかなり微妙だと言わなければならないでしょう。大量の水を体内に入れたとしても、体内に入っているアルコールの量自体は変化するものではないからです。この原理から考えれば、水を飲む行為は、免脱行為には当たらないという考え方も成り立ち得るものとは思われます。

しかしながら、胃の中に大量の水を入れることでアルコールの体内組織への吸収速度が遅れることになり、その結果、呼気等から検出されるアルコー

ルの量を下げる結果となるという考え方に従えば、免脱行為といえるのではないかとの見解もあり得ると思います。

　第 5 章のいわゆる「福岡海の中道大橋飲酒運転事件」では、被告人は、事故後、知人に頼んで 2 L 入りの水のペットボトルを持ってきてもらって、その大半を飲んでいました。ただ、そのせいで、飲酒検知結果が、呼気 1 L 中 0.25mg と低くとどまったのかどうか検討されましたが、検察官立証として、それが大量の水を飲んだことに起因するものという立証はなされていませんでした。

▌第 2　本罪が認定された事例

　ここで、本罪が認定された令和 2 年 12 月 22 日前橋地裁判決を紹介します。

1　罪となるべき事実

　被告人は、

第 1　令和 2 年 4 月 15 日午前 2 時 12 分頃、普通乗用自動車を運転し、群馬県北群馬郡内の道路を進行中、運転開始前に飲んだ酒の影響により、前方注視及び運転操作等に支障が生じるおそれがある状態で同車を運転し、その際、同所は、その最高速度が 60km 毎時と法定された場所であったから、同最高速度を遵守するのはもとより、前方左右を注視し、進路の安全を確認しながら進行すべき自動車運転上の注意義務があるのにこれを怠り、落下した携帯電話機を拾うのに気を取られ、前方左右を注視せず、進路の安全を確認しないまま漫然時速約 130km で進行した過失により、折から進路前方を進行していた被害者 A（当時 51 歳）運転の普通乗用自動車（軽四）に気付かず、同車後部に自車前部を衝突させ、前記被害者 A 運転車両を横転・炎上させ、よって、同人に全治不明の肋骨骨折、腰椎骨折等の傷害を負わせ、その頃、同所において、同人を焼死させ、同人運転車両の同乗者被害者 B（当時 50 歳）に全治不明の肝裂傷、腰椎横突起骨折等の傷害を負わせ、その頃、同所において、同人を外傷性ショックにより死亡させ、さらに、その頃から同日午後 6 時 30 分頃までの間、その運転の時のアルコールの影響の有無又は程度が発覚することを免れる目的で、事故現場から逃走して同郡同町内の知人方で過ごすなどし、身体に保有するアルコール濃度を減少させた。

第2　被告人は、前記第1の日時場所において、前記車両を運転中、前記第1のとおり、被害者Aらに傷害を負わせる交通事故を起こし、もって自己の運転に起因して人に傷害を負わせたのに、直ちに車両の運転を停止して同人らを救護する等必要な措置を講じず、かつ、その事故発生の日時及び場所等法律の定める事項を、直ちに最寄りの警察署の警察官に報告しなかったものである（図7参照）。

図7

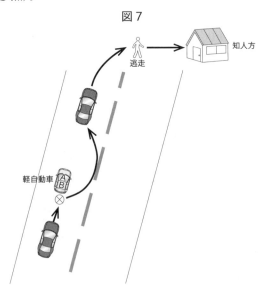

2　本件犯行に関する立証状況

　被告人は、本件事故後、約4時間にわたって逃走していたことから、事故当時、酒気帯び運転状態にあったかどうかをまず立証しなければなりませんでした。

　判決文によると、被告人は自ら出頭したようですが、この逃走時間中にどれだけ体内のアルコール量が減少したか問題となります。多量に飲酒していれば、4時間ほど経過しても呼気1L中に0.15mgのアルコールが検出されることもあり得ると思いますが、本件では、判決文中に「呼気1リットル中少なくとも約0.7ミリグラムを超える非常に高い濃度のアルコールを保有した状態で自動車を運転」したと認定されていますから、このように「約0.7ミリグラムを超える」という認定であって、具体的なアルコール量を特定し

ていないことに照らせば、検察官は、事故当時の被告人の体内のアルコール保有量について、ウィドマーク式を用いて推定したものと思われます。

　このような事故時における大量のアルコール保有量が推定されるような事件では、被告人は、出頭時の飲酒検知においても、一定のアルコール量が検出されたと思われます。そうであれば、その検知管により示される数字から、ウィドマーク式で逆算して事故当時の被告人の身体内のアルコール保有量を推定したものと考えられます。

　その他の構成要件については、事故の重大さから被害者が死傷していることは容易に認識できたと思われますし、また、長時間の逃走が、身体内のアルコール保有量を減らす目的でなされたことなども明らかに認められるでしょうから、本罪の立証上、特段の問題はない事件だと思われます。

3　量刑に関する問題

　本件判決における量刑の理由を見ると、被告人の本件犯行がいかに悪質なものであったかが明らかに分かります。

　ア　まず、本件の事故態様ですが、「被告人は、長時間にわたって多量に飲酒した上、呼気 1 リットル中少なくとも約 0.7 ミリグラムを超える非常に高い濃度のアルコールを保有した状態で自動車を運転し、時速約 130 キロメートルという法定速度を大幅に超過する高速度で進行しながら、床に落ちた携帯電話機を拾うのに気を取られたために前方左右を注視して進路の安全を確認しながら進行するという自動車運転者としての基本的な注意義務を怠っており、運転態様は極めて危険である。その結果、被告人は、直線道路を進行していながらも、同一方向に進行中の被害車両に全く気付くことなく衝突事故を起こしており、過失は重大である」と認定されています。

　高濃度のアルコールを身体に保有しながら、時速約 130km という高速度で進行するというのは、自動車運転死傷処罰法 2 条 2 号の

　　その進行を制御することが困難な高速度で自動車を走行させる行為

に該当するおそれもある行為でしょうし、また、携帯電話を拾うために前方を注視しないという行為も、このような高速度で走行しながら、前方を注視しないという行為に及ぶことができるということは、とりもなおさず、同法 2 条 1 号の

　　アルコール又は薬物の影響により正常な運転が困難な状態で自動車を走

　　行させる行為

に該当するおそれもあるでしょう。

　さらに、先行車両に全く気付くことなく、高速度で追突して被害者数名を死亡させるという態様は、前述した「福岡海の中道大橋飲酒運転事件」と全く同じです。

　そのような行為が単なる過失犯として処理されるということについては、証拠関係上やむを得ないものとは思われますが、やはり釈然としないものを感じなくもないでしょう。

　イ　続けて、本件判決では、「被告人が、高速度で走行しながら、約4分間にわたって携帯電話機で通話したほか、9回の赤信号無視をするなど、交通法規を完全に無視した無謀かつ危険な運転行為を繰り返した挙句に本件事故を 惹 起していることに照らせば、前記過失は、被告人の交通法規軽視の顕れであり、本件事故は、正に起こるべくして起きたといえる。被告人に対する非難は極めて強いものがある」と判示していますが、携帯電話での通話をしながらの走行は、それ自体、道路交通法に違反する行為ですし、赤色信号無視行為と本件事故に因果関係があれば（赤色信号を無視したことで本件事故が生じたという関係があれば）、同法2条7号の

　　赤色信号又はこれに相当する信号を殊更に無視し、かつ、重大な交通の
　　危険を生じさせる速度で自動車を運転する行為

に該当してもおかしくはないような態様です。

　ウ　さらに、本件判決では、「本件事故は、未だ50歳代前半である被害者2名が突然命を落とすという取り返しのつかない結果をもたらした。被害者らは突然後方から高速度で追突されて重傷を負い、被害者Bは外傷性ショックにより死亡し、被害者Aは炎上する車両の中で焼死したのであり、被告人が、執行猶予中に飲酒の上で交通事故を起こしたことによる重い処分を恐れて現場から逃走したことにより、車内に残されたまま、救護すら受けられずに命を落とした被害者らの苦痛や恐怖、絶望感は想像するにあまりある。何の落ち度もない被害者をこのような形で失った遺族らが厳しい処罰感情を有しているのは当然であり、本件被害結果は誠に重大である」と判示して、被害状況の悲惨さを示しています。このような被害に遭った被害者2名の苦痛や無念さなどは計り知れないものがあるといえるでしょう。

　エ　にもかかわらず、本件判決では、①被告人が自ら出頭した後一貫して

犯行を自認するなど反省していること、②被告人が「金輪際飲酒をしない」
と誓っていること、③被告人の母が被告人の社会復帰後の監督を誓約してい
ること、④加害車両の名義人である被告人の母が対人対物賠償額無制限の任
意保険に加入しており、各被害者の遺族に対する相応の賠償が見込まれるこ
となど、①〜④の事情が被告人にとって酌むべき事情として、量刑を下げる
方向で考慮しています。

　しかしながら、①については、そもそも被告人は逃走していたのであり、
ある程度アルコールが抜けてから出頭したことが有利な情状として扱うべき
か疑問ですし、犯行を否認する者よりはましであるにしても、犯行を自白し
たことが有利な事情とするほどのものか大いに疑問でしょう。次に、②につ
いては、酒を飲まないと言っていますが、これほどのひどい飲酒運転事故を
起こせば、それくらいのことは誰でも言うでしょうし、そもそも、判決文に
「今後一切車両の運転はしないと誓っている」という記載がないということ
は、被告人は、今後も自動車の運転を続けるということを言ったものと思わ
れます。今後も自動車の運転を続けるということは、再び、同様の事故を起
こす危険もあるのであり、その意味でも、被告人が本件事故を心から反省し
ているとはうかがえないところです。③や④については、被告人の努力によ
るものでも何でもなく、このような事情が量刑を下げる方向に働くというこ
と自体が不当だと考えるべきでしょう。

　オ　結局、本件では、懲役7年という実刑判決が言い渡されています。上
記の事情に照らせば、相当に軽いものと言わざるを得ないでしょう。そもそ
も、本件では、法律上、過失運転致死傷アルコール等影響発覚免脱罪は懲役
12年が上限で、ひき逃げの道路交通法違反は懲役10年が上限となり、両者
が併合罪となることから、懲役18年が上限となります。

　そうなると、本件と同じように2名が死亡した東名高速道路上の妨害行為
による危険運転致死罪での判決が懲役18年という結果に比べれば、こちら
が危険運転致死罪であり、本件が過失運転致死傷アルコール等影響発覚免脱
罪という違いがあるにしても、本件の事故態様は、ほとんど危険運転致死罪
のそれと違いがないことに照らせば、10年以上の懲役刑が妥当だったのでは
ないかと思われます。

第10章　飲酒運転をめぐる喫緊の課題（その2：飲酒検知拒否）

第1　序　論

　飲酒運転事犯において、最も悪質な運転者の一つの類型として、飲酒運転の発覚を免れるために、呼気検査を拒否する者らがいます。

　このような事態に対処するため、道路交通法67条3項は、

　　車両等に乗車し、又は乗車しようとしている者が第65条第1項の規定に違反して車両等を運転するおそれがあると認められるときは、警察官は、次項の規定による措置に関し、その者が身体に保有しているアルコールの程度について調査するため、政令で定めるところにより、その者の呼気の検査をすることができる。

と規定し、また、同条4項では、

　　前3項の場合において、当該車両等の運転者が（中略）、第65条第1項、（中略）の規定に違反して車両等を運転するおそれがあるときは、警察官は、その者が正常な運転ができる状態になるまで車両等の運転をしてはならない旨を指示する等道路における交通の危険を防止するため必要な応急の措置をとることができる。

と規定し、警察官において、運転者が正常な運転ができる状態になるまで車両の運転をしてはならないとする措置などをとることができるとする関係上、呼気の検査をすることを認めています。つまり、運転者には、同法67条3項の要件を満たす場合には、呼気検査を受忍する義務が課せられていることになります。

　そして、同法67条3項に違反して、呼気の検査を拒否した場合には、同法118条の2において、

　　第67条（危険防止の措置）第3項の規定による警察官の検査を拒み、又は妨げた者は、3月以下の懲役又は50万円以下の罰金に処する。

と規定されています。

これらの規定の適用において、どのような法的な問題があるのか、また、実際の適用上の問題なども含めて幅広く検討したいと思います。

第2　道路交通法 67 条 3 項の構成要件の検討

1　「車両等に乗車し、又は乗車しようとしている者」とは

まず、その前段の「車両等に乗車し」ている者とは、当該車両を運転している者はもちろんのこと、運転を開始した後、一時的に停車して乗車している者も含まれますが、必ずしも運転をしたことを要するわけではありません[12]。通常は、飲酒検問で警察官が一時停止を求めた際の運転者がこれに該当します。

次に、後段の「乗車しようとしている者」については、「車両のドアに手をかけんとしている段階からと解すべき」[13]とされています。そして、「ある者が、バー、ドライブイン等より酒気帯びの状態で出てきて、しかも手に自動車のキーを持って駐車場に向かっているのを現認したとしても、その段階ではいまだ『乗車しようとしている者』とは認められないであろう」[14]との解釈が示されています。

しかしながら、私は、この解釈が正しいとは思いません。もちろん、当該自動車と乗車しようとする者との位置関係においてあまりに離れているような場合は別として、客観的に、もう車両の運転をするつもりで車に向かって歩いているなと分かる状態であれば、これをもって「乗車しようとしている者」と解することになんらの不都合もないはずです。その者の進行先にはその者が運転してきた（若しくは運転しようとしていることが分かる）車両があり、手にはエンジンキーが握られており、しかも、酒気を帯びていることが分かるのであれば、日本語の語義に従えば、それはまさに「乗車しようとしている者」であるはずです。ですから、それをどうしてドアに手をかける前の段階では「乗車しようとしている者」ではないと解さなければならないのか理解に苦しみます。

12　野下文生「執務資料　道路交通法解説（第 17 訂版）」723 頁
13　同上
14　同上

したがって、私は、たとえ車両のドアに手をかけていなくても、客観的に、これから乗車しようとしていることが判明する状況であるなら、「乗車しようとしている者」と解して差し支えないと思います。条文上車両のドアに手をかけるという限定がつけられているわけではない以上、条文の解釈として、それは全く自然な解釈だからです。

2　「第65条第1項の規定に違反して車両等を運転するおそれがあると認められるとき」とは

　この規定は、道路交通法65条1項が「酒気を帯びて車両等を運転してはならない」としていることから、酒気を帯びた状態で車両等を運転する「おそれ」があると認められるときということです。

　この場合、条文で示されているように「酒気を帯びて」いればよいのであって、それが酒気帯び運転として犯罪が成立するための要件である、呼気1L中に0.15mg以上のアルコールが保有されている状態でなければならないということではありません。

　ここで問題となるのは、「車両等を運転するおそれ」があるとはどのようなときに認められるのかということです。

　これについては、「周囲の状況等により、その者が車両等の運転をすることが客観的に認められる状況をいうものと解され、その『おそれ』は、『可能性』のみではなく、現実に運転を始めようとする場合も当然に含まれる」[15] と解されています。

　要は、当該運転者が当該車両の運転を継続するという状況が客観的にうかがえれば足りるということです。

　そして、警察官に検問や職務質問により停車させられたような場合においては、これは当該車両を運転している過程における一時的な中止にすぎないので、当該運転者にしてみれば、本来的に、その後も運転を継続する意図であることは明らかです。したがって、当該運転者において、もはや運転を継続することがあり得ないと認められる特段の状況が新たに認められない限り、本件条文にいう「車両等を運転するおそれ」が継続的に存していると認めてよいと考えられます。

15　前出野下724頁

　それゆえ、被疑者の自宅の前で、もうこれ以上車両の運転をする予定がないような場合には、「車両等を運転するおそれ」がないでしょうし、また、被疑者が事故後、病院に運び込まれた後、飲酒検知を求めたものの、これを拒否しても、もはや「車両等を運転するおそれ」はありません。さらに、運転してきた車両等を放置することとして、タクシーや配偶者による迎えなどを携帯電話で要請していた場合なども、「車両等を運転するおそれ」がなくなったと言わざるを得ないかなと思います。

　しかしながら、そのような外部的、客観的に、明らかにこれ以上、車両等の運転の継続はないと認められるような状況が起こらない限り、元々運転してきた車両等をその後も運転するはずですから、上記のような新たな事情が起こらない限り、この「車両等を運転するおそれ」がなくなることはなく、依然としてこの「おそれ」が認められる状況は続いているというべきでしょう。

3　パトカーの後部座席等で飲酒検知を求める場合における「車両等を運転するおそれ」

⑴　警察官が当該運転者をパトカーの後部座席の真ん中に座らせ、同人を挟み込むようにして警察官がその両側に座り、そこで当該運転者に呼気検査を求めたような場合については、当該運転者がそれまでに運転してきた車両等に戻って乗車しようとするにまで至っていない状態ですが、このような場合、当該運転者について、「車両等に乗車し、又は乗車しようとしている」という構成要件と、被疑者が「酒気帯び運転の禁止に違反して車両等を運転するおそれがあると認められるとき」という構成要件を満たすといえるのでしょうか。

⑵　そもそも現場の警察官は、最初に、当該運転者の当該車両等の停止を求めた際、当該運転者から、アルコールの臭いを自己の嗅覚なり、そのための機器なりで感知していたのであって、その段階において、当該運転者たる被疑者は「車両等に乗車し」ていたのであり、また、その際、被疑者は運転をしていた最中であったのですから、もし警察官が停止を求めなければ、そのまま運転を継続したはずですので、「酒気帯び運転の禁止に違反して車両等を運転するおそれがあると認められ」るのは明らかである以上、警察官は、「その者の呼気を検査することができる」のです。

　それゆえ、警察官が、最初に飲酒検知が必要であると判断した段階で、同法67条3項の「車両等に乗車している者」という構成要件と、「酒気帯び運転の禁止に違反して車両等を運転するおそれがあると認められるとき」との構成要件をいずれも満たしたのですから、その段階で呼気検査を求めることができる必要な要件は充足したのです。後は、実際に呼気検査をどの段階で求めて実施するかというだけであり、警察官が呼気検査を求めた段階以降に、それを拒否すれば、飲酒検知拒否罪が成立するのです。

　これがこの条文を素直に読んだ場合の理論的解釈です。

　したがって、その後の段階で、当該運転者において、上記2で述べたような、「車両等を運転するおそれ」が完全になくなるような状態にならなければ、当該運転者には、その「おそれ」も同様に残っており、上記法条の要件を満たし続けていると考えるべきでしょう。

　そうであるならば、当該運転者が、たとえパトカー内で警察官に挟み込まれた状態であっても、呼気検査を拒否すれば、その段階で、飲酒検知拒否罪が成立するものと考えるのが理論的に正しいものといってよいと思われます。

(3)　そもそも、通常の飲酒検問をした後の手続の流れを考えてみたら、この考え方の妥当性がすぐに分かると思います。通常は、検問で停止させた車両の運転者に対し、飲酒運転の疑いがある場合には、当該車両から降りてもらって、付近に駐車中のパトカーの中などに入ってもらい（別に、外でも構いませんが）、そこで、警察官が当該運転者に対し、「呼気検査をしますから、この風船を吹いてください」などと言って呼気検査を実施する手続をとるはずです。それで、通常であれば、たとえ飲酒運転をしていた運転者であっても諦めてその風船を吹くわけです。

　この場合、その運転者は、どのような根拠に基づいて、この風船を吹いているのでしょうか。運転者には法的根拠は分からないかもしれませんが、対応している警察官は、同法67条3項に基づいて行っていると思っているはずです。そうであるなら、この場合に素直に呼気検査に応じた運転者は、たとえそれがパトカーの中であっても、同条項に規定する「車両等に乗車し、又は乗車しようとしている者」であることに間違いないはずです。そうでなければ風船を吹いてもらう法的根拠がなくなってしまいます。

　もちろん、この段階から道路交通法違反の捜査が開始されており、その上

での本人の同意を得た任意捜査として風船を吹いてもらったのだという考え方もできなくはありませんが、飲酒検問に従事している交通警察官の意識はそのようなものではないでしょう。呼気検査の結果、一定以上のアルコールが検知されるまでは、行政警察として行っているという意識であるはずです。

　そうであるなら、上述したように、その呼気検査を求める法的根拠は、同法67条3項でしかあり得ないはずです。そうなると、警察官の説得に応じて風船を膨らませた運転者は、たとえパトカーの中にいようとも、付近の建物の中にいようとも、あるいは、路上に佇立していようとも、同条項の「車両等に乗車し、又は乗車しようとしている者」に該当していることになります。

　しかしながら、そのような要件を満たしていた運転者でありながら、警察官の対応が気に入らないとか、何らかの理由でへそを曲げて、やっぱり風船を吹かないといった瞬間に、それまでは「車両等に乗車し、又は乗車しようとしている者」であったのにそうでなくなり、その後、自分が運転してきた車両まで行って、ドアに手をかけない限り、「乗車しようとしている者」に戻らないということは、どう考えても理論的におかしいでしょう。つまり、運転者は、最初の段階で「車両等に乗車し」ていたのであるところ、その際アルコール臭がするなど、その時点で呼気検査が必要になっていたのであり、その後の運転者の位置の変化は、呼気検査実施のための必要要件を満たした後のことであって、飲酒検知拒否罪の成否には無関係であるということをご理解いただけるものと思います。

(4)　ただ、このような考え方に対しては、「乗車しようとしている者」との解釈を厳格にし、パトカーから降ろした後、「乗車しようとしている」ことが客観的に明らかになってから飲酒検知拒否罪で逮捕するという運用としているとの説明もあります[16]が、私は、そのような運用が正しいものとは思いません。理論的にもそのような解釈が誤っていることは先に述べたとおりですが、それ以外にも実務遂行上の理由があります。

　というのは、飲酒している者は、一般的に、痛みに対する感覚がにぶくな

16　那須修ら「適正捜査の推進と交通捜査のさらなる発展のために（第2回・上）」捜査研究809号5頁

り、少々の制圧行為には耐えてしまいますし、中には、アルコールの影響で粗暴性が極めて強度になる者もいます。したがって、パトカーから降ろしてから逮捕に至るのは、当該被疑者にしても、また、逮捕する警察官にとっても、非常に危険なことだからです。被疑者の抵抗が強くなれば、警察官側も強度の制圧行為が必要になりますので、被疑者を負傷させたり、死亡させたりしてしまう危険が高くなりますし、また、警察官自身も負傷したり、死亡する危険を負うことになります。要は、わざわざ虎を野に放ってから、その捕獲をしようとすることにほかならないということなのです。

　私が先に述べたような解釈がおよそ成り立たないものであれば仕方がありませんが、そのような解釈が理論的に十分可能であると理解してもらえるのであれば、上記のような万一の事態を迎えないためにも、パトカー内で挟み込んだ状態で呼気検査を求め、それを拒否した場合には、飲酒検知拒否罪として現行犯逮捕を行うべきであると思っています。

第3　道路交通法 118 条の 2 の構成要件の検討

　この構成要件のうち、「警察官の検査を拒み、又は妨げた」というのは、どのような行為を指すのでしょうか。一般的には、拒否しますとか述べて応じないということが想定され、そのような場合がこれに該当することは明らかですが、これまでに見られた事例の中には、この「拒み」とか、「妨げた」といえる行為であるかどうかが問題となった事例も存しますので、それらを紹介したいと思います。

1　「検査を拒み」という実行行為を認めた事例

(1)　事案の概要

　平成 18 年 11 月 22 日東京簡裁判決（公刊物未登載）及び平成 19 年 3 月 28 日東京高裁判決（高検速報（平成 19 年）184 頁）では、被告人は、飲酒検知拒否による道路交通法違反として起訴されたものであり、東京簡裁判決及び東京高裁判決で認定された犯行に至る経緯及び犯行状況等についての事実関係は、おおむね以下のとおりです[17]。

①　平成 18 年 2 月 5 日午後 11 時 23 分頃、飲酒運転取締りの検問中の K 巡

17　小倉健太郎「最新・判例解説―第 24 回―」捜査研究 767 号 5 頁

査は、被告人運転車両を停止させ、被告人に対し、アルコールチェッカーで二度検査したところ陽性反応があった。

そこで、K巡査は、アルコール測定器による呼気の検査を行うために、あらかじめ用意しておいた水で被告人にうがいをさせた。

②　K巡査は、被告人に対し、アルコール測定器で0.15（呼気1Lにつき0.15mgの意味）の数値が出たら取り締まる旨説明して、パトカー後部のトランクの上に置かれた検査機器を見せた。

すると、被告人は、こんな器械は信用できない、血液中のアルコールを採取して行う検査の方が正確ではないかなどと言い出して、即時の呼気検査に応じようとしなかった。

③　その後、被告人は、K巡査に対し、血液ではなく呼気により検査することの法的な根拠などについて説明を求めるなど、同巡査と押し問答を繰り返した。

そして、同日午後11時45分頃、被告人は、この応援のために到着したA巡査部長に対し、根拠法条の記載された書面を見せてほしい旨を述べたところ、同巡査部長は、そのような書面は手元にないが、根拠は道路交通法67条2項（当時）である旨の説明をした。

しかしながら、被告人は、法条記載の書面の提示がない限り検査に応じない旨の態度を取り続けた。

④　被告人は、当初の検問から約30分後及び約45分後になされた警告の後も、呼気検査に応じなかったことから、A巡査部長らは、翌2月6日午前零時23分頃、被告人を呼気検査拒否罪で現行犯人逮捕した。

(2)　各判決の判示内容

まず、本件東京簡裁判決は、平成18年2月5日午後11時45分頃、法条記載の書面の提示がない限り検査に応じない旨の態度をとり続けたことをもって、その段階で初めて「検査を拒み」と解し、被告人に対して飲酒検知拒否罪の成立を認めました。

これに対し、その控訴審である本件東京高裁判決は、「呼気検査拒否罪は、道路交通法67条2項（当時）の規定する状況の下で、犯人が呼気検査拒否の態度を明確に言動で示せば、その段階で成立すると解される（中略）。そういった明示的な言動がない場合には、呼気検査に応じるように説得等をしている捜査官に対する犯人の言動をある程度の時間帯で総体的に見

て、呼気検査拒否に当たると判断された段階で、呼気検査拒否罪が成立することになる。」と判示した上で、上記(1)②の事実を適示して、「これらの事実によれば、（中略）アルコールを体内に保有している疑いのある被告人は、独自の理由を挙げて、本件アルコール測定器による呼気検査に即時には応じようとしなかったから、この段階で、被告人には、呼気検査拒否の行為と故意があったと認める余地も多分にあったといえる」と判示し、上記(1)②の段階で、被告人による「検査を拒み」という実行行為を認めたものでした。

この事件の一連の事実を見れば、K巡査が被告人にうがいをさせた上で、アルコール測定機器を示したのに対して、被告人がそれを信用しないとして検査を拒否した、上記(1)②の段階で飲酒検知拒否罪の成立が認められると東京高裁が判断したのは、そこに検査を拒否している明確な意思表示がされている以上当然です。そして、その際には、下線を引いておいた箇所で示されているように、「ある程度の時間帯で総体的に見て」、当該運転者が拒否しているかどうか判断することになります。

これに対し、本件東京簡裁判決は、その後のA巡査部長に対する拒否行為の上記(1)③の段階まで飲酒検知拒否罪の成立が認められないとしましたが、この判決は被告人の拒否行為を正当に評価しておらず、事実認定として不当であることは明らかです。

2　飲酒検知拒否罪による現行犯逮捕を適法とした事例

(1)　事案の概要

平成25年1月23日東京簡裁判決（公刊物未登載）及び平成25年5月8日東京高裁判決（高検速報（平成25年）59頁）は、上記1とは異なり、飲酒検知拒否による道路交通法違反は起訴されていません。ただ、被告人は、飲酒検知拒否罪により現行犯逮捕され、その後、身体検査令状及び鑑定処分許可状により、血液が採取され、その鑑定において、基準値以上のアルコールが検出されたものです。そして、被告人は、酒気帯び運転による道路交通法違反として起訴されたものの、上記血液の鑑定結果の証拠能力の有無に関し、飲酒検知拒否罪による現行犯逮捕が適法か違法かということで、「検査を拒否」したかどうか問題とされたものでした。

本件東京簡裁判決及び東京高裁判決で認定された犯行に至る経緯及び犯行状況等についての事実関係は、おおむね以下のとおりです[18]。

①　平成24年２月４日午前４時45分頃、M巡査は、覆面パトカーに乗車し、被告人車両の後方を走行していたが、被告人車両を停止させた。すると、被告人は、エンジンをかけたまま降車した。

　M巡査は、被告人と１ｍもない位の距離で応対したところ、被告人からは酒臭がし、目が充血し、顔も赤かったことから、酒気帯び運転の疑いがあると判断し、被告人に対し、呼気検査に応じるよう求めた。

②　被告人は、「お前らにそんな権限はない」、「おれの親は弁護士だから、弁護士をたくさん知っている。弁護士を呼ぶ」などと言うとともに、携帯電話を耳に当てて、被告人車両の運転席外付近から同車両とパトカーの間付近を動き回った後、同車両の運転席のドアを開けて乗り込むそぶりを見せたため、M巡査は、発車されないよう身体を内側に入れてドアを閉められないようにした。

③　一方、同巡査は、呼気検査をする前にうがいをさせる紙コップや膨らます風船などは持っていたが、測定器がなかったため、他の警察官に応援を要請し、同日午前５時頃、測定器を持った警察官が交通検問車で現場に到着した。

④　その頃、M巡査は、被告人運転車両とパトカーとの間で、呼気検査に応じる様子を見せない被告人に対し、１回目の警告として「あと５分で吹いてもらわなければ、もう逮捕するしかないんで」と伝えたが、被告人は携帯電話を耳に当てながら「今、弁護士に電話してるから待ってろ」などと言って呼気検査に応じる様子はなかった。

　その後、同巡査は、２回目の警告として「あと１分で、もう逮捕します」と被告人に伝えた。

⑤　同巡査が２回目の警告をした後、被告人は、何も言わずに被告人車両の方へ歩き出したことから、同巡査は被告人が車両を運転して帰るのかと思い、午前５時７分、呼気検査拒否罪で逮捕する旨告げて被告人を逮捕した。

⑵　各判決の判示内容

　ア　本件の第一審において、弁護人は、被告人が呼気検査を拒否した事実はないことから、現行犯人逮捕は違法であり、違法な逮捕手続を利用して行われた採血手続には重大な違法があって、採取された血液についての鑑定書

は違法収集証拠として証拠能力を欠くものであるから、被告人は無罪である旨主張しました。

　これに対し、本件東京簡裁判決は、「呼気検査拒否罪が成立するためには、道路交通法67条3項の規定する状況の下で、酒気帯び運転をするおそれがあると認められる者が政令で定める呼気検査拒否の態度を明確に言動で示せば足り、その段階で成立すると解され、明示的な言動がない場合には、呼気検査に応じるように説得等をしている捜査官に対する犯人の言動をある程度の時間帯で総体的に見て、呼気検査拒否に当たると判断された段階で、呼気検査拒否罪が成立することになる」とした上で、「本件において、被告人は呼気検査を拒否すると明言していないが、M巡査は、呼気検査に応じるよう説得する間、被告人が終始反抗的な態度を取っており、それまで被告人車両に戻るときにはその理由を述べていたのに2回目の警告の後、被告人が何も言わずに被告人車両の方へ歩き出したことから、被告人が被告人車両を運転すると判断し逮捕したというのである」、「M巡査から呼気検査に応じるよう説得されている間の被告人の非協力的、反抗的な言動等、当時の状況を総合的に判断すれば、遅くとも、M巡査が被告人を逮捕する時点において呼気検査拒否に当たると判断することができる」とし、本件現行犯人逮捕が違法な逮捕とはいえない」と判示しました。

　イ　そして、控訴審においては、弁護人は、第一審における主張を前提とした上で、上記東京簡裁判決の判旨に対して、「被告人が明示的な言動で呼気検査を拒否したものではなく、そのような者について身体の自由という基本的な人権に対する重大な制約となる逮捕権を行使する以上、わずか7分という時間が、原判決がいう、逮捕時点における具体的な状況に基づいて客観的に判断されるべき『ある程度の時間帯』として十分なはずがない」と主張しました。

　これに対し、本件東京高裁判決は、「しかしながら、『ある程度の時間帯』とは、警察官が呼気検査に応じるように説得等をしている時間帯であり、本件においてその始期は、降車した被告人に対し警察官が呼気検査に応じるよう求めた時点であり、本件における『ある程度の時間帯』とは、それ以降、警察官が2回目の警告をした後、被告人が何も言わずに被告人車両の方に歩き出すまでの時間帯と解すべきことが明らかである。そして、（中略）被告人は、停止直後から警察官らから説得を受けながら、呼気検査に応じる様子

を見せなかったため、警察官において、測定器が現場に到着した午前５時こ
ろ、時間を限って逮捕を警告することとし、５分間待つ旨の警告を発したも
のの、被告人はこの警告を受けてもなお呼気検査に応じる様子を見せなかっ
たのであり、５分間が経過した段階で、既に被告人の呼気検査拒否の意思は
客観的に見て相当程度明らかになっていたとみることができる（略）。そし
て、更に警察官が１分間待つ旨の警告を発した後、理由を告げることもなく
被告人が被告人車両の方へ歩き出したことから、警察官は、被告人が被告人
車両を運転して帰るのかと思い、逮捕行為に着手したものであるが、５分間
待つ旨の警告にもかかわらず呼気検査に応じる様子を示さなかった被告人に
おいて、その後の１分間待つ旨の警告に対し、このような振る舞いをしたの
であるから、被告人の呼気検査拒否の意思は、遅くともその段階で十分客観
的に明らかになったと認定することができる」として、被告人が呼気検査を
拒否した事実は、客観的に明らかであるとして、本件の飲酒検知拒否罪によ
る現行犯逮捕を適法としたのでした。

　　ウ　実際のところ、本件の警察官は忍耐強く説得を続けて検査に応じるの
を待っていたにもかかわらず、これだけ警察官の説得を無視し続けたのです
から、これで「検査を拒否」したに該当しないとは考えられないでしょう。
飲酒検知拒否罪の成立が認められて当然の事案といえましょう。

(3)　**呼気検査のための測定器を所持していなかった場合における飲酒検
　　知拒否罪の成否**

　　本件では、警察官は、呼気検査の測定器を所持していなかったのですが、
その到着を待つ間にも被告人は検査を拒否するような態度を示していまし
た。しかしながら、本件東京高裁判決では、上記測定器が到着した午前５時
以降を問題にしていることから、それ以前の段階での被告人の拒否行為につ
いては、道路交通法118条の２の「検査を拒み」に該当しないかのような判
断をしているようにも読めると思います。

　　もっとも、本件では、その後も拒否行為を続けていたため、その後の行為
を捉えて飲酒検知拒否罪の成立を認めることに問題はなかったのですが、で
は、呼気検査のための測定器を有していない間は、飲酒検知拒否罪は成立し
ないのでしょうか。

　　この点について判断した裁判例として、昭和56年１月23日神奈川簡裁判
決（判例時報1006号135頁）が挙げられます。

　この判決の事案は、酒気帯び運転の疑いが持たれた被告人に対し、警察官が当時の道路交通法 67 条 2 項の規定により呼気検査をしようとしたものの、たまたま検査機器を持ち合わせていなかったため、派出所への同行を求めたところ、被告人がこれを拒否したため、警察官が被告人を飲酒検知拒否罪で現行犯逮捕したというものです。

　本件の公判において、弁護人は、警察官が呼気検査を求めた際、実際には、検知管を所持していなかったのであるから、呼気検査を求めたことにはならないので、飲酒検知拒否罪は成立しないと主張しました。

　そこで、本件神奈川簡裁判決は、「現実に検知管を所持していなくとも、検査のために派出所への同行を求めれば、道路交通法第 67 条第 2 項（当時）の呼気検査を求めたことになるものと解されるから、検査のための派出所への同行を拒んだ段階で、本罪が成立するものと解すべきである（警察官職務執行法第 2 条第 2 項によると、本件のような場合にも、現場において呼気検査をすることは、夜間であっても通行人の存在、若干の自動車の通過等から考えると、本人に対して不利であり、又は交通の妨害になると認められる場合に当るから、呼気検査のため、派出所に同行を求めた本件の措置は、妥当であったと認められる）」と判示しています。

　アルコール測定器を所持していなくても、飲酒検知拒否罪が成立したことを認めたもので、執務上も参考になるものと思われます。

3　『検査を拒み』に該当するということはできない等として、無罪とされた事例

⑴　事案の概要

　ア　平成 27 年 9 月 9 日横浜地裁判決（公刊物未登載）では、後述するような事実認定上の問題で、被告人に対して無罪が言い渡されています。

　そこで、被告人に対する公訴事実の要旨は、次のとおりです。

　被告人は、平成 26 年 9 月 4 日午後 11 時 56 分頃から同月 5 日午前零時 29 分頃までの間、横浜市内の路上において、被告人が酒気を帯びて普通自動二輪車を運転するおそれがあると認めた神奈川県警察第一交通機動隊司法警察員巡査部長Ａらから、身体に保有しているアルコールの程度について調査するため、政令で定める方法で行う呼気の検査に応ずるよう求められたのに、これを拒んだものである。

　イ　犯行に至る経緯等の概要は、次のとおりです。

　(ア)　Ａ巡査部長とＢ巡査は、平成26年９月４日午後10時頃から、上記横浜市内の路上において、飲酒検問を実施していた。

　(イ)　被告人は、普通自動二輪車を運転して同所に差し掛かったところ、上記飲酒検問に気が付いたため、同車の進路を反転させ、一方通行の交通規制が敷かれている同所を逆走し始めた。

　(ウ)　Ｂは、逆走する被告人を走って追いかけ、停止させようとしたところ、被告人は同車ごと転倒した。そして、被告人の口から酒臭がしたため、Ｂと被告人との間で逃走を難詰するなどの言葉のやり取りが交わされた（問題点①）。

　(エ)　Ａは、それから10秒と経たずに、同日午後11時56分頃、Ｂと被告人がいる場に合流し、その後は、主にＡが被告人に対応した（問題点②）。

　(オ)　被告人は、Ａ及びＢとのやり取りの状況を記録するため、同月５日午前零時４分頃に、携帯電話で動画撮影を開始し、同日午前零時21分頃にこれを終えた（以下、この動画を「本件動画」という。）。

　(カ)　Ａ及びＢは、同日午前零時29分頃、被告人に対し、呼気検査拒否を理由として現行犯逮捕した。

(2)　公判における争点

　検察官は、被告人が転倒してから本件動画の撮影が開始されるまでの間、まずＢが２回にわたり呼気検査を求め、次いでＡが２、３回にわたり呼気検査のためにパトカーへの任意同行を求めるなどしたにもかかわらず、被告人は「関係ない」などと言ったり、任意同行を求めるＡの手を振り払ったりして呼気検査を拒否したと主張したのに対し、弁護人は、被告人が逮捕されるまでの間にＡ及びＢが被告人に呼気検査を求めたことはなく、したがって、呼気検査を拒否したこともないと主張しました。

　そこで、本件の争点は、Ａ及びＢが被告人に呼気検査を求めたか否か、被告人がこれを拒んだか否かの事実認定でした。

(3)　横浜地裁判決の判示内容

　ア　まず、上記の問題点①については、Ｂは、当公判廷において、「転倒した被告人に対して、『なんで逃げるんだ。』と声をかけると、被告人は、『転んだじゃねえか、怪我をしたじゃねえか、事故の証明を出せ。』と言った。この際、被告人からかなりの酒臭がしたので、被告人に『お酒の量を測

るから、飲酒検知するからな。』と言ったが、被告人は、『関係ない。』の一点張りであったため、『関係なくはない、お酒の量を測るからな。』ともう一度伝えた」と証言しました。

　イ　そして、このようなBの証言について、本件判決は、そのとおりのやり取りがあったとしても「Bは、『お酒の量を測るから、飲酒検知するからな。』と言ったにとどまり、その場に呼気検査器具があって被告人にこれを使用することを求めたわけではなく、また、呼気検査器具が置いてあるパトカーのところに被告人を連れて行こうとしたわけではないのであるから、このBの発言は、将来の呼気検査の予告にとどまり、被告人に呼気検査に応じるかどうかについて明確な回答を求めるような発言となっていないと言うべきである。

　しかもBと被告人のやり取りは、Aが合流するまでの10秒足らずのうちに行われたものであり、被告人が、Bによりバイクごと転倒させられ、怪我をしたと考えて『転んだじゃねえか、怪我をしたじゃねえか、事故の証明を出せ。』などと述べて相当の興奮状態にあったと認められることを考えると、このような状況において被告人が『関係ない。』と発言したとしても、それをもって、Bから直ちに呼気検査に応じるよう求められていると認識した上で、これに対する拒否の意思を明らかにしたものと見ることもできない。

　したがって、Bが証言する被告人に呼気検査を求めた状況を前提としても、この段階では、被告人の言動が、『検査を拒み』に該当するということはできない」と判示しました。

　ウ　B巡査は、酒の量を測ると言っているのですから、呼気検査をする旨を告げていると言ってもよいと思われますが、「呼気検査を只今から開始する」などと明確に言っていなかったということが呼気検査を求めていたとはいえないと認定されてしまったということでしょう。そして、これに対して、「関係ない」というのは、やはり呼気検査の拒否と見るのが自然だと思いますが、呼気検査を求める行為が明確に認定されないとなると、この「関係ない」が拒否行為として認定されにくくなるということでしょう。

　エ　次に、問題点②ですが、Aは、当公判廷において、「Bに続いて、走って被告人を追いかけた。合流すると、Bが『お酒飲んでる。』などと言っているのを聞いた。

被告人の側に寄ると、酒臭を感じたので、『飲酒検知をします。』と言い、『どんなお酒飲んだのか、いつ頃飲んだのか。』ということを聞いたり、『飲酒検知をするので、パトカーの方に来てください。』ということを言って、手で被告人の肩や腰に触れながらパトカーの方へ誘導しようとしたりしたが、被告人は、『関係ない。』と言って私の手を振り払い、あるいは、『弁護士を通して話す。』と言って質問には一切答えなかった。このようなやり取りを少なくとも２、３回はした」と証言しました。

　オ　そして、このようなＡの証言について、本件判決は、「『『飲酒検知をするので、パトカーの方に来てください。』ということを言って、手で被告人の肩や腰に触れながらパトカーの方へ誘導しようとしたりしたが、被告人は、『関係ない。』と言って私の手を振り払い、あるいは、『弁護士を通して話す。』と言って質問には一切答えなかった。』との部分は、警察官による呼気検査の要求と被告人による拒否が具体的に証言されている内容となっている。さらに、本件動画中に、Ａが、『こっちだって血液とるしかないよ。悪いけど。血液とるよ。』と発言している部分があり、Ａがこのような発言をした前提として、これより前の段階で呼気検査に関する何らかのやり取りが行われていた可能性は十分にあると認められる」と認定しながらも、次のとおり述べて、Ａによる呼気検査の要求事実の存在に疑問を投げかけました。

　すなわち、

「①　まず、本件動画によれば、Ａの合流後しばらくして被告人とＡのやり取りの撮影が開始された後、これが終了するまでの約17分間、Ａは一度も被告人に対して呼気検査を求める発言を行っておらず、専ら被告人の人定に関するやり取りなどに終始している

②　また、本件動画撮影終了後、逮捕に至るまでの約８分の間に、Ａらが被告人に対して呼気検査を求めたとの事実も認めることはできない（Ｂ証言、Ａ証言）。

③　次に、Ｂの証言及び本件動画によれば、被告人とＡがやり取りをしている最中、Ｂにおいて『中隊長に連絡します。』とＡに伝え、Ｂが交通機動隊所属の警部である中隊長と相談する中で、被告人を最終的に呼気検査拒否罪により逮捕することが決まったようであるが、それまでＢは被告人を呼気検査拒否罪によって逮捕することは全く考えておらず、本件動画中の発言内容を検討してもＡにおいて呼気検査拒否罪により逮捕することを前提とした発

言をしたこともうかがえないから、少なくとも本件動画撮影終了までの時点でＡらが呼気検査拒否罪による逮捕を前提として行動したとは認められない。

④　さらに、Ａは、当公判廷において、『極力逮捕しないで応じてもらおうと説得に努めていた、逮捕の直前に改めて風船を膨らませないと逮捕されるとの警告は行っていない、お酒の関係で検知することは相手に伝わっているものだと思ったのであとは人定の確認に重点を置いて質問してしまった。』と証言をしているところ（Ａ証言）、このような発言内容からすると、Ａが被告人に対して自らの指示に任意に従うよう説得することに集中するあまり、呼気検査の明確な要求と明確な拒否の意思を確認するという呼気検査拒否罪による逮捕の前提となる基本的な事実の確認を怠ってしまった可能性が否定できない。

⑤　そして、Ｂが中隊長から電話で呼気検査拒否により逮捕しろとの指示を受けた際、Ｂは被告人が呼気検査を拒否している具体的な状況について中隊長に報告していなかったとのことであるから（Ｂ証言）、本件は、中隊長において、被告人による呼気検査拒否の具体的状況を確認しないまま呼気検査拒否による逮捕の指示を出し、これまで呼気検査拒否によって逮捕することを明確に意識しないまま被告人に対応していたＡらが、中隊長からの指示を受け、被告人に対して呼気検査拒否に関する最終の意思確認をしないまま逮捕に至ってしまったものと考えられる。

⑥　被告人は、当公判廷において、『逮捕後に呼気検査を拒否したことはあるものの逮捕前に呼気検査を拒否したことはない。』旨供述しているが、被告人は、逮捕後の検察官による弁解録取の際にも『事実は、そのとおり間違いありませんが、私が呼気検査を拒否したのは、運転免許証を見せなかったことで手錠をかけられた後でした。』と供述しており、この供述は、被告人の公判供述を裏付け、被告人の公判供述の信用性を高めている（中略）」と判示しました。

　　カ　たしかに、Ａがどの程度、明確に呼気検査をする旨を告げて、それに対して、被告人がどの程度、明確に拒否したのかという点に関して、現場の状況として明らかではないと言わざるを得ないと思われます。本件判決が推測しているように、上司からの指示により飲酒検知拒否罪で逮捕することになってしまったため、それ以前の段階では、そのための手当が十分にできて

いなかったおそれはあるようです。ただ、そうなっても、被告人には、呼気検査を行うだけの要件は既に満たしていますから、その段階で、改めて呼気検査を明確に要求し、それに対して、明確に拒否させればよかったかと思われます。

　キ　そして、本件判決は、更に続けて、「確かに、運転者に対して職務質問を行った際に、もし運転者から酒臭がすれば、警察官としては、呼気検査を求めるのが当然であり、本件当日もこれに関したやり取りが行われた可能性は十分に高いと認められる。しかしながら、呼気検査拒否罪により被告人を有罪とするためには、警察官による呼気検査の要求を前提として、被告人の拒否の意思が客観的に明らかとなったことを認定する必要がある。そして、前記オ①ないし⑥の点を考慮した場合、Ａの本件動画撮影開始前の呼気検査の要求が一連の職務質問の中で相当曖昧な形で行われた可能性を否定できず、Ａが前記オで引用したほど具体的な言動で呼気検査を要求し、被告人がＡによる呼気検査の要求を意識した上でこれを拒絶する意思を明確にしたと認定することは困難である」と判示していますが、やむを得ない判決であると言わざるを得ないでしょう。

　この判決を教訓に、飲酒検知拒否罪で立件しようとする場合には、明確に、呼気検査を求め、また、明確な拒絶を証言できるように必要なやりとりをしておくことが肝要だと心することだと思います。

第 **2** 編

高速度運転事犯

第1章 問題の所在

　高速度運転による交通事故については、その結果が重大なものになることが多いものの、その対策は必ずしも十分にされているとはいえないと思われます。

　古くから「交通三悪」といわれる重大な交通違反として、飲酒運転、無免許運転及び高速度運転が挙げられていました。

　このうち、飲酒運転については、第1編で述べたように、何度も法改正などがなされ、我が国としても被害者の救済に努めてきました。また、無免許運転についても、第5編で述べるように、道路交通法64条違反としての無免許運転に対する法定刑が3年以下の懲役にまで引き上げられるとともに、自動車運転死傷処罰法6条において加重処罰規定を設けて、厳正に対処する方針を示しています。

　しかしながら、残りの「交通三悪」である速度違反に対しては、道路交通法118条1項1号により、法定刑の上限は、従前から、6月以下の懲役とされているだけで、悪質な高速度運転行為に対する加重された刑罰などが設けられているわけではありません。この部分においては、従来どおりの非常に軽い刑罰しかなく、また、特に効果的な抑止策なども講じられておりません。

　ところが、高速度運転による事故は当然のことですが、被害が重大となるのが普通です。にもかかわらず、危険運転致死傷罪の適用が難しい場面があり、これまで多くの事例で同罪の成立が否定され、単なる過失運転致死傷罪に過ぎないとされた裁判例がいくつも存在します。

　そこで、本編では、高速度運転に係る危険運転致死傷罪は、どのような理解をしていなければならないのか、また、どのような対応が求められるのか、被害者を救済するためにはどのような方策があるのかなどについて検討したいと思います。

高速度による制御困難に係る危険運転致死傷罪の適用の仕方及び問題点

第 1　高速度による制御困難に係る危険運転致死傷罪の概要

1　「進行を制御することが困難な高速度」についての基本的な解釈

自動車運転死傷処罰法 2 条 2 号は、
　　その進行を制御することが困難な高速度で自動車を走行させる行為
を禁止し、
　　この行為を行い、よって、人を負傷させた者は 15 年以下の懲役に処し、人を死亡させた者は 1 年以上の有期懲役に処する
としています。

　ここでいう「進行を制御することが困難な高速度」については、立法当時から、「速度が速すぎるため自車を道路の状況に応じて進行させることが困難な速度をいい、具体的には、そのような速度での走行を続ければ、道路の形状、路面の状況などの道路の状況、車両の構造、性能等の客観的事実に照らし、あるいは、ハンドルやブレーキの操作のわずかなミスによって、自車を進路から逸脱させて事故を発生させることになるような速度をいうと解される」（平成 22 年 12 月 10 日東京高裁判決（判タ 1375 号 246 頁））と考えられています。

2　道路の形状により自車を進路から逸脱させる事例

⑴　湾曲した道路を走行する事例

　進路を逸脱させる典型例としては、「湾曲した道路を走行する」ことが挙げられます。その限界旋回速度（安全に旋回することができる限度の速度）

を超える速度で進行した結果、自車を路外に逸走させ、同所を歩行していた通行人をはねるなどして死傷させるようなケースです。

　一般的には、その湾曲した道路の限界旋回速度を超えて走行したのであれば、その道路を旋回できる限界を超えているのですから、そのような場合、車輪が遠心力により横滑り等を起こし、運転操作が困難になって制御不能となるため、当該速度が「その進行を制御することが困難な高速度」に該当し、本罪が成立することになります。

(2)　直線道路を走行する事例

　制限速度が時速60kmの直線道路において、時速100kmで走行したところハンドル操作を誤り、道路左側の住宅に自車を衝突させ、同乗者を負傷させたような事案においても、本罪が成立します。湾曲した道路であるか、直線道路であるかということは特に問題となるわけではなく、あくまで当該自動車の性能等や路面の状況等を問題にすべきですので、直線道路であっても路面が凍結しているような場合であれば、そこを高速度で走行すれば制御不能になることは明らかですから、その速度は、「その進行を制御することが困難な高速度」に該当し、本罪が成立することになります。

　例えば、平成17年7月28日釧路地裁北見支部判決（判例タイムズ1203号300頁）の事案では、被告人が、友人4名を同乗させて普通乗用自動車を運転中、自車のタイヤが摩耗しており、雨天で路面が濡れていたにもかかわらず、時速約100kmの高速度で走行し続けたため、その進行を制御できず、左側路外に逸脱させて電柱等に激突させ、同乗者のうち2名を死亡させ、うち2名に重軽傷を負わせたというものでした。

　この事案では、直線道路ではあったものの、路面の状況が滑走しやすく、制御不能をもたらしやすい状況にあった上、時速約100kmもの高速度で走行したことで、制御不能を招いたものであることから、「進行を制御することが困難な高速度」と認められたものでした。

　このように通常の直線道路であれば、相当な高速度を出しても、そのことだけで進行を制御できなくなることは少ないものの、天候、路面状況、タイヤの状況等の影響を受けて、高速度での走行を制御できなくなることもあり得ることに留意して捜査をする必要があるでしょう。

　つまり、ここで心にとめておくべき重要な事柄としては、「進行を制御することが困難な高速度」による危険運転致死傷罪は、湾曲した道路でなけれ

ば成立しないということではないということです。

　また、平成29年3月3日大阪地裁判決（公刊物未登載）の事案も同様に直線道路上での制御不能事案です。これは通常の道路状態での走行中の事案ですが余りに高速度であるがゆえに制御不能となったものでした。

　具体的には、被告人は、制限速度が時速50kmと定められている片側2車線道路の第2通行帯を時速約163kmで直進進行していたところ、自車を左前方に逸走させた後、右前方に逸走させた対向車線上に自車を進出させたことにより、対向車線を直進してきた被害者運転車両に衝突させ、その運転者らを死亡させるなどしたもので、本罪の成立が認められています。

第2　本罪で起訴されながら過失運転致死傷罪でしか認定されなかった裁判例及びその問題点

　上述したように、「進行を制御することが困難な高速度」が本来的に適用できる場面では、本罪の成立をめざして捜査することに特段の問題はありません。

　ただ、これまでの裁判例の中には、果たして「制御困難な高速度」であったと評価できるかどうか問題とされる事案がありました。そして、そのような場合において、当該「制御困難」という概念が何を指すのかという解釈が、警察・検察と裁判所との間で異なり、その結果、積極的に、「制御困難な高速度」による危険運転致死傷罪で起訴したにもかかわらず、裁判所において、相次いでその訴因が破棄され、最終的に、単なる過失運転致死傷罪という軽い刑罰で処理されたということがありました。

　そこで、ここでは、この点に関して、どのような事例において、どのような判断がなされており、今後、どのように対処すべきかについて述べたいと思います。

1　平成25年11月7日広島地裁判決（公刊物未登載）

　この判決の事案は、道路標識等において、左折のみが許されていて直進が禁じられている十字路交差点において、被告人甲が、あえて禁止されている直進をしたところ、センターラインを超えたところで、左方道路からの乙運転に係る直進車両と衝突し、その衝撃で同車両を左前方に逸走させ、同所を通行中の歩行者丙を死亡させたというものでした（図8参照）。

図8

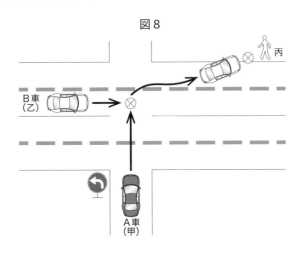

　この場合の当該運転者である被告人甲は、パトカーに追いかけられて逃走を遂げるために、時速100km以上の高速度で、当該交差点の左折のみ可・直進禁止の道路標識等を無視して突っ込んだのでした。

　この事案の判決において、広島地裁は「『その進行を制御することが困難な高速度』とは、道路の状況に応じて自動車を進行させることが困難な高速度をいう」と判示していますが、公判段階で広島地検は、「制御困難な高速度」による走行を、「速度が速すぎるため交通法規上その通行の妨害をしてはならない場所に自動車を進入させた場合も該当する」と解釈した上で、そのうち「道路の状況」という要素に関して、物理的な道路の形状、高低等が含まれることは当然ですが、それに限らず、交通法規による道路の規制も含まれると解釈したのです。

　そこで、検察官は、「道路の状況に応じた進行」という観点からすると、速度が速すぎるため一時停止等できず、また、左折しかできない規制がされていたのに、高速度で進入するため、それらの法規に従って一時停止したり、左折進行したりすることがおよそ不可能な状態にあった場合、それをもって「道路の状況」に応じた進行ができないことから、そのような法規に従うことのできない速度であれば、それは、「制御困難な高速度」であるといえると主張していました。

　しかしながら、本件広島地裁判決は、「『進行を制御することが困難な高速度』という文言から、運転者が交通法規に従って自動車を制御する、あるいは、交通の危険、すなわち他の自動車、歩行者等に対する危険を生じさせな

い方法で自動車を制御するといった考慮要素まで読み取るのは困難である」
として、検察官の主張を否定しました。

2　平成 28 年 1 月 21 日千葉地裁判決
（判例時報 2317 号 138 頁）

　この判決の事案は、被告人甲が、普通乗用自動車を運転し、緩やかに右に
湾曲する道路（法定速度制限、片側 3 車線）を走行し、進路左前方の路外施
設の出入口に設けられた信号機により交通整理が行われている道路を、青色
信号に従って時速約 120km で直進する際、対向右折車線から路外施設の
ショッピングモールに入るために右折してきた原動機付自転車と衝突し、同
車運転者を死亡させたというものでありました（図 9 参照）。

図 9

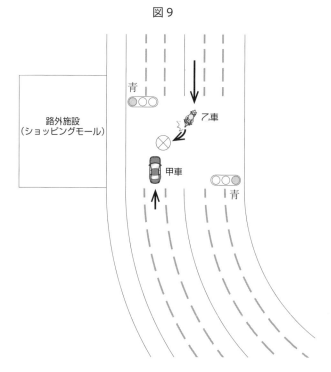

　この事案において、千葉地検の検察官は、前述した「道路の状況」には、
道路の物理的な形状等のほか、歩道・路側帯や路外の施設の有無、それに応
じた横断歩行者・車両の存在可能性等も含まれると解釈し、被告人が時速約
120km で本件道路を進行した行為は、左右道路からの横断者や右折車両等

への対応ができないほどの高速度での運転行為であることから、そのような行為は、「その進行を制御することが困難な高速度で自動車を走行させる行為」に該当すると主張しました。

　しかしながら、本件千葉地裁判決は、「『その進行を制御することが困難な高速度』とは、自動車の性能や道路状況等の客観的な事実に照らし、ハンドルやブレーキの操作をわずかにミスしただけでも自動車を道路から逸脱して走行させてしまうように、自動車を的確に走行させることが一般ドライバーの感覚からみて困難と思われる速度をいい、ここでいう道路状況とは、道路の物理的な形状等をいうのであって、他の自動車や歩行者の存在を含まないものと解される」とした上で、上記検察官の主張に対し、前述した広島地裁の判決と同様に、「『進行を制御することが困難な高速度で走行』した状態は、その語義として、物理的な意味で自動車の制御が困難になった状態をいうものと解され、これに検察官が指摘するような考慮要素への対応が困難になった状態まで含まれると読み取るのは無理である」と判示したのです。

3　令和3年2月12日名古屋高裁判決 （判例時報2510号81頁）

　ア　本件の事案は、被告人甲が、平成30年12月29日午後9時53分頃、普通乗用自動車Aを時速約146kmで走行させ、三重県津市内の上り線と下り線が中央分離帯で区切られた片側3車線の直線道路（法定最高速度60km毎時）の第3車線を進行中、左方路外施設から中央分離帯の開口部（中央分離帯の切れ目部分）に向かって左から右に横断してきた被害車両Bであるタクシーの右側側面に自車前部を衝突させ、被害車両の運転手1名の外、タクシーの乗客4名中3名を死亡させ、1名に加療期間不詳の傷害を負わせたというものです（図10参照）。

　イ　この事案において、津地検の検察官は、「その進行を制御するのが困難な高速度」というのは、「物理的な意味での制御困難性」を問題にしなければならないところ、それを基礎付けるものとして、①道路の形状や路面の状況、②被告人車両の性能、③被告人車両の実際の速度という従来の要素のほかに、④被告人車両の進路に進出してくる他の車両の存在等によって、被告人車両の通過できる進路の幅やルートが制限されているという状況をも要素として考慮すべきであると主張しました。

図10

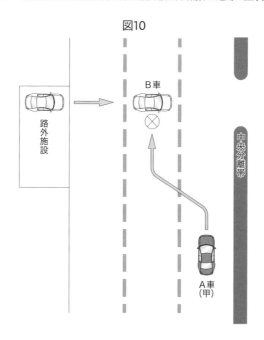

　ここで、上記④を加えた理由としては、「その進行を制御することが困難
な高速度」かどうかは、「道路の状況がどのようになっているかを問題とし
てよいところ、カーブや道路幅等の物理的な形状のみならず、駐車車両や他
の走行車両等によって客観的に進路の幅が狭窄化している場合も道路の状況
の一つであるのだから、そう考えるのであれば、駐車車両も走行車両等の存
在も含めた道路の状況として、「その進行を制御することが困難な高速度」
であるかどうかを考慮してよいはずであるという考え方をベースとするもの
です。

　ウ　たしかに、道路上に車両が何台も連なって駐車されており、そのため
事実上、一車線になっているような場合であれば、それはもはや二車線の道
路ではなく、一車線の道路と見て、道路の状況を判断することに不都合はな
く、そのような道路を走行するのであれば、運転者としても一車線の幅員し
かないものと考えて走行するはずです。

　そうであるなら、そのような状況に応じて、運転操作が可能かどうかを判
断する上での「その進行を制御することが困難な高速度」であるかどうかの
判定に当たり、道路の状況として、上記の駐車車両の状況を考慮することは

決して不当ではないと思われます。また、そのようなことで一車線になっている場合と、違法建築が道路まではみ出して一車線を塞いでいる場合とどれほどの違いがあるかといえば、ほとんど同様に考えてよいともいえるでしょう。

また、その前提で考察するのであれば、駐車車両でなくとも、超過密渋滞で、ほとんど停止するような速度での渋滞により一車線が塞がれている場合も同様に考えてよいはずであり、そうなれば、駐車しているか走行しているかは本質的な問題ではないこととなるでしょう。

そのように考えるなら、脇道などから進入してくる車両の有無なども、それによって進行する車線が狭窄化するという意味で、道路の状況の一部を構成すると考えることも不当ではないと思われます。

そして、原判決である令和２年６月16日津地裁判決（判例時報2510号87頁）は、上記主張を一定程度認めていました。

エ　しかしながら、本件名古屋高裁判決は、「被告人車両の進路に進出してくる他の車両の存在等によって、被告人車両の通過できる進路の幅やルートが制限されているという状況」をも「その進行を制御することが困難な高速度」の判断要素に入れるのは妥当ではないとして否定しました。

その理由として、危険運転致死傷罪が立法化されるに当たっての法制審議会の議論の内容としては、「立法担当者側は、一方で駐車車両もある意味で道路のカーブと同視できると述べていることとの対比からすれば、個々の歩行者や通行車両は進行制御困難性判断の考慮対象としては想定していない、すなわち、『道路の状況』という要素の中に歩行者や走行車両は含まれないとの考えに立っていると理解するのが自然である」からと判示したのでした。

また、本件判決は、駐車車両などの静止状態にとどまるものであればともかく、他の走行車両の存在を進行制御困難性の判断要素に含めるとすると、その移動方向や移動速度は不確定かつ流動的であることから、「こうした走行車両との接触や衝突を避けるための進路も不確定かつ流動的にならざるを得ない。このような事前予測が困難な不確定かつ流動的な要素を抱える他の走行車両の存在を進行制御困難性の判断要素に含めるということは、類型的、客観的であるべき進行制御困難性判断にそぐわないといわざるを得ず、罪刑法定主義の要請である明瞭性の原則からみても相当ではない」として、

他の走行車両の存在や動向を「道路の状況」に含めて、「その進行を制御することが困難な高速度」であるかどうかの判断に用いることは許されないとしたものでした。

4　令和3年9月21日福井地裁判決（公刊物未登載）

　この事案は、被告人甲が飲酒運転をしていたことから、その発覚をおそれて警察からの追跡を免れようとして、最高速度が60㎞と法定されていた道路において、時速約105km にまで加速し、進路前方の交差点に進入しました。この交差点は、交差道路が交差点の中まで中央線が設けられた優先道路であったところ、折から右方から進行してきた被害車両Bに自車前部を衝突させて、同車の同乗者1名を死亡させ、運転者にも重傷を負わせたというものでした（図11参照）。

図11

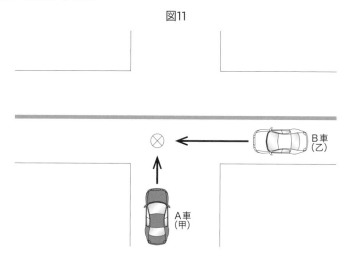

　この事件においても、福井地検の検察官は、上記3の事案と同様に、「その進行を制御することが困難な高速度」の判断における「道路の状況」に関して、道路自体の物理的形状に限定されず、運転者において認識できる、道路の物理的形状と同視できるような車両の進路を構成する要素も含まれ、本件との関係では、交差道路には平均すると時速45km ほどの速度の自動車が2分に1台程度の割合で走行しているとの事情も含まれると解すべきであり、停止車両が「道路の状況」の要素として考慮されるのであれば、走行車両についても同様に考慮することは不合理ではないと主張していました。

しかしながら、本件福井地裁判決は、ここでいう「道路の状況」には、他の自動車や歩行者が進行の妨げになる形であらわれるかもしれないという事情を含まない」と述べた上、「停止車両がある場合と走行車両の場合とは基本的に異なる」などと判示して、危険運転致死傷罪の成立を否定し、過失運転致死傷罪のみを認定しました。

第3 本罪における喫緊の課題—危険運転致死傷罪を立件するための方向性

上記の各裁判例からすれば、高速度による事故だからといって、簡単にそれが「制御困難な高速度」という概念に含まれることにはならないということが分かります。このような裁判所の考え方は、今後も変わることはないだろうと思われます。

たしかに、立法の経緯について当時の審議会議事録等を精査しても、走行している他車の状況をも含めて「制御困難な高速度」であるかどうかを判断しようという議論はありませんでしたから、基本的には、静止している物理的状況のみを前提とするしかないと思われます。したがって、同様の事案において、制御困難な高速度による危険運転致死傷罪の立件を目指すことは、判例の現状に鑑みれば妥当とは言えないでしょう。

では、どうしたらよいのでしょうか。上記の各事案は、いずれも過失運転致死傷罪に落とされていますが、それを甘受しろということでしょうか。

そのようなことはありません。ここで検討すべきは、次で解説する、妨害行為による危険運転致死傷罪の立件です。

速度超過に対する道路交通法違反対策

　これまでの法改正や新規立法により、飲酒運転や無免許運転については、一応の対策が構築されたと思われます。ただ、今後、検討しなければならない分野として、速度超過による道路交通法違反が挙げられるのではないかと思っています。

　速度超過については、道路交通法 22 条 1 項において、

　　車両は、道路標識等によりその最高速度が指定されている道路においてはその最高速度を、その他の道路においては政令で定める最高速度をこえる速度で進行してはならない。

と規定され、その違反に対しては、同法 118 条 1 項 1 号により、6 月以下の懲役又は10 万円以下の罰金に処するとされています。

　しかしながら、この罰則は、いかにも威嚇力が弱く、そのせいもあってか、制限速度を超過したことによる重大事故も決して少なくありません。

　そのため、制限速度をはるかに超過した速度で走行したことによる重大事故が起きた際には、自動車運転死傷処罰法 2 条 2 号の

　　その進行を制御することが困難な高速度で自動車を走行させる行為

の規定を用いて、危険運転致死傷罪の適用を試みるのですが、これはあくまで当該速度により「進行を制御することが困難」にならなければなりません。

　しかしながら、実際には、そのような状態にまでは至らなくても、非常に危険な高速度で走行したことにより、衝突を回避することができず、多数の死傷者を生じさせたという事故はいくらでもあるのです。

　そのような場合には、現在では、過失運転致死傷罪の 7 年以下の懲役等と、上記の速度超過による道路交通法違反の 6 月以下の懲役等という刑罰の併合罪で、懲役7 年 6 月が上限となってしまっています。

　これは、自車を走る凶器と変えて暴走した悪質極まりない運転者に対する処罰としては、あまりに軽すぎるのではないかと疑問に感じています。

　今後、新たな被害者を生まないためにも、速度超過の法定刑の引上げなどを含めた総合的な交通犯罪対策が求められているといってよいでしょう。

第 **3** 編

妨害行為事犯

第1章 妨害行為による危険運転致死傷罪の概要（本法2条4号）

第1　妨害行為による危険運転致死傷罪（本法2条4号）の成立要件

自動車運転死傷処罰法2条4号は、

> 人又は車の通行を妨害する目的で、走行中の自動車の直前に進入し、その他通行中の人又は車に著しく接近し、かつ、重大な交通の危険を生じさせる速度で自動車を運転する行為

と規定しており、ここで妨害行為による危険運転致死傷罪が挙げられています。

要は、幅寄せなどの迷惑行為により、被害車両の走行を妨害し、その結果として、被害車両の運転者等に死傷を負わせた場合には危険運転致死傷罪として処罰するというものです。

したがって、この類型による危険運転致死傷罪が成立するためには、①人又は車の通行を妨害する目的があること、②走行中の自動車の直前に進入し、その他通行中の人又は車に著しく接近したこと、③重大な交通の危険を生じさせる速度で自動車を運転したことといった各構成要件を充足する必要があります。

第2　「通行を妨害する目的」とは

まず、①の「通行を妨害する目的」とは、人や車といった相手方に自車との衝突を避けるために急な回避措置をとらせるなど、相手方の自由かつ安全な通行の妨害を積極的に意図することをいいます[19]。この妨害目的について

は、後に詳述いたします。

第3　「走行中の自動車の直前に進入し、その他通行中の人又は車に著しく接近したこと」とは

　次に、②の「走行中の自動車の直前に進入し、その他通行中の人又は車に著しく接近したこと」とは、文字通り、他車の進路前方直前に進入したり、いわゆる「幅寄せ行為」などをしたりして、他車に著しく接近する行為を指しますし、その結果、接触、衝突したような場合も当然にこれに含まれます。なお、著しく接近したかどうかは、「運転車両の速度や接近状況に照らし、相手方に回避措置をとらせることを余儀なくさせる程度であるかどうかによって決せられる」[20] と解されています。

　いわゆる「あおり運転」は、一般的には、走行中に蛇行や幅寄せ、急停止、パッシング等を繰り返して相手に威圧感や恐怖感を与え、正常な運転を妨害する行為を指すものと考えられ、また、急な追い上げなど後方から著しく接近するような行為や、その際に、執拗にクラクションを鳴らす行為などもこれに含まれると考えられています。そして、その中でも、幅寄せ行為や前方に割り込んだ上での急停車、後方からの著しい追い上げ行為などは、この②に該当する行為といってよいと思われます。

第4　「重大な交通の危険を生じさせる速度」とは

　さらに、③の「重大な交通の危険を生じさせる速度」というのは、時速約20km程度の速度で足りると平成18年3月14日最高裁決定（刑集60巻3号363頁）が判断しています。

　その理由としては、上記のものとは別の事件で、第4編で後述する殊更赤無視による危険運転致死傷罪の事件ですが、平成18年9月12日東京高裁判決（高検速報（平18）号132頁）が判示しており、「この現場交差点において、交差道路を青色信号に従って直進する車両は、相当の速度で進行してくることが予想されるのであるから、対面の赤色信号表示を無視して時速約20キロメートルの速度で交差点に進入すれば、交差道路を直進してくる車両を発見したとしても、直ちに急制動や転把等の措置を講じることにより衝

突を回避することは極めて困難であって、衝突の危険及びこれにより<u>人身に危害を及ぼす危険は極めて大きい</u>というべきである」として、時速約20kmの速度であれば、衝突の相手方車両の速度とも相まって、十分に「重大な交通の危険を生じさせる速度」に当たるとしたものです。なお、この点については、第4章で若干補充いたします。

第2章 妨害行為による危険運転致死傷罪の積極的活用

第1　序　論

　これまでに述べたように、本法2条4号の構成要件は、①妨害目的、②著しく接近するなどの妨害行為、③重大な交通の危険を生じさせる速度で走行することの3点です。そして、実際に道路上で発生した交通事故においては、それが事故である以上、通常は衝突しており、それは「著しく接近」の究極形態であることから、②の要件を満たし、また、それ相応の大きさの事故であれば、十分に速度が出ているのが通常ですから、③の要件も満たすことになるものと思われます。

　そうなると、①の妨害目的が認められれば、多くの交通事故において、本法2条4号の要件を満たすことができ、危険運転致死傷罪として処罰の対象とすることができます。そこで、この①の妨害目的がどのような内容であるのかを検討し、それに沿った活用を考えてみたいと思います。

第2　対向車線上を走行した場合

1　対向車線上の走行と「通行を妨害するという目的」との関係

　被疑者がパトカーなどから逃走していた際、自己の進行車線上に停止している車両があった場合、逃走を遂げることを目的として対向車線上を走行することがあります。そして、同車線上を対向してきた車両と正面衝突をしたり、また、対向直進してきた自動二輪車に回避行動をとらせて転倒させたりするなどして、いずれも相手方運転者に対して死傷の結果をもたらすことも決して珍しくはありません。

　こうした場合、幅寄せ等による妨害行為の場合とは異なって、加害車両の

運転者は、被害車両である対向車両に対して積極的に進路妨害をしてやろうなどという意図は一般的には存しないと思われます。そこで、そのような状況下での対向車線を走行する行為に、「通行を妨害するという目的」が存したといえるのか検討を要することになります。

2 裁判例の検討

被疑者運転車両が対向車線を走行した結果、対向直進車両の運転者を死亡させた事案として、平成25年2月22日東京高裁判決（判例タイムズ1395号368頁）が参考になります[21]。

(1) 事案の概要（逃走目的で対向車線を走行）

この事案において、被告人は、警察車両から追跡を受け、これを免れるために、片側一車線道路の右側部分を走行したものです。被告人は、同道路を対向進行してくる普通乗用自動車及びその後続車両を認めながら、前方を走行する自動車を追い越すために反対車線にはみ出して走行し、同車線を時速約50ないし90kmで走行したことから、上記対向進行してきた普通乗用自動車やその後続車両等に著しく接近し、それら車両運転者に衝突回避のための急制動措置をとらせ、その後続車両のうちの自動二輪車を転倒させて、その運転者を死亡させるなどしたものです（図12参照）。

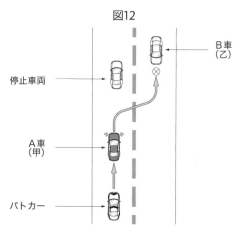

図12

(2) 判決の概要

本件東京高裁判決は、「被告人が、車体の半分を反対車線に進出させた状態で走行し、（先行する）車両を追い抜こうとしたのは、パトカーの追跡をかわすことが主たる目的であったが、その際、被告人は、反対車線を走行してきている車両が間近に接近していることを認識していたのであるから、上記の状態で走行を続ければ、対向車両に自車との衝突を避けるため急な回避

---

21 なお、同趣旨の下級審裁判例はいくつもあるが、それらについては、拙著「ケーススタディ危険運転致死傷罪（第3版）」320頁以下参照。

措置を取らせることになり、対向車両の通行を妨害するのが確実であること
を認識していたものと認めることができる」として、まず、被告人の認識内
容を確定しました。

その上で、そのような認識と「人又は車の通行を妨害する目的」との関係
について、「刑法208条の2第2項前段（当時）にいう『人又は車の通行を
妨害する目的』とは、人や車に衝突等を避けるため急な回避措置をとらせる
など、人や車の自由かつ安全な通行の妨害を積極的に意図することをいうも
のと解される。しかし、運転の主たる目的が上記のような通行の妨害になく
とも、本件のように、自分の運転行為によって上記のような通行の妨害を来
すのが確実であることを認識して、当該運転行為に及んだ場合には、自己の
運転行為の危険性に関する認識は、上記のような通行の妨害を主たる目的に
した場合と異なるところがない。そうすると、自分の運転行為によって上記
のような通行の妨害を来すのが確実であることを認識していた場合も、同条
項にいう『人又は車の通行を妨害する目的』が肯定されるものと解するのが
相当である」と判示しました。

筆者において下線を引いておいた箇所の記載から明らかなように、自己の
運転行為によって対向車線上の通行の妨害を来すのが確実であることを認識
していた場合には、自己の運転行為の危険性に関する認識は、本条にいう
「通行を妨害する目的」と異なるところがないとして、この目的の要件を満
たすとしたのです。

別の言い方で述べれば、「通行を妨害する目的」が認められるためには、
自車の走行が対向直進して来る車両等に回避措置をとらせることが確実な状
況であるとの確定的な認識が認められれば足り、それ以上の主観的な要件は
求められないということです。

第3　捜査上の留意事項

ここで捜査上重要なこととして、上記(2)のような確定的な認識は、対向車
線上の走行を試みる者であれば、誰しも通常は有するものであることから、
基本的に対向車線上の事故については、本法2条4号の妨害行為による危険
運転致死傷罪の立件を考えて捜査すべきであるということです。

例えば、自己の進路上にたまたま障害物があったことから対向車線に出ざ
るを得なかったという事案でもなければ、対向車線上を走行する者は、パト

カーや他の車両からの逃走による場合や、目的地への早期の到着を焦るなどして敢行することが多いと思われますが、それらいずれの場合であっても、対向車線上における自車の進行は、対向直進車両の進行を確実に妨害することになるとの認識はあるはずですから、この点に関する供述の録取や、対向車線上の走行時間、走行距離、同車線の幅員等に照らして、妨害目的は認定できる場合が多いと思われます。

　ただ、上記第2の判決では、「被告人は、反対車線を走行してきている車両が間近に接近していることを認識していたのであるから、上記の状態で走行を続ければ、対向車両に自車との衝突を避けるため急な回避措置を取らせることになり、対向車両の通行を妨害するのが確実であることを認識していたものと認めることができる」としており、下線を引いておきましたが、妨害の結果をもたらす相手方車両についての認識を認定しております。

　つまり、被告人が実際に対向車両を認識して、その車両の進行を妨害することになると確実に認識し、そして、実際に衝突したような場合であれば問題はありませんが、対向車両自体を認識はしていなかったものの、いつでもたくさんの対向車両が走行してくる道路だから、今見えてなくても、必ず対向車両が来るはずで、その車両の進行を妨害することは確実であると認識し、実際に、そのような対向車両が来て衝突した場合でも、他車の進行を妨害するという意味では同様ですから、そのような場合も含まれると考えられます。したがって、その意味からも対向車線上の車両の走行状況は必須の捜査事項になります。

　すなわち、深夜の山道のように、およそ対向車両が進行してこないような道路状況にあっては、対向車両の進行を妨害するなどという事態はあり得ないことになりますので、当該対向車線上の車両の走行状況がどのようなものであったかは実況見分調書によって明らかにしておく必要があるということなのです。

※　本章では自動車運転死傷処罰法2条4号について解説をしています。同条5号（あおり運転等）につきましては、『第3版　ケーススタディ危険運転致死傷罪』298頁以降を、6号（高速道路での妨害）につきましては、同書305頁以降を参照してください。

高速度運転事犯の妨害行為による危険運転致死傷罪への当てはめ

第 2 編第 2 章第 2 （127 頁以下）で検討した各裁判例は、いずれも制御困難な高速度による危険運転致死傷罪による処罰を求めたものの、その適用を排斥されたわけですが、そこで、対向車線上の走行において妨害行為による危険運転致死傷罪を適用した第 2 章の東京高裁判決を用いて、それら裁判例の事案において、同様に妨害行為による危険運転致死傷罪の成立を認めることができるかどうか検討いたします。

まず、それらの事案は、いずれも高速度で被害車両と衝突しているのですから、妨害行為による危険運転致死傷罪の成立上必要とされる前記②及び③の構成要件を満たすことは当然であり、問題となるのは、ひとえに①の妨害目的が認定できるかどうかにかかります。

1　前記第 2 、1 の事案について

⑴　人又は車の通行を妨害する目的の検討

そもそも、平成 25 年 11 月 7 日広島地裁判決の事案では、十字路交差点で左方道路から進行してくる車両（B車）の運転者は、当然に他の車両も道路標識等の標示に従って走行するものと思っていますから、よもや自車の進路前方を横切って、禁止されている右方から直進進入してくる車両があるとは考えていないはずです。そして、その十字路交差点を直進しようとする加害車両（A車）の運転者である被告人においても、そのような左方道路から進入してくる運転者の認識については、当然に、かつ、確実に分かっているはずです。実際に、当該B車が見えていたかどうかは証拠関係によりますから、必ずしも明らかではありませんが、仮に見えていなくても、当該道路は交通量が多く、いつも車両が走行している状況にあると、被告人が認識していたのであれば、当該車両に対してその進行を妨害することになると確実に認識していたといえるだろうと思います。

　そうであるなら、①の通行を妨害する目的の主観的な内容が、人又は車の通行を妨害することが確実であると認識しながら、それでもかまわないとしてあえて自車の走行を続けることであることに照らせば、加害車両（A車）の運転者である被告人には、当然に左方道路からの進入車両の進行を妨害することになるという認識が確実にあるといってよいと思われます。そのような認識を有していたにもかかわらず、パトカーからの追跡を免れるために、あえて同交差点を直進進行し、その結果、左方道路から進入してきた被害車両（B車）と衝突し、同車両の運転者を死亡させたのですから、本法2条4号を適用する上で何の不都合もないからです。

　ただ、捜査上、留意しておくべき事項として、前述しましたように、左方道路からの進入車両が存在し、その進行を妨害することを確実に認識しなければならないことから、そのような車両があまり存在しない、例えば、深夜であって交通閑散な道路であるなどの事情があって、「左方道路から進入してくる車両なんてあるはずがない」との認識が持たれてしまうような道路状況ですと、加害車両の運転者に、人又は車の進行を妨害する認識が確実にあったとはいえない可能性が出てきてしまいます。ですから、当該交差点における事故当時と同じ時刻における交通量などを実況見分し、左方道路からの進入車両が十分に存しており、そのことは同交差点に道路標識等の標示に反して進入しようとする加害車両の運転者にも十分に分かったはずであるという立証ができるようにしておく必要があります。

(2)　判決文への当てはめ

　そこで、この事案を前記判決文に当てはめて、同様の結論の判決になるかどうか検討してみましょう。

　判決文を修正した形で当てはめますが、もともとの判決文で不要なところは見え消しで削除し、新たに追加したところは、斜体字で表しました。

　「被告人が、~~車体の半分を反対車線に進出させた状態~~*時速 100km 以上の高速度*で走行し、~~C車両を追い抜こうと~~*本件交差点を直進*したのは、パトカーの追跡をかわすことが主たる目的であったが、その際、被告人は、~~反対車線を~~*左方道路から*走行してきている車両が間近に接近していることを認識していたのであるから（あるいは、「左方道路からの交通量が多く、多数の車両が常に走行していることを知っていたのであるから」とも置き換え可能。）、上記の状態で走行を続ければ、~~対向車両~~*当該左方道路からの走行車両*に自車

との衝突を避けるため急な回避措置を取らせることになり、対向*同*車両の通行を妨害するのが確実であることを認識していたものと認めることができる。(中略)しかし、運転の主たる目的が上記のような通行の妨害になくとも、本件のように、自分の運転行為によって上記のような通行の妨害を来すのが確実であることを認識して、当該運転行為に及んだ場合には、自己の運転行為の危険性に関する認識は、上記のような通行の妨害を主たる目的にした場合と異なるところがない。そうすると、自分の運転行為によって上記のような通行の妨害を来すのが確実であることを認識していた場合も、同条項にいう『人又は車の通行を妨害する目的』が肯定されるものと解するのが相当である」というようになります。

　このように置き換えることができるということは、本事例においても、前記東京高裁判決の判断を用いることができるということです。

2　前記第2、2の事案について

(1)　人又は車の通行を妨害する目的の検討

　また、平成 28 年 1 月 21 日千葉地裁判決の事案においても、加害車両（甲車）の運転者の被告人は、この道路において、右折により路外のショッピングモールに進入しようとする被害車両（乙車）を目視して、その走行状況を把握し、自車の走行が被害車両の進行を妨害することになると確実に認識していたか、もしくは、仮にそのような被疑車両についての認識はなくても、同様に右折進行する車両が多数あり、いくら青色信号に従った直進行為であっても、高速度で進入すれば、それら右折車両の通行を妨害することが確実であると認識できる状況があったということが認定できれば、この妨害目的に必要な認識が存することになります。

　たしかに、道路交通法 37 条では、直進優先というルールを定めてはいますが、しかしながら、直進車両の「進行妨害」にならないと判断される場合には、当然に先に右折をすることが許容されているのですから、そのような判断を誤らせるような高速度で進行すれば、右折車があっても回避措置をとることができず、それら「人や車の通行を妨害する」結果になることは明らかです。

　そうであるなら、このような交差点に高速度で進入する車両の運転者には、高速度であるがゆえに、右折車の通行を妨害することが確実であると認

識していると認定できる場合もあると思われます。

　ただ、その際には、先に述べましたように、当該事故当時において、そのように右折車両を直接に目視して、その走行状況を認識し、自己の走行方法がその進行を妨害することになると確実に認識しているか、仮に、そのような認識がなかったとしても、そのように右折する車両が多数あり、自己の高速度の進行により、それら車両の進行を妨害することが確実であると、誰しも思うような客観的状況が実況見分等により証拠化することが必要になります。

(2)　判決文への当てはめ

　では、この事案においても、前記東京高裁判決の判決文に当てはめて、同様の結論の判決になるかどうか検討してみましょう。

　判決文を修正した形で当てはめますが、「被告人が、~~車体の半分を反対車線に進出させた状態~~*時速約120km*の高速度で走行し、~~C車両を追い抜こうと~~本件交差点を直進したのは、~~パトカー~~*それ以前に発生した物損事故の被害者*からの追跡をかわすことが主たる目的であったが、その際、被告人は、~~反対車線を~~*対向車線上から右折*走行してきている車両が間近に接近していることを認識していたのであるから（あるいは、「対向車線上からの右折車両の交通量が多く、多数の車両が常に路外施設のショッピングモールに右折進入していることを知っていたのであるから」とも置き換え可能。）、上記の状態で走行を続ければ、~~対向車両~~*当該対向車線上からの右折走行車両*に自車との衝突を避けるため急な回避措置を取らせることになり、対向~~同~~車両の通行を妨害するのが確実であることを認識していたものと認めることができる。（中略）しかし、運転の主たる目的が上記のような通行の妨害になくとも、本件のように、自分の運転行為によって上記のような通行の妨害を来すのが確実であることを認識して、当該運転行為に及んだ場合には、自己の運転行為の危険性に関する認識は、上記のような通行の妨害を主たる目的にした場合と異なるところがない。そうすると、自分の運転行為によって上記のような通行の妨害を来すのが確実であることを認識していた場合も、同条項にいう『人又は車の通行を妨害する目的』が肯定されるものと解するのが相当である」というようになります。

　このように置き換えることができるということは、本事例においても、前記東京高裁判決の判断を用いることができるということです。

3　前記第 2、3 及び 4 の事案について

(1)　人又は車の通行を妨害する目的の検討

　令和 3 年 2 月 12 日名古屋高裁判決及び令和 3 年 9 月 21 日福井地裁判決の事案においても、自車を 100km 以上の高速度で進行すれば、左右道路からの進入・進行車両の通行を妨害する事態を生じさせることが確実であると認識していたものと認定し得ると思われますので、それらに対しても、同様に「人又は車の通行を妨害する目的」が認定できれば、危険運転致死傷罪の積極的な適用を図ることで被害者を救済することができたのではないかと考えています。

　特に、前記 4 については、前記 1 の事案と全く同様で、左方道路からの進行車両か、右方道路からの進行車両かの違いしかありませんから、1 の事案で述べたことと全く同じことがいえるところです。

(2)　妨害目的認定に対する課題

　ただ、前記 3 については、若干難しいところがあります。本件では、被告人は、被害車両 B の動向を見ており、それで B 車の後方を通過しようとして、第 2 通行帯に車線変更をしたところ、未だ第 2 通行帯を走行中の B 車の右側部に衝突したものであり、相手方に回避措置をとらせようとしたのではなく、自らが回避措置を講じたものの、それが成功しなかったというものです。

(3)　判決文への当てはめ

　では、この事案においても、前記東京高裁判決の判決文に当てはめて、同様の結論の判決になるかどうか検討してみましょう。

　判決文を修正した形で当てはめますが、「被告人が、車体の半分を反対車線に進出させた状態で*時速約 146km* の高速度で*本件第 3 通行帯を走行し*、C 車両を追い抜こうとしたのは、パトカーの追跡をかわすことが主たる目的であったが、その際、被告人は、反対車線を*路外施設から自車前方を横切る*ように走行してきている車両が間近に接近していることを認識していたのであるから、上記の状態で走行を続ければ、対向／*同*車両に自車との衝突を避けるため急な回避措置を取らせることになり、対向／*同*車両の通行を妨害するのが確実であることを認識していたものと認めることができる。（中略）本件のように、自分の運転行為によって上記のような通行の妨害を来すのが確実

であることを認識して、当該運転行為に及んだ場合には、自己の運転行為の危険性に関する認識は、上記のような通行の妨害を主たる目的にした場合と異なるところがない。そうすると、自分の運転行為によって上記のような通行の妨害を来すのが確実であることを認識していた場合も、同条項にいう『人又は車の通行を妨害する目的』が肯定されるものと解するのが相当である」という形になるでしょう。

　もっとも、被告人が第2通行帯に車線変更をしたことは、被害車両に回避措置をとらせないために行ったことであると評価するのであれば、そこに被害車両の通行を妨害する目的があったとは認定し難いともいえるでしょう。

　これまで述べてきたように、妨害行為による危険運転致死傷罪の積極的な適用が望まれるのですが、この3の事案では、これも難しいということは認めざるを得ないところです。ただ、車線変更をしてももはや間に合わず、それ以前の高速度での走行の段階で被害車両と「著しく接近し」たものと認められ、それが妨害行為として認定できるのであれば、その段階で既に妨害行為の実行行為は終了していると考えることもできますので、そのような認定が可能であれば、やはり妨害行為による危険運転致死傷罪の成立は認められることになります。

「重大な交通の危険を生じさせる速度」について

　この構成要件については、第１章に述べていますが、では、時速20km以下では「重大な交通の危険を生じさせる速度」に該当しないのかどうかという点について一言述べておきます。

　第１章第４で紹介した最高裁決定も東京高裁判決も、いずれも被告人が時速約20kmの速度で走行した事案において、そのような速度であれば、「重大な交通の危険を生じさせる速度」に該当すると判断したものですから、それより速い速度はもちろん含まれることになるものの、だからといって、それより遅い速度が一切含まれないと言っているわけではありません。したがって、事案によっては、この時速20kmを下回る速度であっても該当することはあり得るものと思われます。

　そもそも、立法過程において、もしこの速度を時速20km等に特定するのであれば、最初から「重大な交通の危険を生じさせる速度」などという抽象的な表現を用いることなく、具体的な数値を掲げれば足りたはずです。にもかかわらず、そのような抽象的な表現を用いたということは、当該加害車両の速度のみならず、相手方被害車両の速度や走行状況、更には、周囲の道路事情など様々な要素を考慮し、その事故状況に鑑みて、「重大な交通の危険を生じさせる」に足るものであったかどうかを、当該加害車両の速度に照らして評価しようとする考えに基づくものでしょう。そうであるなら、具体的な事情によっては、時速20km以下であっても「重大な交通の危険を生じさせる速度」と評価されることは当然にあり得ることと考えられるところです。

　例えば、本法２条８号の通行禁止道路における自動車の運転行為についても「重大な交通の危険を生じさせる速度」が要件とされていますが、歩行者天国とされた道路（これは「通行禁止道路」に該当します）において、高齢者や幼児等が無警戒で歩いているところを、大型のダンプカーを運転して進

入し、時速15kmで走行した際に、高齢者等を巻き込んで死亡させたような
ケースを想定してください。この場合、速度としては、時速20km以下です
が、そのような行為は、歩行者天国という車両の通行がおよそ想定されてお
らず、しかも大型のダンプカーが走行するなどという異常な状況下において
は、時速15km走行したとしても危険極まりないことは明らかであると思わ
れます。そうであれば、この時速15kmという速度は、十分に「重大な交通
の危険を生じさせる速度」と評価してよいものと考えられるところです。

　したがって、個々の事案において、被疑者が自車の速度は時速20km以下
だったと強弁したり、また、客観的に時速20km以下であると認められて
も、それだけで危険運転致死傷罪の成立を諦めるようなことはあってはなり
ません。当該加害車両の速度が「重大な交通の危険を生じさせる」ものであ
れば、それは、「重大な交通の危険を生じさせる速度」であったと認定しな
ければならないものだからです。

　ですから、皆さんが捜査する事件で、事故状況から照らして、どう考えて
も時速40km以上は出ていたと思われるような事案において、仮に被疑者
が、「俺は時速18kmで走行していた」と言い張った場合であっても、それ
を説得して真実を供述させるよう努力するのはもちろんですが、仮にそれが
うまくいかなくても、また、鑑定等により速度が判定できればよいのです
が、仮にそれがうまくいかなくても、いずれにしても被疑者の供述を前提と
せざるを得ない状況に陥ったにしても、法的判断として、時速20km以下で
も成立すると考えて、危険運転致死傷罪の立件に努めるべきだと思います。

第 4 編

赤色信号無視事犯

殊更赤無視による危険運転致死傷罪の概要

自動車運転死傷処罰法2条7号は、

> 赤色信号又はこれに相当する信号を殊更に無視し、かつ、重大な交通の
> 危険を生じさせる速度で自動車を運転する行為

と規定しています。したがって、この罪が成立するためには、①赤色信号を
殊更に無視したかどうか（信号表示に対する認識）、②重大な交通の危険を
生じさせる速度で運転したかどうかを構成要件としますので、この点を充足
する必要があります。

第1　「赤色信号を殊更に無視」とは

「赤色信号を殊更に無視」するというのは、赤色信号であることを確定的
に認識した上でこれを無視することであり、未必的な故意の場合を除外する
趣旨で設けられた要件です。全ての赤無視による事故を含めてしまうのは範
囲が広すぎるということで制約が課されたものでした。

したがって、黄色だったように思うけど、ひょっとしたら赤色だったかも
しれないが、急いでいるからそのまま行ってしまおうというのは、未必の故
意として対象外となり、本罪は成立しないのです。

そこで、この「殊更赤無視」に該当する行為として、立法当初から想定さ
れて、立法担当者が国会等において説明していたものとしては、

①　赤色信号であることについて確定的な認識があり、交差点手前の停止線
で停止することが十分可能であるのに、これを無視して交差点内に進入する
行為

②　信号の規制を全く無視して、およそ赤色信号であろうとなかろうと最初
から信号表示を一切意に介することなく、赤色信号の規制に違反して交差点
に進入する行為

が挙げられていました。

　特に、上記のうち②については、パトカーなどに追跡されて逃走する際、信号表示を無視して交差点を突っ切る行為などがしばしば見られることから、そのような行為を想定しているものです。このような事案は相当数見られるところ、この類型での殊更赤無視による危険運転致死傷罪の成否についてはほとんど問題がありません。

　問題は、①の類型であり、「交差点手前の停止線で停止することが十分可能であるのに」というフレーズに合理性があるかどうかなどが問題とされてきました。

第2　交差点手前の停止線で止まれない場合の本罪の成否

　立法担当者の上記説明に従うのであれば、反対解釈として、停止線で停止できない場合には、赤色信号を無視して交差点に進入しても差し支えないと読めることになります。そのため、そのような解釈を前提として、平成18年10月24日高松高裁判決（高検速報（平18）号391頁）の原審である徳島地裁判決では、被告人が正面の赤色信号を発見した時点では、既に交差点に近寄り過ぎており、停止線で停止することが不可能であったから殊更赤無視による危険運転致死傷罪は成立しないと判断されました。

　しかしながら、これは単に上記の説明の仕方が足りなかっただけであり、要は、事故を避けるために安全に停止できればよいのであって、停止線の手前でなければならないということはないはずです。ですから、上記の徳島地裁の判断に対して、検察官が控訴したところ、それに対して、上記高松高裁は、被告人は、停止線を越えても横断歩道の手前では停止できたのであるから、このような場合においても、停止することで事故を防止できたのであって、それにもかかわらずあえて進行を続けた行為は、「殊更」に赤色信号を無視したものと評価できると判示したのです。

　つまり、メルクマール（判断基準）とすべきは、<u>被告人が赤色信号を確認した時点で、直ちに制動措置を講ずれば、仮に停止線を越えても、道路上の危険を生じない地点で停止することができたかどうか</u>ということにあるのです。

第2章 交差点内の安全な場所に停止できないと判断した場合には、赤色信号を無視して進行を続けても「殊更赤無視」とはならないのか

第1　問題の所在

　第1章第2のように考えると、要は、交差点内であっても、安全な場所で停止できるにもかかわらず、あえて進行を続けた場合には、「殊更赤無視」となるのですが、そうであれば、逆に、安全な場所で停止できない場合には、赤色信号を無視して進行しても、「殊更赤無視」にならないと解釈するのかという問題が生じることになります。

　これは非常にやっかいな問題です。というのは、もし本当に赤色信号に気付くのが遅れて交差点内に入ってしまい、それから慌てて急ブレーキをかけた場合には、交差点のど真ん中で停止してしまって左右道路から進入してくる車両と衝突するおそれが高かった場合には、そのまま進行を続けて交差点を出ることが安全策となります。このような行為も「殊更赤無視」であるとして処罰の対象とするのかという議論になるわけです。もちろん、赤色信号を無視して交差点内に入っていますから、道路交通法119条1項2号の信号機の信号等に従う義務違反として処罰の対象となりますが、身の安全を守るための行為である以上、同法の違反の処罰を超えて、殊更赤無視による危険運転致死傷罪として処罰の対象とするのはおかしいのではないかと主張されるからです。

　つまり、このような行為は、いわば刑法37条1項本文の

> 自己又は他人の生命、身体、自由又は財産に対する現在の危難を避けるため、やむを得ずにした行為は、これによって生じた害が避けようとした害の程度を超えなかった場合に限り、罰しない。

との緊急避難の規定にも該当し、そのような緊急避難行為が殊更赤無視による危険運転致死傷罪の構成要件を満たすということがそもそも不当であるし、仮に、その構成要件を満たすとしても同条により違法性が阻却されると

解すべきであると主張されるということです。

第 2 「安全な場所に停止できない」となるかが 争点となった裁判例及びその問題点

上記の点が実際に問題とされた裁判例を紹介し、問題点について検討します。

1 平成 28 年 11 月 7 日千葉地裁判決 （判例タイムズ 1436 号 243 頁）

⑴ 事案の概要

　被告人は、平成 27 年 4 月 23 日午前 6 時 52 分頃、普通乗用自動車を運転し、千葉市美浜区内の道路を時速約 65km で進行し、同所先の信号機により交通整理の行われている交差点を直進するに当たり、赤色信号に気付いたものの、自車を時速約 70km に加速させて同交差点内に進入し、折から左方道路から信号に従って同交差点に進行してきた A（当時 34 歳）運転の普通自動二輪車に自車左前部を衝突させて同自動二輪車もろとも同人を路上に転倒させ、よって、同人に多発外傷の傷害を負わせ、同日午前 7 時 40 分頃、同人を前記傷害により死亡させたものである（図 13 参照）。

　この事案において、被告人は、法廷で、赤色信号を発見した具体的な地点は特定できないが交差点の直前であることから、安全な場所で停止することはできなかったので、そのまま進行したのであって、「殊更赤無視」をしたわけではないと主張していました。

　そして、本件千葉地裁判決は、被告人の上記主張をそのまま認めて、殊更赤無視による危

図13

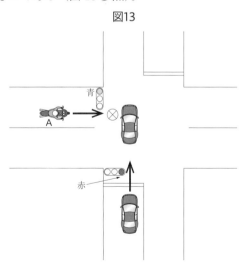

険運転致死傷罪の成立を認めず、過失運転致死罪が成立するにすぎないとし、量刑においても執行猶予付の懲役刑を言い渡しました。

⑵　千葉地裁判決が適当ではないと考えられる理由

　しかしながら、被告人の上記供述は明らかに虚偽のものであると考えられます。というのは、被告人は捜査段階では、交差点に至るかなり手前（33mないし39.5 m）で赤色信号を認識したと明確に供述しており、その旨の実況見分調書も作成されていたからです。

　また、もし仮に被告人が交差点の直前に赤色信号を発見したというのであれば、その地点は被告人において特定できるはずであり、にもかかわらず、その特定をしようとしないのは、それを特定することで自らの主張が覆されるおそれがあり（当該地点の特定の仕方によっては安全な場所で停止が可能と認定されるおそれがあります）、それゆえに、赤色信号を発見しながらも、その場所が不明であるという、極めておかしな主張をしていると認定できるからです。

　ところが、本件千葉地裁判決は、被告人の車両の速度が時速約65kmと高速度であったことなどを理由に、赤色信号を発見した地点を特定できなかったという被告人の主張はおかしなものではないとして、そのまま受けいれています。しかし、その程度の速度の赤色信号無視事件はいくらでもあり、それら事件において、どの被疑者も赤色信号発見地点を特定できているのが通常であることに照らしても、本件千葉地裁判決の事実認定が誤っていることは明らかです。

　この事件において、被害者は、青色信号に従って進行していたにもかかわらず、赤色信号を無視して進行してきた被告人車両によって生命を奪われたものです。にもかかわらず、任意保険での賠償金が支払われて遺族との間で示談ができていることや、被告人が反省の情を示していることなどを理由に執行猶予を付されていますが、保険会社が遺族に保険金を支払うのは当然のことである上、被告人は上述したように、刑責を免れるために不自然極まりない主張をしているにもかかわらず、どうしてそこに反省の情を見い出せるのか疑問が湧き上がるばかりです。

　この被告人と同様の弁解をすれば、刑務所に行くこともなく全て許されるという風潮を作り出さないようにするためにも、綿密な実況見分等の実施など、証拠関係をがっちりと固める捜査に努める必要があるといえるでしょう。

2　令和 4 年 3 月 22 日東京地裁判決（公刊物未登載）

⑴　事案の概要

　被告人は、令和 2 年 3 月 14 日午後 8 時 30 分頃、東京都墨田区内から埼玉県方方面に向かって、被告人所有に係る普通貨物自動車（軽四）を運転して走行し、同日午後 8 時 46 分頃、東京都葛飾区内の信号機により交通整理の行われている交差点を直進するに当たり、対面信号機が赤色の灯火信号を表示しているのを、同交差点入口の停止線手前約 27.9 m の地点で認めながら、これを殊更に無視し、重大な交通の危険を生じさせる速度である時速約 57km で自車を運転して同交差点に進入したことにより、折から同交差点直進方向出口に設けられた横断歩道上を信号に従い右方から左方に向かい横断歩道中の被害者A（当時 42 歳）及び被害者B（当時 11 歳）を前方約 5.7 m の地点に認め、急制動の措置を講じたが及ばず、Aらに自車前部を衝突させて同人らを路上に転倒させた上、Bを自車の車底部に巻き込んで引きずるなどし、よって、Aに対し、加療約 222 日間を要する左脛腓骨開放骨折等の傷害を、Bに対し、多発外傷の傷害をそれぞれ負わせ、同日午後 9 時 59 分頃、同人を前記傷害により死亡させたものである（図 14 参照）。

⑵　捜査段階での実況見分調書の内容

　被告人は、捜査段階における実況見分が実施された令和 2 年 3 月 25 日（事故後 11 日目）には、交差点入口の停止線手前約 27.9 m の地点で赤色信号を認めたと供述し、また、それに応じた実況見分調書も作成されていました。

　これによると、被告人は、片側 3 車線の第 1 通行帯を走行してこの交差点に近づいており、交差点の停止線手前約 67.9 m の地点で、当初対面信号機が赤色であったところ、右折青色矢印が消えて黄色に変わりました。その後、同停止線手前 39.6 m の地点で対面信号機が黄色から赤色に変わりました。この時、直進も右折も赤色となったのです。そして、その頃、被告人は、交差点出口先の第 1 通行帯に停止車両があるのを認識し、車線変更をしなければならないと考えました。その地点は、同停止線手前約 34.3m でした。その上で、被告人は、赤色信号を確認しながら、このまま進んでしまえば、交差道路から車両が出てくる前に交差点内で車線変更ができると考え、赤色信号を利用して右に車線変更しようと考えて、走行を続けましたが、そ

図14

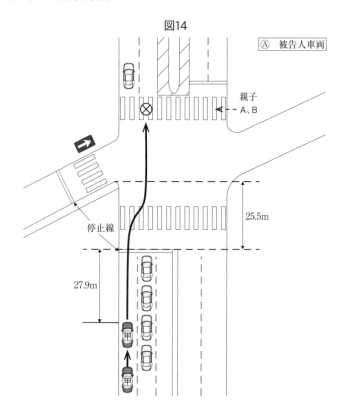

れが同停止線手前約 27.9m の地点でした。

そして、時速約 57km で同交差点に進入し、右転把しながら、交差点出口の横断歩道まで進行した際、自車前部を被害者２名に衝突させ、本件事故を起こしたのです。

⑶ 赤色信号を認識した地点についての争点と判決の判断

被告人は、上記のように指示説明をしていたにもかかわらず、事故後、１年半以上経過後に弁護人と実施した実況見分では、赤色信号を発見した地点は、停止線手前約 12.4 ｍの地点であったと指示説明内容を変更しました。

法廷において、被告人は、その理由についてきちんとした説明は何一つせず、単に、警察での実況見分では不正確で適当に間違ったことを言っただけなどと繰り返しているだけでした。

この点について、本件判決は、「被告人は、公判廷において、前記のとおり、赤色信号を認識した地点は、本件交差点手前約 12.4 メートルと供述し

た上で、『3月25日の実況見分の時はいつも信号を見ている位置が本件停止
線手前約27.9メートルの辺りだったので、その辺で見たんじゃないかなと
思って、その辺で見たと言った。』などと供述する。しかし、令和3年9月
29日に行われた弁護人による実況見分は、事故から約1年半経過後に行わ
れたものであり、使用車両（プラド）も被告人車両とは異なる。また赤色信
号を見た位置についても、赤色信号を45度くらいの角度で見上げた記憶が
あったので、その位置を特定した旨供述するが、ドライブレコーダーの映像
によれば、本件信号機手前約7メートル（本件停止線手前約12.4メートル）
の位置から本件信号機を見ることができるかという疑問や時速約57キロ
メートルというそれなりの高速度で走行しながら45度くらいの角度で見上
げるというのは不自然ではないかという疑問があり、令和3年9月29日の
実況見分時の被告人の供述は場当たり的な供述である感が拭えない。」とし
て、被告人と弁護人による実況見分の結果は信用できないとし、結局、「以
上検討したところによれば、3月25日の実況見分時の被告人の供述は信用
することができ、被告人は本件停止線手前約27.9メートルの地点で赤色信
号を認識したと認められる」と判示したのでした。

⑷　罪体に関する問題点と対策

　ア　前述したように被告人が実況見分の際の供述を変更した理由は、誰が
教えたのかは分かりませんが、前記1の千葉地裁判決などを聞いたことによ
り、被告人自身が自己に有利な判決を得るために変更したものと考えるのが
自然でしょう（この点は、被害者参加代理人弁護士も被害者論告で同様の趣
旨のことを述べています。）。

　つまり、このような殊更赤無視による危険運転致死傷事件においては、同
様のことが今後も起きると考えておかなければならないのです。

　ただ、この事件では、弁護人との実況見分で停止線手前約12.4mと特定
してしまっていたところ、この交差点は広く、そのため、その地点で急制動
の措置を講じていれば、交差点内に入るものの左方交差道路からの進入車両
と衝突するおそれもないところで停止することができてしまいました。検察
官の試算によっても、本件交差点手前約12.4mの地点で赤色信号を認識し
た際、直ちに急制動の措置を講ずれば、同停止線先約25.7mの地点で停止
可能であり、同所であれば左方交差道路からの進入車両の通行を塞ぐことに
はならなかったのです。そのため、弁護人としても、殊更赤無視による危険

運転致死傷罪の成立自体を争うことができなくなってしまったという事情があったのです。

　ところが、もしこの事案で、前述した千葉地裁判決のように、あくまで赤色信号を認識した地点を特定せず、単に、安全に止まれない地点で赤色信号を認識したと言い張った場合には異なった結論になった可能性があります。

　仮に被告人が交差点停止線の直近で赤色信号を発見したというのであれば、本来的には、その地点は被告人において特定できるはずです。にもかかわらず、その特定をしようとしないのは、それを特定することで殊更赤無視による危険運転致死傷罪の成立を否定しようとする自らの主張が覆されるおそれがあるからです（本件がまさにそうですが、当該地点の特定の仕方によっては安全な場所で停止が可能と認定されるおそれがあります。）。それゆえに、赤色信号を発見しながらも、その場所が不明であるという、極めておかしな主張をすることになりますが、本来であれば、その主張の仕方自体から、その供述が信用できないものとして排斥されるのが当然でありましょう。

　ところが、前述しましたように、前記千葉地裁判決は、被告人の車両の速度が時速約65kmと高速度であったことなどを理由に、赤色信号を発見しながらも、その発見した地点を特定できなかったという被告人の主張はおかしなものではないとして、そのまま受けいれているのです。

　しかしながら、これも前述しましたが、その程度の速度の赤色信号無視事件はいくらでもあり、それら事件において、どの被疑者も捜査段階の実況見分において赤色信号発見地点を特定できているのが通常であることに照らしても、前記千葉地裁判決の事実認定が誤っていることは明らかです。にもかかわらず、この判決が確定していることから、これを先例としてこの事件でもそうであったように、同様の主張を試みる被告人らが出てもおかしくないという状況にあるのです。

　イ　そこで、この種事件の交通捜査に携わる方々においては、赤色信号を認識した地点については、捜査段階での実況見分調書が公判で否定されるおそれがあることを念頭において捜査をする必要があるというべきでしょう。そして、なぜその地点で赤色信号を認識したといえるのか、また、その実況見分調書における指示説明が間違いないものであるといえる理由などについて、別に供述調書を作成し、当該実況見分調書の信用性が法廷でも否定され

ないような補強を図っておくことが必要であるといえるでしょう。少なくと
も、殊更赤無視による危険運転致死傷罪で送致するのであれば、この種の弁
解はいつでも誰でも容易にできるものであることに照らせば、そのような手
当ては不可欠だろうと思います。結局のところ、前記千葉地裁判決では、当
時、警察官が作成した実況見分調書の信用性を否定して殊更赤無視による危
険運転致死傷罪の成立を否定したのに対し、本件東京地裁判決では、この信
用性を肯定していることが結論に違いをもたらせているのです。

3　理論的な問題点と対策

　繰り返しになりますが、理論的にいえば、赤色信号を発見した時点で、も
はや交差点内において安全に停止できる場所がないとされる場合であれば、
それを「殊更赤無視」とは評価できないことになります。ただ、それは赤色
信号を発見するのが遅れれば遅れるほど「殊更赤無視」とはならなくなるこ
とを意味しているのであり、悪質な前方不注視運転者ほど得をするという結
果になるものであって、道路交通行政を扱う交通警察としては耐えられない
結論だろうと思います。

　したがって、捜査に携わる者としては、被疑者からそのような弁解が出さ
れた際には、左右道路の交通量や車両の進行状況等がどうであったのかなど
を目撃者等から明らかにするだけでなく、事故当時と同時刻の時間帯などで
もそれらの状況を精査するなどの捜査を実施するなどし、被疑者の赤色信号
発見地点から安全に停止できる余地があったのかなかったのか、真相を明ら
かにした上で、それが法廷でも維持されるような証拠固めをしておく必要が
あるということでしょう。

4　量刑に関する問題点

　上記 2 の判決結果は、被告人に対し、懲役 6 年 6 月に処すというものでし
た。そして、検察官の求刑は、懲役 7 年 6 月でした。

　この判決結果に対して、交通事件捜査に携わる皆さんはどのように感じら
れるのでしょうか。小学生の子供一人を死亡させた上、その父親にも重傷を
負わせた危険運転致死傷事件であることに照らせば、かなり軽い判決という
印象を持つのではないでしょうか。

　たしかに、検察官は、この求刑をするに当たって、論告において、その理

由を述べており、被害者１名死亡、被疑者１名重傷、前方停止車両を避けるべく殊更赤無視などの要素を入力して、量刑データベースを検索しています。その結果、懲役８年未満の事案と比較したようです。

　しかしながら、本件の被害者は、単に数字上で１名と換算できるようなものではありません。被害者夫妻のたった一人の娘であり、しかも小学生というかわいい盛りの娘であったのです。その重みづけというのは、単に、死亡被害者１名というような数値で割り切ることはできないものです。しかも、被害者である父親は、重傷を負って長期間の入院を余儀なくされただけでなく、現在もその後遺症に苦しみ、さらに、娘を失ったことが原因で心にも大きな傷を負って仕事ができなくなり、そのため、自宅で何とか在宅業務をこなしているという事態に陥っています。

　このような事情は、被告人に対する求刑を上げるべき大きな理由であるというべきでしょう。事件には個性があります。それを無視して過去の量刑しか示すことができない量刑データベースの検索結果によるというのでは、過去の事件以上の量刑は最初から望めないのであり、実質的な正義を実現することにはならないのではないかと思われます。

　しかも、被告人は被害者に対してほとんど謝罪らしいことはしていません。にもかかわらず、本件判決では「被告人なりに反省の態度を示していること」として、有利な事情として扱っています。このような認定は、被害者にとっては耐えられないものであるといえるでしょう。

　本来であれば、この事案では、10年を超える懲役刑を求刑してもよかったのではないかと思います。もちろん、裁判員がどこまで付いてきてくれるかは分かりませんが、被害者を本当に救済しようと思うのであれば、警察官も検察官も、被害者が納得できるような判決を導き出すまで、努力を続けるべきだと思うからです。

第3章 その他構成要件の検討

第1 「重大な交通の危険を生じさせる速度」が求められるのはどの時点か

　本罪の構成要件である「重大な交通の危険を生じさせる速度」は、「殊更赤無視」行為に及んだ段階で必要となります。つまり、赤色信号であることを認識しながら、あえて無視して進行しようとして運転を継続したその段階で、当該速度が出ていれば足りるのです。決して、その後、実際に他の車両等と衝突した段階で求められるものではありません。

　そもそも、条文では、「赤色信号又はこれに相当する信号を殊更に無視し、かつ、重大な交通の危険を生じさせる速度で自動車を運転する行為」としており、「殊更赤無視」をし、「かつ」としてその時点でということを明らかにした上で、「重大な交通の危険を生じさせる速度」で運転する行為としているのですから、条文の論理解釈として、「殊更赤無視」をした際に、当該速度が出ていることが要求されていることは明らかです（なお、この当該速度が時速20km以下でも適用可能であることは、第3編第4章を参照のこと。）。

　例えば、「殊更赤無視」をして交差点に入ったものの、左右道路から青色信号に従って大型自動車などが突っ込んでくるのを見た瞬間に、これはヤバイと思って急ブレーキをかけることはあるでしょう。そうなると、自車の速度は急激に減速し、場合によっては、交差点内に停止することもあり得、その際の速度は零かそれに近くなります。しかし、その直後、左右道路から進入してきた車両が自車と衝突した場合を考えてもらいたいと思います。この際、自車の同乗者や相手方車両の運転者などが負傷することもあり得るわけですが、この場合、事故時における自車の速度が当該速度ではなかったから、殊更赤無視による危険運転致死傷罪は成立しないと考えるのでしょう

か。

　あくまで「殊更赤無視」をした段階で「重大な交通の危険を生じさせる速度」が出ていれば足りており、殊更赤無視による危険運転致死傷罪の実行行為は終了しているのであって、後は、「よって」という文言で表されている因果関係が、上記の運転行為と被害者の死傷との間に認められるかどうかだけを見ればよいのです（上記のようなケースであれば、間違いなくこの因果関係は認められるでしょう。）。

　この点をよく理解されていない方々も多く、また、同じような無理解が原因と思われる一例ですが、大きな社会問題となった東名高速あおり運転事故[22]においても誤った意見がずいぶん出されました。この事件では、被害者運転車両がサービスエリアから事故現場に至る間に、被告人は「重大な交通の危険を生じさせる速度」で走行しながら（高速道路上ですから当然この要件は満たします。）、幅寄せなどの行為に及んでおりますので、この段階で既に、妨害行為による危険運転致死傷罪の実行行為は済んでいるのであります。後は、「よって」人を死傷させるという因果関係のある結果が生じればこの罪が成立するところ、実際に、被害者2名の死亡という結果が、被告人の妨害行為の一つである進路前方への割り込みによって生じたのですから、この罪が成立することは極めて当然であり、疑いの余地は全くなかったのです。にもかかわらず、停止した後には「重大な交通の危険を生じさせる速度」が出ていないからなどとして危険運転致死罪が成立しないかのような誤った意見がマスコミ上噴出したということもあったのです。

第2　事故発生場所は交差点内でなければいけないのか

　交差点における赤色信号を無視する行為により発生する事故ですから、通常は、交差点内で発生していることが多いのは当然です。しかし、赤色信号を無視した行為と因果関係が認められるものであれば、事故発生場所がどこであっても、この殊更赤無視による危険運転致死傷罪が成立するものと考えて差し支えありません。ですから、赤色信号を無視して交差点に進入しよう

22　この事故についての詳細な解説拙著「ケーススタディ危険運転致死傷罪（第3版）」288頁以下参照。

としたところ、その停止線手前に停止していた車両等に衝突したり、また、赤色信号を無視して交差点を突き抜けたところ、左右の青色信号に従って、交差点の横断歩道上ではないものの、その付近を斜め横断していた歩行者に衝突したりしたような場合なども、いずれも交差点内の事故にはなりませんが、殊更赤無視による危険運転致死傷罪が成立します。

　そもそも、第3編第1章第4で紹介した「時速約20km程度の速度であっても重大な交通の危険を生じさせる速度である」と認定した平成18年3月14日最高裁決定の事案は、交差点に進入する手前で起きた事故でした。具体的には、被告人は、「普通乗用自動車を運転し、札幌市北区内の信号機により交通整理の行われている交差点手前で、対面信号機の赤色表示に従って停止していた先行車両の後方にいったん停止したが、同信号機が青色表示に変わるのを待ちきれず、同交差点を右折進行すべく、同信号機がまだ赤色信号を表示していたのに構うことなく発進し、対向車線に進出して、上記停止車両の右側方を通過し、時速約20kmの速度で自車を運転して同交差点に進入しようとした。そのため、折から右方道路から青色信号に従い同交差点を左折して対向進行してきた被害者運転の普通貨物自動車を前方約14.8mの地点に認め、急制動の措置を講じたが間に合わず、同交差点入口手前の停止線相当位置付近において、同車右前部に自車右前部を衝突させ」と判示されているものですから、衝突地点が交差点入口手前であることは明らかです。

　このように衝突した事故現場は交差点内である必要はなく、被疑者が「殊更赤無視」をしようとした行為と因果関係があれば、衝突場所はどこでもよいと理解しておいてください。

第4章　いわゆる砂川事件の概要と捜査上の問題点

　殊更赤無視による危険運転致死傷罪に関して必ず触れておかなければならない重大事故として、平成28年11月10日札幌地裁判決（刑集72巻5号528頁）のいわゆる砂川事件が挙げられます。これは現場共謀による殊更赤無視による危険運転致死傷罪の共同正犯を認めた唯一の裁判例でもあり、捜査上重要な点を多く含んでいる事件ですので、ここで紹介します。

第1　事案の概要

　平成27年6月6日午後10時半頃、被告人甲が運転する普通乗用自動車及び被告人乙が運転する普通貨物自動車の2台が時速100km以上の高速度で走行するカーチェイスの末、北海道砂川市内の交差点において赤色信号を無視して上記高速度のまま突っ込んだことにより、被告人甲運転の普通乗用自動車が、青色信号に従って左方道路から進行してきた普通乗用自動車と衝突し、同車に乗っていた被害者5名のうち4名を死亡させ、残り1名にも重傷を負わせたというものです。

　この事故は、それまで居酒屋で飲酒していた被告人甲及び乙及びその同乗者数名が更に別の店で飲み直すために、砂川市内の一般道路を高速度で抜きつ抜かれつのカーチェイスをしていた際に発生したものでした。

　上記普通乗用自動車を運転していた被告人甲及びその同乗者2名は、いずれも本件事故で負傷したため救急車で病院に運び込まれました。

　一方、上記普通貨物自動車を運転していた被告人乙は、被害車両とは衝突しなかったものの、上記被害者のうち1名が事故の衝撃で車外へ放り出された後、同被害者を自車で轢過した上、その車底部で1km以上にわたって引きずりながら逃走しました（図15参照）。その後、乙は、当該普通貨物自動車の損傷状況を隠蔽するために修理工場へ自車を運び入れ、翌日になって酒が抜けて飲酒検知ができない状態になってから警察に出頭しました。

図15

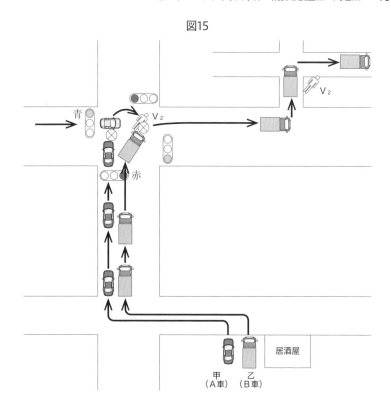

第2　被告人甲の罪責—殊更赤無視による危険運転致死傷罪の成否

　本件事故が被告人らの赤色信号無視に起因するものであることは、当該事故現場付近の防犯カメラから明らかでした。したがって、客観的状況として、被告人らの車両が赤色信号であるにもかかわらず同交差点に進入したことは争う余地はありませんでした。これは夜間であり、目撃者もいなかったことから、もしこの防犯カメラの映像がなかったら捜査はこの上なく難航を極めることになっていたと思われます。

　そして、被告人らが時速100km以上の高速度で同交差点に進入したことも、防犯カメラの映像の解析から明らかでしたから、被告人甲については、殊更赤無視による危険運転致死傷罪の成否に関しては、赤色信号を認識していたかどうかという点は問題となりましたが、それ以外の点はほとんど問題になりませんでした。

その上で、殊更赤無視による危険運転致死傷罪が認められた場合、被告人甲には、その他に、酒気帯び運転による道路交通法違反（117条の2の2第3号（当時））も成立しますから、前者で懲役20年の法定刑が、後者で懲役3年の法定刑が定められているので、その併合罪となり懲役23年までの刑期の範囲内で処罰されることになります。

第3　被告人乙の罪責

1　被告人乙単独の殊更赤無視による危険運転致死傷罪の成否

被告人乙についても赤色信号を無視して交差点に進入した事実自体は防犯カメラの映像から明らかでした。しかし、被告人甲と異なり、被告人乙については、被害車両と衝突していませんから、同被告人について、殊更赤無視による危険運転致死傷罪が成立するかどうかは、同被告人が殊更赤無視による運転行為をしたことに「よって」、「人を負傷させた」又は「人を死亡させた」という本法2条柱書の部分の構成要件を満たすか否かが問題となりました。

たしかに被告人乙は、被害車両から放り出された被害者の一人を轢いていますから、この行為を捉えれば、被告人乙の「殊更赤無視」行為により当該被害者を轢いたことで負傷又は死亡させたと捉えることもできそうです。しかしながら、そもそも、当該被害者は、被告人甲の普通乗用自動車と衝突した瞬間に即死している可能性もあり、被告人乙の轢過によって負傷又は死亡したかどうかを確定できるか問題ですし、また、そのような他の車両との衝突行為の結果放り出された被害者を轢くという行為は、自己の交差点進入行為との間に相当因果関係があるか（あるいは危険の現実化をしたという関係があるか）問題となり得るところでした。

例えば、一人の被害者を数台の車両が轢過するという二重轢過事故はしばしば見られますが、このような場合、通常は、最初に被害者に衝突した運転者だけが過失を問われ、その後、続けて轢過した運転者は、それを避けることができなかったとして過失不存在とするか、そのような事態が起きることは通常ではないので、自己の運転行為と被害者の死傷との間に因果関係がないとするかなどして、犯罪不成立としていることが多いはずです。このよう

な事件処理例に照らしても、本件における被告人乙が被害者の一人を轢過したことを捉えて、「よって」、「人を負傷させた」又は「死亡させた」との要件を満たすとすることに躊躇がありました。

2　被告人乙の引きずり行為による殺人罪の成否

もっとも、被告人乙は、上述したように轢過した被害者を引きずって1km以上も走行していますから、その行為を捉えることで殺人罪の成立が見込まれました。これまでにも事故後の被害者の身体を引きずった事件において、殺人罪として起訴されて有罪となっている事件は相当数あります。

そもそも、自動車の車底部で人を引きずれば死亡するのは当然ですから、客観的に殺人行為であることに問題はなく、ただ、殺意、つまり、人を引きずっていることを認識しながら、それを認容するという故意が認められるかどうかだけが問題となります。

そして、そのような行為に出た被疑者は、例外なく、人を引きずっているとは思わなかったと否認しますので、取調べにおいて、被疑者を説得し本当のことを言わせる努力を惜しんではいけませんが、最後まで否認する者もいますから、そのための対策が不可欠となります。

そこで、そのような場合に備えて、引きずり実験を行います。これは、被害者の身体とほぼ同様のダミー人形を製作し、被疑者が運転していた車両と同様のものを用意し、また、事故現場の路面の状況とできるだけ似通った状態の路面で、当該ダミー人形を上記車両で引きずるのです。ただ、その車両の運転は、当該事件と全く関係のない一般人にしてもらい、実際に人を引きずっていると認識できるか、アクセルをふかしてもスピードが上がらず、何かを引きずっていると分かったかなどの走行状況を感じてもらうのです。その上で、人か何かを引きずっていると確実に分かったというのであれば、そのことを法廷で証言してもらうことで、被疑者が否認していても、誰でも人を引きずっていることは分かったはずだと立証するのです。

この事件でももちろん同様の引きずり実験をしました。しかしながら、その実験当事者になってもらった消防職員は、人を引きずっているかどうか分からなかったと述べたのです。この段階で、被告人乙の故意を立証する手段がなくなりました。したがって、同被告人に対する殺人罪による公判請求の可能性は消えたのです。同じ実験を別の人で繰り返すということはできませ

んので、当該消防職員が分からないといったら、それで終わりなのです。

3　被告人甲との共謀による殊更赤無視による危険運転致死傷罪の成否

　被告人乙を殺人罪で処罰できないとなると、被告人乙に残る犯罪は、轢過した被害者に対するひき逃げによる道路交通法違反（117条2項）しかありません。ただ、これも最高で懲役10年しかありません。本件では、被告人甲の車両が被害車両に衝突するか、被告人乙の車両が被害車両に衝突するかは、本当に偶然の産物で、たまたま被告人甲の車両のほうが少しだけ先に出ていたため、同車両が衝突しただけでありましたから、被告人甲と被告人乙の刑責は同様のものとならなければなりませんでした。

　しかし、殺人罪での処罰ができないとすると、被告人乙は、懲役10年、仮に、ウィドマーク式などの方法を使って酒気帯び運転を起訴できたとしても、懲役13年が限度となり、被告人甲との刑罰に著しいアンバランスが生じてしまいました。

　そこで、そもそも本件の殊更赤無視による危険運転致死傷罪は、本質的に、被告人甲と被告人乙とが共謀して実施したものと見るのが自然ではないかと考えるに至りました。もし、被告人乙に対しても殊更赤無視による危険運転致死傷罪で処罰できれば、先のひき逃げによる道路交通法違反が併合罪になりますので、最高で懲役30年までの処罰が可能でした。

　ただ、そのためには、被告人甲と被告人乙との間で共謀関係が認められなければなりません。しかしながら、被告人甲と被告人乙は、それぞれ高速度でカーチェイスはしていたものの、赤色信号を無視して一緒に交差点に進入しようなどという謀議を巡らしてはいませんし、そもそも別の車両に乗っているのですから、一言も言葉は交わしていませんでした。

　そこで、考えられたのは、第1章第1で紹介した殊更赤信号無視による危険運転致死傷罪のパターンのうちの②のパターンの「信号の規制を全く無視して、およそ赤色信号であろうとなかろうと最初から信号表示を一切意に介することなく、赤色信号の規制に違反して交差点に進入する行為」を、本件事故現場に至るまでの交差点において繰り返していなかったかどうかということでした。というのは、もし、本件の交差点までにそのような信号無視を繰り返していれば、被告人両名は、お互いに、今後の交差点においても同様

に信号無視をするつもりなんだな、では、自分もそのようにしようという暗黙の共謀が認定できる可能性があったからでした。

　そのため、被告人らの走行経路にある交差点での進行状況を防犯カメラの映像から明らかにできないかと捜査したのですが、十分な防犯カメラの設置もなかった上、被告人らが交差点の赤色信号に従って停止していたりして、上記のような見込は外れてしまいました。

　そこで、残されたものとしては、本件事故現場における現場共謀として、お互いに信号無視をするという暗黙の共謀を認められるかどうかの勝負になったのです。

　しかしながら、被告人両名は、そもそも赤色信号を認識していなかったなどと否認しており、およそ信号無視の共謀を認めるような状況にはありませんでした。

　ただ、それでも札幌地検は、現場の状況や、被告人らの車両の走行状況に照らせば、現場共謀が認められるとして、被告人甲と被告人乙の共謀による殊更赤信号無視による危険運転致死傷罪により公判請求したのでした。

　また、その際、被告人甲については、酒気帯び運転も、また、被告人乙については、ひき逃げも併せて公判請求いたしました。

4　判決結果

　本件札幌地裁判決は、上記公判請求に係る公訴事実を全て認め、被告人両名に対し、いずれも懲役23年の実刑判決を言い渡しました。

　その際、「殊更赤無視」ではないとして、赤色信号の認識を否認していた被告人両名に対しては、「被告人両名は、互いの自動車の速度を意識して自車を高速度で走行させる意思を有していたといえ、信号認識可能地点に至った後、相当程度の時間、赤色信号が容易に認識できる状況であったのに、甲車及び乙車のいずれもが停止又は減速することなく本件交差点に進入したことからすれば、被告人両名は、いずれも、本件信号機の赤色表示を認識しながらこれに従わず、又は信号表示を意に介することなく、減速もせずに高速度のまま本件交差点を通過しようと考えて、本件交差点に進入したものと推認できる」と判示しました。

　また、被告人両名の「殊更赤信号無視」に関する共謀については、被告人両名が互いの自動車の速度を意識して自車を高速度で走行させる意思を有し

ていたことを前提として、本件交差点に至るまでに、①被告人両名は、そもそも同じ場所から出発して一緒に飲みに行くために同じ目的地を目指していたこと、②相互に追い越したりしながら、２台の自動車が相前後して非常に近い距離で走行していること、③本件交差点に至るまでの間に甲車及び乙車の前後が入れ替わるなどしていることなどの客観的事情を考慮すれば、

「被告人両名が互いに相手とは無関係に高速度で走行したとは到底考えられず、（中略）本件交差点に進入するまでの間、被告人甲は乙車が高速度で走行する状況を、被告人乙は甲車が高速度で走行する状況を互いに認識した上で、一方が速度を上げればそれに応じてもう一方も速度を上げるなどして、互いの自動車の速度を競うように高速度で走行していたことは明らかであり、現に被告人乙は、高速度で走行する甲車についていくために、自分も高速度で走行した旨供述しているところである。

そして、甲車と乙車は、このように互いの走行状況を認識しながら自らも高速度での走行を続け、信号認識可能地点に至ってから本件交差点に至るまでの間も、いずれも減速したり停止したりする様子を見せることなく高速度のままで本件交差点に接近していったのであるから、そのような相手の停止しようとしない走行状況を被告人両名は互いに認識していたということができる。そうすると、被告人両名は、相手が赤色信号に従わずに高速度のままで本件交差点を通過しようとする意思を有していることを認識し、自らも一緒に赤色信号に従わずにそれまでの走行と同様に競うように高速度のまま本件交差点を通過しようとする意思を有していたといえる。

このような事情に照らせば、被告人両名は、本件交差点に進入する時点において、本件信号機の赤色表示に従わずに高速度のままで本件交差点を通過しようとする意思を相通じていたといえるから、赤色信号を殊更無視して重大な交通の危険を生じさせる速度で本件交差点に進入することにつき、被告人両名の間に共謀が成立していたと認めることができる」
としました。極めて妥当な判断であると評価できるといえるでしょう。

そして、上記札幌地裁判決の判断は、その控訴審である平成29年4月14日札幌高裁判決（刑集72巻5号545頁）でも維持され、被告人両名の控訴は棄却されました。この段階で被告人甲は上訴を断念し、懲役23年の実刑が確定しました。

しかし、被告人乙は上告したところ、平成30年10月23日最高裁決定

（刑集72巻5号471頁）は、その上告を棄却し、被告人乙についても懲役23年の実刑が確定したのです。

　この事件も捜査の過程においては、色々な困難がありましたが、北海道警察や札幌地検の尽力により、司法の正義が実現された事例といってよいでしょう。

第 **5** 編

無免許運転事犯

亀岡暴走事故

　ここでは、平成25年2月19日京都地裁判決・平成25年9月30日大阪高裁判決（いずれも公刊物未登載）の京都府亀岡市における無免許運転による児童等多数死傷事件について解説したいと思います。

　この事件は、無免許運転を繰り返していた少年の運転する軽四輪自動車が集団登校中の小学生等の列に突っ込んだことで、保護者1名と小学生2名が死亡し、その他の小学生7名も重軽傷を負ったという悲惨な事故です。そして、この事件がきっかけとなって、無免許運転に係る道路交通法の罰則の引上げや、自動車運転死傷処罰法における無免許運転加重にも影響を及ぼしました。

第1　事案の概要

1　犯行に至る経緯

　被告人は、平成24年2～3月頃から、常習的に無免許運転を繰り返していたところ、それは昼夜を問わず友人らと遊び回るための移動手段として行っていたものでした。実際のところ、被告人は、無免許で自動車を運転しなければならない緊急性も必要性も全くなかったばかりか、違反や事故さえ起こさなければ警察に捕まることはないなどと安易に考え、罪悪感など微塵もなく運転行為に及んでいました。

　そもそも、被告人は、平成22年6月、当時入っていた暴走族による原動機付自転車での集団暴走に参加したり、無免許で原動機付自転車を運転したりしたことにより、同年7月に逮捕されています。そして、道路交通法違反（共同危険行為、無免許運転）保護事件として、京都家庭裁判所において、観護措置を経て家庭裁判所調査官による試験観察に付され、平成23年1月、保護観察処分を受けていました。

その際、捜査、観護措置、調査・試験観察・審判、保護観察の各過程を通じ、被告人に対して無免許運転の違法性や危険性を理解する機会が十分に与えられたにもかかわらず、平成 24 年 2 月 24 日、保護観察が解除された頃には、被告人は、再び、自動車の無免許運転を繰り返すようになり、本件での無免許運転の犯行に至っているのです。

その上で、同年 4 月 11 日、友人らと遊び回る足代わりとして無免許で自動車を運転し、同月 17 日も同様に無免許で自動車を運転し、同月 21 日の夜から同月 23 日の朝にかけては、友人らと連日夜通しで自動車を移動手段に使いながら遊び回り、その間に 5 回、無免許で自動車を運転するという行為（後記 2 参照）を繰り返していました。

それらの無免許運転においては、いずれも交通量の多い幹線道路での運転が含まれており、さらに、そのような道路を定員の 2 倍の人数で乗り回すなど無謀極まりない乗車方法により運転していたもので、被告人による本件無免許運転はいずれも危険極まりないものでした。

そして、平成 24 年 4 月 21 日朝から同月 23 日朝に発生した本件事故までの間の車内等での被告人の仮眠時間は、合計でわずか 5 時間 20 分程度に過ぎず、遊び疲れと睡眠不足により、強い眠気を感じた被告人は、容易に運転を中止して休憩を取れる状況にあったにもかかわらず、あえて運転を続けたことで居眠り運転に陥り、本件事故に及んだのです。

2　京都地裁判決により認定された罪となるべき事実の概要

被告人は、

①　公安委員会の運転免許を受けないで

ア　平成 24 年 4 月 11 日午前 4 時 5 分過ぎ頃から同日午前 4 時 16 分頃までの間、京都市南区内の路上から同市西京区内の路上に至るまでの道路において、普通乗用自動車を運転した。

イ　同月 17 日午前 5 時 50 分頃、京都府亀岡市篠町内の道路において、普通乗用自動車を運転した。

ウ　同月 22 日午前 4 時過ぎ頃から同月 23 日午前 7 時 58 分頃までの間、京都市伏見区内の路上から京都府亀岡市内の路上に至るまでの道路において、5 回にわたり、普通乗用自動車（以下「本件自動車」という。）を運転

した。

②　平成24年4月23日午前7時54分頃に、本件自動車を運転し、京都府亀岡市内の国道9号を京都市内方面から亀岡市街方面へ向かい時速約40ないし50kmで進行中、連日の夜遊びによる寝不足等により強い眠気を催し、前方注視が困難になったのであるから、直ちに運転を中止すべき自動車運転上の注意義務があるのにこれを怠り、本件自動車の運転を継続した過失により、同日午前7時58分頃、同市篠町内の前方が緩やかに左に湾曲した府道王子並河線を東から西に向かい遅くとも時速約50kmで進行中、仮睡状態に陥り、本件自動車を右前方に逸走させ、折から小学校へ登校するため道路右側路側帯の内側を東から西に歩行中のA（当時7歳）ほか9人にその背後から本件自動車を衝突させて、同人らを跳ね飛ばし、その身体を轢過するなどし、よって、前記Aに両肺挫傷等の傷害を負わせ、同日午後1時21分頃、同人を前記両肺挫傷に基づく低酸素脳症による脳浮腫により死亡させ、B（当時26歳）に骨盤骨折、右下腿骨折、多発性肋骨骨折、子宮内胎児死亡の傷害を負わせ、同日午後2時28分頃、同人を前記骨盤骨折、右下腿骨折、多発性肋骨骨折に基づく出血性ショックにより死亡させ、C（当時8歳）に頭部外傷等の傷害を負わせ、同月28日午後9時20分頃、同人を前記頭部外傷により死亡させたほか、Dほか6人に各傷害を負わせた（図16参照）。

図16

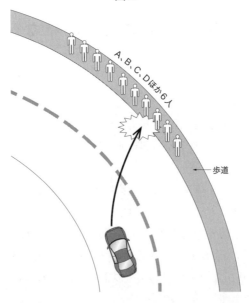

第 2　捜査上の問題点

　本件は、無免許による無軌道な走行により、小学生 2 名を含む 3 名を死亡させ、他の小学生 6 名にも重軽傷を負わせるという重大事故であるにもかかわらず、当時の刑法 211 条 2 項本文の自動車運転過失致死傷罪では、

> 自動車の運転上必要な注意を怠り、よって人を死傷させた者は、7 年以下の懲役若しくは禁錮又は 100 万円以下の罰金に処する。

と規定されているように、上限が懲役 7 年でした。また、無免許運転による道路交通法違反では、当時の道路交通法 117 条の 4 第 2 号、64 条により、1 年以下の懲役又は 30 万円以下の罰金しか規定されていなかったことから、3 件の無免許運転罪を併合しても、長期は「7 ＋ 1 ＋ 1 ＋ 1 ＝ 10 年」となり、上限は懲役 10 年にとどまります。

　なお、この併合罪の処理について説明すると、これは刑法 47 条に規定されており、

> 併合罪のうちの 2 個以上の罪について有期の懲役又は禁錮に処するときは、その最も重い罪について定めた刑の長期にその 2 分の 1 を加えたものを長期とする。ただし、それぞれの罪について定めた刑の長期の合計を超えることはできない。

とされていることから、自動車運転過失致死罪の上限「懲役 7 年の 2 分の 1」である 3 年 6 月を加えた懲役 10 年 6 月が長期となります。しかし、ただし書に規定されているそれぞれの罪について定めた刑の長期の合計、つまり、1 ＋ 1 ＋ 1 ＝ 3 年を 7 年に加えた 10 年を超えることができないことから、上限が懲役 10 年となるのです。

　そのため、警察・検察としては、危険運転致死傷罪の適用を検討したはずです。そして、その際に適用することができないか検討されたのが、当時の刑法 208 条の 2 第 1 項後段の

> 〔前略〕その進行を制御する技能を有しないで自動車を走行させ、よって人を死傷させた者も、同様とする。

と規定されている運転技能未熟による危険運転致死傷罪でした。つまり、被告人が無免許であることを捉えて、無免許であるがゆえに自車を適切にコントロールすることができずに小学生の登校の列に突っ込んでしまったと構成できないかと検討したのです。

　しかしながら、被告人は、無免許運転の常習者であるだけに、運転技能には長けていました。本件の各犯行における走行距離にしても、第1の2①アの無免許運転においては約6kmを、同イの無免許運転に際してはその前後を含めると合計約45kmを、さらに、同ウの無免許運転においては合計約211kmもの長距離を運転しており、その過程においては、交通量の多い幹線道路などでも運転していることに照らせば、「進行を制御する技能を有しない」という認定はおよそ無理がありました。

　法において想定外の悪質かつ危険な運転に及んだゆえに、従来の法律上で規定されている自動車運転過失致死傷罪と無免許運転による道路交通法違反の併合罪で規定される範囲内での処罰しかできなかったのです。

第3　公判上の問題点

1　事実認定等に関する争点

　本件では、被告人が少年であるから保護処分が適切であるとか、被害者の傷害について本件事故との因果関係がないとかいう主張が弁護人から出されましたが、これらは本件判決ではいずれも否定されています。

　また、被告人の車両の速度について、検察官の主張する時速約60kmではなく、時速約50km程度だったなどという主張が弁護人からなされましたが、本件判決では、「遅くとも時速約50km」であるとして、弁護人の主張を認めています。

2　量刑に関する争点

(1)　少年法の規定による刑の限界

　検察官は、京都地裁での公判において、被告人に対する求刑として、懲役5年以上10年以下を求刑しました。

　このような服役の期間に幅をもった刑は、「不定期刑」と呼ばれており、その趣旨は、少年は可塑性に富み、教育による改善更生がより多く期待されることから、刑の執行中の少年の改善の度合いに応じた対応を可能にするため、刑期に幅をつけることで処遇に弾力性を持たせる点にあるとされています[23]。

　この5年以上10年以下という求刑になったのは、少年法の規定によるか

らですが、まず、当時の少年法 52 条 1 項は、

> 少年に対して長期 3 年以上の有期の懲役又は禁錮をもつて処断すべきときは、その刑の範囲内において、長期と短期を定めてこれを言い渡す。但し、短期が 5 年を越える刑をもつて処断すべきときは、短期を 5 年に短縮する。

と規定され、また、同条 2 項は、

> 前項の規定によつて言い渡すべき刑については、短期は 5 年、長期は 10 年を越えることはできない。

と規定されていました。したがって、本件では、前述したように、法律上、刑の上限としては懲役 10 年であったことから、これはこのまま適用され、また、下限については 5 年を超えることができないため、検察官の求刑としては、上限、下限とも一番重く処断することを考えて、5 年以上 10 年以下の懲役としたのです。

　なお、少年法のこのような規定は、本件事故が直接の原因となったわけではないのですが、平成 26 年に改正され、現在では、少年法 52 条 1 項は、

> 少年に対して有期の懲役又は禁錮をもつて処断すべきときは、処断すべき刑の範囲内において、長期を定めるとともに、長期の 2 分の 1（長期が 10 年を下回るときは、長期から 5 年を減じた期間。次項において同じ。）を下回らない範囲内において短期を定めて、これを言い渡す。この場合において、長期は 15 年、短期は 10 年を超えることはできない。

と規定されており、処断刑が長期 3 年という制限が取り払われ、有期の懲役・禁錮が処断刑となる全ての場合に不定期刑が言い渡されることになったほか、不定期刑の下限と上限が、それぞれ引き上げられ、10 年と 15 年となりました。

(2)　量刑事情

　本件京都地裁判決では、次のような量刑上の事実を明らかにしました。

　ア　まず、無免許運転による道路交通法違反については、第 1 の 1 において、犯行に至る経緯として記載したような事実関係を適示した上、「本件無免許運転当時、被告人は、無免許で自動車を運転することに全く罪悪感を抱いていなかった。無免許運転が許されないこと、違法な行為をしてはならな

いことは年少者でも知っている。被告人は、本件当時18歳であり、このような分別が当然付く年齢であったのに、友人との遊びという目先の楽しみを優先する余り常識ともいうべき交通ルールを無視したのである」などとして厳しく批判しました。

　イ　また、自動車運転過失致死罪については、その過失の内容や程度について、「眠気を感じた被告人は、容易に運転を中止して休憩を取れる状況にあったから、遅くとも（中略）国道9号において強い眠気を感じた際には直ちに運転を中止すべきであり、かつ、容易にそうすることができたのにこれを怠り、その直後、振動により居眠り運転をしたことに気付いた時点でも即座に運転を中止すべき必要性を現実のものとして認識したはずなのにこれを怠り、強い眠気を感じながらも漫然と運転を継続したのである。その結果、被告人は、遂には仮睡状態に陥り、本件自動車を学童の通学路における路側帯の内側に進入させ、いきなり後方から集団登校中の小学生らに衝突させている。被害を受けた小学生らは、安全な登校をするために決められた登校班の別に従い、順番に二列に並び、決められた通学路を、しかも、歩行者が歩く路側帯の内側をきちんと歩いていたのに、突然背後から被告人の運転する自動車に衝突されたのである。小学生らは決められた集団登校をし、黄色いランリュックや黄色い帽子を被るなど交通事故対策のための自衛策をも講じていた。時速約50kmという高速度でいきなり背後から衝突された被害者らが本件事故を避けうるはずもなく、被害者らは身を守る機会すら与えられず、被告人の運転する自動車に次々となぎ倒されていったのであり、被害者らに落ち度は全くない。したがって、本件事故は被告人の一方的な過失によるものというほかなく、過失の内容・程度は極めて悪い」として、ここでも同様に、被告人の過失の程度等に関して厳しく批判しています。

　ウ　さらに、被害の程度等に関しては、次のように述べられています。

　すなわち、「本件事故により集団登校中の小学生2名、引率していた保護者1名の合計3名の命が奪われ、約2か月以上の加療を要する重傷者4名を含む小学生7名が傷害を負ったのであり、結果は甚だ重大である。

①　Bは、保護者として集団登校の小学生らを引率中、最後尾にいたところ、並んで歩いていた長女のEとともに本件自動車に跳ね飛ばされ、約6時間半後に26歳の若さで、その一生を終えなければならなかった。夫と2人の娘とともに幸せな家庭を築き、2人の娘の成長や3人目の子供の出生を楽

しみにしていたのに、突然背後から本件自動車の衝突を受け、前方に跳ね飛ばされて転倒したところを更に轢過されるなどして、愛する夫や我が子との永遠の別れを余儀なくされたのである。健康で若く人生これからというＢが、Ｉと名付けようと相談していたお腹の中の我が子とともに命を落とすなど、あってはならないことであり、「痛い、痛い」と言いながら、幼い２人の娘を残して逝かなければならなかったＢの無念さは察するに余りある。

　Ｅは、突然背後から本件自動車に衝突されて加療約２週間の傷害を負ったものである。その肉体的苦痛はもとより、母親を失ったことの精神的衝撃は極めて大きいものがあり、毎晩仏壇の前に４歳（当時）の妹と共に座り、二度と会えない母親に手を合わせる日々を送っている状況は哀れというほかない。

　愛する妻をその胎内の命と共に失う場面に立ち会った夫は、事故後、歩いて登校するのを嫌がる娘の姿にも直面し、被告人によって一家の幸せな生活が一瞬で壊されたことに対する悔しさを訴え、被告人のことを許すことはできないと述べている。切開して直接心臓マッサージをしていた医師から娘の最期を告げられた直後、動かなくなった娘の心臓を掴み、その身体を抱きしめて怒りに震えた父親は、たとえ死刑判決であっても納得できないとして被告人に対する怒りを露わにしており、母親、兄及び妹も厳しい処罰感情を表している。

②　Ａは、父親と笑顔で別れた後、姉であるＪと共に集団登校中、本件自動車に跳ね飛ばされ、ほぼ全身を轢過され、両肺挫傷等の傷害を負い、約５時間半後にわずか７歳の短い生涯を閉じるに至った。Ａは、仲の良い三姉妹の次女として両親や祖父母の愛情を受けて育ち、将来はアイドルになりたいと言って、姉や妹と一緒に踊ってみせるなど、何に対しても一生懸命取り組む性格で、学校にも楽しく通う小学２年生であった。余りにも早すぎる死であり、将来の無限の可能性を一瞬にして奪われたＡの思いを言葉で表現することは困難である。（中略）

　ドクターヘリで搬送される娘の姿を見送った後、駆けつけた搬送先の病院ではもはや温もりを失っていた娘にしか会えなかった父親は、本件事故後の生き地獄のような日々を振り返り、被告人を決して許さないと述べて、一家のムードメーカー的な存在だった次女の命を奪い、長女と三女からも笑い声を奪った被告人への怒りを訴えている。全身にあざを負って足も不自然な形

に曲がった娘と病院の霊安室で対面し、私の身体を提供するから娘を生き返らせてほしいとまで訴えた母親は、妹に会いたいという気持ちが強かったJに対し「Aちゃんに会うためには歩かなあかん」と偽りを述べて励まし続けていた。母親としてその辛さは筆舌に尽くしがたいものである。孫たちの成長を楽しみにしていた祖父母も被告人への厳罰を望んでいる。

③　Cは、出勤する父親を見送り、母親に元気に挨拶をして家を出て集団登校をしているときに本件自動車に跳ね飛ばされて頭頂部や背部を強打して頭部外傷の傷害を負い、両親らの回復への祈りもむなしく、ついに意識を回復しないまま本件事故から5日後にわずか8歳の若い命を終わらせたものである。Cは、花屋になりたいという夢を持ち、母親の料理を手伝ったり、2人の弟の面倒をよく見たりする、活発なしっかり者の小学3年生であった。8年という短すぎる期間で、この世に残した最期の言葉が「痛い」というのは余りにもむごすぎる。

　医師から娘が脳死状態にあることを告げられ、更なる延命措置を行うかそうせずに奇跡が起こることを願うかという究極の選択を強いられた父親の、そのときの苦渋の決断やその判断に対するその後の苦悩の日々、最愛の一人娘を失った悲しみは察するに余りある。また、大切な娘を亡くした悲しみの一方で、残された家族の生活のことも考えなければならないという葛藤に苦しみ、事故後ほとんど眠れなくなった母親も、本件事故当日に娘の脳死状態を宣告された後に娘の死まで時間を与えられたことの残酷さを述べるとともに、痛々しい娘の遺体を泣きながら拭いたときの切なさを述べている。そして、両親とも被告人に対する厳罰を希望している。

④　Dは、入学したばかりの小学校への集団登校中、本件自動車に衝突されて加療約8か月を要する脳挫傷等の重傷を負ったものである。一時は命の危険すらあったのであり、病院搬送後も本件事故の5日後まで意識を回復しなかった。現在も医師からは後遺症が残る可能性を指摘されている。楽しい学校生活が始まった矢先に、本件事故が同人に負わせた肉体的苦痛や心の傷は大きい。本件事故を聞き、駆けつけた病院の医師から生死の境目であると告げられた両親の絶望感は想像に難くない。両親が被告人への厳罰を望んでいるのも理解できるところである。（中略）」として、個々の被害者やその家族に対する被害状況等やその苦悩等を明らかにした。

⑤　その上で、「以上のように、本件事故は、未来への大きな夢に溢れてい

た二人の小学生と、まだ若く希望に満ちあふれていた女性の命を奪ったという点だけでもあまりにも重大な結果を招いている。また、負傷した7名全員も命を失う現実的な危険があったのであり、現にそのうちの4名は約2か月以上の加療を要する重傷を負っている。負傷した被害者らは、いずれもが軽視できない傷を負い、一生消えることのない傷跡が残ったり、後遺症の不安が残存したりしている上、本件事故によって、母親を、妹を、あるいは大切な友人たちを失ったことにより、心にも大きな傷を負ったものであり、被害者がいずれも小学生という幼い時期にこのような衝撃を受けたことの将来への影響も計り知れないものがある。本件においては、死亡した全ての被害者の遺族と負傷した全ての被害者の親族が法廷での意見陳述等を行い、いずれも被告人に対する峻烈な処罰感情を示しているが、本件の重大な結果に照らせば、遺族等のこうした感情は至極当然というほかない」と判示しました。

(3)　判決結果

　ア　本件京都地裁判決は、このような被告人の犯行の悪質性、過失の程度の大きさ、被害の甚大さ等を指摘しながらも、その一方で、「被告人は、いずれの罪も認め、取り返しのつかない事故を起こしてしまったことを反省・後悔し、亡くなった被害者の冥福を祈り、遺族や負傷した被害者及びその親族に対して謝罪の態度を示すとともに、遅ればせながら本件事故の原因となったこれまでの自堕落な生活態度にも反省の目を向けるようになったこと、被告人の父親が加入していた対人無制限の任意保険が本件事故に適用されることにより、損害賠償に関しては支払の見込みがあること、被告人は少年であり、これまで少年院収容歴も受刑歴もないこと、被告人の父親が、当公判廷において、遺族らに謝罪するとともに被告人の今後の指導や更生につき親族と協力していく旨述べていることなど、被告人のために酌むことのできる事情も存在する」として、被告人を懲役5年以上8年以下に処するとしたのでした。

　しかしながら、これら事情は、いずれも「酌むことのできる事情」といえるようなものでしょうか。これほどの事故を起こしたのであれば反省して当然であり、謝罪の態度もとって当然である上、任意保険が適用されることなど、被告人の努力等には全く関係ないことですから、いずれの事実も、本件の悪質性、重大性に照らせば、量刑を下げるようなものとはいえないと思われます。

イ　さらに、同判決は、「判示第1の1及び2の各無免許運転（筆者注：第1の2①ア、イ）は、本件事故を引き起こした居眠り運転の原因である判示第1の3の無免許運転（筆者注：第1の2①ア、ウ）と同様に被告人の常習的な無免許運転の一環としての行為で、かつ、そのような交通法規無視の態度がひいては本件事故を招いたという意味においては本件事故と無関係であるとはいえないものの、そもそも本件事故の6日前及び12日前に犯された別個の無免許運転であり、本件事故の過失の内容である居眠り運転との因果関係は全くない。そして、被告人は、本件無免許運転の事実について、動機や運転経路等も含め、素直に供述し、事案の解明に協力する姿勢を示している」として、無免許運転行為の悪質性を低く評価しています。そもそも、強固な常習性に基づく無免許運転が本件事故につながっていることの評価をないがしろにしているとしかいえないし、また、本件のような重大な事故を引き起こした被告人が、捜査において真実を供述したことで量刑を下げる理由になるでしょうか。

ウ　結局のところ、被告人の本件犯行の重大さ、悪質さに鑑みれば、求刑どおりの上限の刑が妥当であることは明らかであるにもかかわらず、本件京都地裁判決では、上限を2年も減らして判決を宣告しました。

このような不当な判決では、遺族らも納得できるはずもなく、検察官は、大阪高裁に控訴しました。

第4　大阪高裁判決の判示内容

1　全体的な情状についての認定及び評価

控訴審において大阪高裁は、次のように判示しています。

「被告人は、平成22年4月及び6月に道路交通法違反（暴走族仲間との共同危険行為、その際等の原動機付自転車の無免許運転）の非行に及んだことから、観護措置及び在宅試験観察を経た上で、平成23年1月に保護観察（交通一般：一般保護観察に準ずる処遇勧告あり）に付されたのにもかかわらず、その保護観察期間中に自動車の無免許運転をも始め、平成24年2月に保護観察が解除された前後ころからは自動車の無免許運転を繰り返すようになり、原判示第1の各無免許運転に至ったのであって、被告人の無免許運転の常習性や交通法規無視の姿勢は顕著であり、それ自体厳しい非難を免れ

ない。

　しかも、被告人は、無免許運転を繰り返した挙げ句、原判示第2の交通事故（以下「本件事故」ともいう）を惹起しているが、その事故原因は、連日あまり眠らずにかつての暴走族仲間ら（そうでない者を含む。以下同じ）と遊び続けて疲れ果て、ついには居眠り運転をしたということにあって、およそ自動車を運転する資格のない者が自動車を運転すべきでない状態で運転したことにあるというほかなく、過失の態様は一般の自動車運転者にも起こりうる一時的な不注意とは全く異質なものであり、その程度は非常に高い。

　これによって生じた結果は、極めて重大であって、死亡した3名（胎児を含めると4名）の被害者は、その命とともに長い将来や夢・希望の全てを奪われ、負傷した7名の被害者は、身体だけでなく心にも深い傷を負い、後遺症等がこれからの人生に悪影響を及ぼすことも懸念される状態にある。死亡した被害者ら、負傷した被害者らそれぞれに、また、その親族らを含めて、実に多くの人々の人生が被告人の無謀な行為により暗転しており、死亡した被害者らの遺族の悲しみは深く、怒りは強いし、負傷した被害者らやその親族の苦しみや心配も大きい。このような悲惨な結果を受け、被害者参加人らが厳罰を求めるのも、その心情として至極当然といえるが、その結果発生の原因が上記のとおり被告人の無軌道さに由来することは、やりきれない思いを一層強くするものと推察される。

　また、本件事故は、全く落ち度のない無防備な多くの小学生等が悲惨な被害に遭った事故として、社会の関心を集めており、本件は社会的影響が大きい事件として、一般予防の見地からの考慮も欠かせない。以上を併せ考えると、犯情は非常に悪く、被告人の刑責は誠に重大といわざるを得ない」

　このように、被告人の犯行の悪質性及び重大性などに照らして、その刑責が重いことについて的確かつ厳格に指摘しました。

2　併合罪処理に関する判断

　本件大阪高裁判決は、被告人に対する刑の量刑に当たって、併合罪処理の仕方について次のとおり判示しています。

　すなわち、「原判示第1の3の無免許運転については、その時間、距離、態様等、特にそれが本件事故を伴うものであることからすると、その犯情は同種事犯の中で最も悪質なものというべきであり、また、原判示第2の自動

車運転過失致死傷については、その過失の態様、程度、結果の重大性等から
すると、その犯情は同様に最も悪質なものというべきであるが、この2つの
罪のみが併合罪を構成する場合の処断刑（いずれも懲役刑を選択）の上限
は、懲役8年にとどまるところ（筆者注：7＋1＝8年）、原判示第1の1
及び2の各無免許運転が併せて起訴されていることから、本件の処断刑（前
同）の上限が懲役10年（筆者注：7＋1＋1＋1＝10年）になっているこ
とが明らかである。

　そうすると、被告人に対する本件量刑は、もとより併合罪の構成単位であ
る各罪について個別的に量刑判断を行った上で、これを合算するような方法
でなすべきものではなく、処断刑の範囲内で各罪全体に対する刑を決する方
法でなすべきものである（最高裁第一小法廷平成15年7月10日判決参照）
が、それを判断する上では、原判示第1の1及び2の各罪の犯情をも十分に
考慮する必要がある」として、併合罪となる個々の罪について個別的に量刑
判断を行うのではなく、全体的にみて判断すべきであると判示しました。

　その上で、本件大阪高裁判決は、第3の2(3)イの京都地裁判決におけるこ
の点についての説示に対し、「なるほど、原判示第1の1及び2の各無免許
運転が本件事故の過失の内容である居眠り運転と因果関係を有しないことは
上記説示のとおりである。しかしながら、被告人は、これまで運転免許を一
度も取得したことがないにもかかわらず、無免許運転を繰り返していただけ
でなく、原判示第1の1及び2の各無免許運転は、被告人がかつての暴走族
仲間らと夜どおし遊び回る中で犯したものであって（特に同第1の1に際し
ては、眠たかったが運転すれば目が覚めると思って運転したというのであ
る）、それらの各無免許運転に至る経緯や動機に全く酌むべき点はなく、そ
の態様等からはいずれ何らかの事故を惹起しかねない危険性がうかがわれ、
原判示第1の3の無免許運転時における本件事故は、そのような危険性が最
も不幸な形で現実のものとなったと考えられるのであるから、原判示第1の
1及び2の各罪の犯情は同第1の3の罪の犯情ほど悪質ではないにしても、
相当に悪いというべきである」として、第1の2①ア、イの無免許運転に対
する量刑上の評価が妥当ではないとしました。

　その上で、「以上によれば、被告人に対する本件量刑は、処断刑期及び少
年法上の不定期刑に係る制約の上限に近い辺りをもって臨むのが相当であっ
て、原判決の量刑が重過ぎて不当であるとは到底いえないし、原判決が不定

期刑の長期を懲役8年としたのも、被告人のために酌むべき事情をやや過大に評価する一方、原判示第1の1及び2の各罪の犯情の悪さをやや過小に評価したものとして、軽きに失するというべきであるから、原判決は破棄を免れないが、検察官のいうように不定期刑の長期を処断刑の上限の懲役10年とすることについても、処断刑の上記上限を導き出した併合罪を構成する各罪の各犯情を念頭に置いた上で、それらを全体として評価しても、なおそれが相当であるとまではいえない」として、上限を懲役8年とするのは不当であるものの、懲役10年とするまでには至らないとして、結局、被告人に対して、懲役5年以上9年以下としました。

　私としては、法律上の上限の量刑でもよかったのではないかと思われますが、懲役9年であってもやむを得ないというべきでしょう。ただ、不定期刑で下限が懲役5年ですから、場合によっては、たった5年の服役で全て終了となることもあり得ます。たまたま被告人が犯行時に18歳であり、少年法が適用されるというだけで、ここまで軽く処分されるということは、被害者や交通警察官からみれば相当に理不尽であると感じられるのではないかと思います。

第2章　法改正及び新規立法の動き

第1　無免許運転の法定刑に関する道路交通法の改正

　本件事故などを契機として、まず、無免許運転による道路交通法違反についての罰則を強化するための法改正がなされました。それまでは、前述したように、1年以下の懲役又は30万円以下の罰金であったところ、平成25年法律第43号による改正により、道路交通法117条の2の2第1号において、3年以下の懲役又は50万円以下の罰金に処することとされ、同年12月から施行されました。

第2　無免許運転行為に対する刑罰の加重

⑴　自動車運転死傷処罰法が平成25年11月27日に公布され、同26年5月20日から施行されましたが、その中に、無免許運転による交通事故について加重処罰をする規定が設けられました。

　まず、同法5条本文では、過失運転致死傷罪として、

　　自動車の運転上必要な注意を怠り、よって人を死傷させた者は、7年以下の懲役若しくは禁錮又は100万円以下の罰金に処する。

との規定を設け、従来の自動車運転過失致死罪と同様の刑罰を規定したほか、6条4項において、

　　前条の罪を犯した者が、その罪を犯した時に無免許運転をしたものであるときは、10年以下の懲役に処する。

と規定して、無免許での過失運転致死傷罪の刑については、10年以下の懲役として加重されました。

　なお、この規定が適用される場合には、無免許運転行為が構成要件となっていることから、無免許運転罪は別には成立せず、この罪のみが成立しま

す。

(2)　もっとも、無免許運転罪自体の法定刑が３年以下の懲役等と改正された以上、過失運転致死傷罪が７年以下の懲役等であるので、その併合罪となれば、10年以下の懲役となることから、別に６条４項において10年以下の懲役を新設してもあまり意味がないのではないかと思われるかもしれません。たしかに、１回の無免許運転行為の際に事故を起こしたような場合には、その無免許運転と過失運転致死傷とが併合罪となり、この場合には、本罪が新設されたことに特段のメリットはありません。

　しかしながら、前章の事故のように、何度も無免許運転を繰り返していれば、刑法47条において「その最も重い罪について定めた刑の長期にその２分の１を加えたものを長期とする」とされていることから、６条４項で10年以下の懲役刑が定められていることで、懲役15年が長期の限度となります。したがって、何度も無免許運転を繰り返していた亀岡暴走事故のような場合には、被告人に対して、懲役15年までの刑を科することができる場合が出てくるのであり、その点において、この規定を設けた意味があるのです。

　もし、この規定がないとすると、無免許運転を何回繰り返していても、前述したように、最も重い罪である過失運転致死傷罪の７年以下の懲役にその２分の１である３年６月を加えた10年６月以下の懲役が限度となってしまい、それ以上の刑を科することができないことになってしまいます。

　例えば、本件と同じように、事故の際の無免許運転と、それ以外に２件の無免許運転があったとすると、この６条４項が適用されれば、事故の際の無免許運転で10年以下の懲役が上限で、３年以下の懲役の無免許運転罪が２刑で合計６年以下の懲役となり、それらを合計すると16年以下の懲役となりますが、先に述べたように、10年以下の懲役にその２分の１を加えた、15年以下の懲役が上限となります。

　これに対し、もし６条４項の規定がないとなると、10年６月以下の懲役が上限となり、無免許運転罪が一つなら７年以下の懲役に３年以下の懲役を加えて10年以下の懲役となって、これが限度となるものの、二つ以上の無免許運転罪があった場合には、それらの３年以下の懲役をいくら合計しようとも、10年６月以下の懲役が上限となってしまうのです。

　これで６条４項が新設された意味がお分かりいただけるものと思います。

法改正及び新規立法の効果

　ここでは、法改正や新規立法が実際に効果を挙げていたのかという点について、事故件数などの統計により、一応の立証を試みようと思います。

1　我が国における道路交通法違反の概況

　図1は、平成元年以降の我が国における道路交通法違反の取締件数の推移です（令和3年版犯罪白書160頁）。

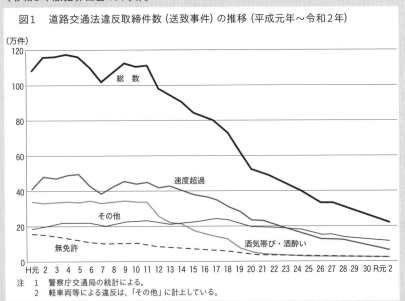

図1　道路交通法違反取締件数（送致事件）の推移（平成元年～令和2年）

注　1　警察庁交通局の統計による。
　　2　軽車両等による違反は、「その他」に計上している。

　我が国における道路交通法違反の件数は、平成4年の117万2,677件をピークにして、その後、若干の上下はあるにしても平成11年以降令和2年に至るまで、一貫して減少傾向を示しています。これは、何はともあれ、我が国の交通警察官による道路交通法違反防止対策や悪質な違反行為の検挙等、日々の業務を誠実にこなしてきた結果の賜物であると思われます。

　ただ、その一方で、もし上述したような法改正や新規立法が功を奏していれば、その時点から飲酒運転等の道路交通法違反の件数が減少するはずです。

　例えば、図1における「酒気帯び・酒酔い」の折れ線グラフを見ると、平成11年から平成12年の間、また、平成18年から平成19年の間などが大きく減少していることが分かります。実際のところ、平成11年の上記違反の件数は、33万7,352件であったのが、平成12年には、25万5,286件に減少し、また、平成18年の同違反の件数は、12万5,176件であったものが、平成19年には、7万4,331件に減少しているのです。

　しかしながら、平成12年も、また、平成18年も、それらの年においては、いずれも特段の法改正等はなされていませんでした。

2　飲酒運転による交通事故件数の推移

　図2は、警察庁により作成された飲酒運転による事故及び死亡事故の推移を表したものです（「警察庁交通局配布資料—飲酒運転事故関連統計資料—」や警察庁交通局の公表データを元にグラフを作成）。

　これを見ると、飲酒事故及び飲酒死亡事故のいずれについても、平成12年をピークにして、平成28年の死亡事故数を除いて令和3年まで下がり続けていることが分かります。

　その中でも減少幅が大きい箇所としては、平成13年の飲酒事故が2万5,400件、そのうち飲酒死亡事故が1,191件あったのに対し、平成14年では前者が2万331件、後者が1,000件に減少しています。これはかなり急勾配な減少ですが、平成13年法律第51号により道路交通法が改正され、酒酔い運転や酒気帯び運転の法定刑が、それぞれ3年以下の懲役等や1年以下の懲役等として、引き上げられたことが影響を及ぼしたものと考えられます。また、平成13年法律第138号により刑法が改正されて危険運転致死傷罪が新設され、アルコール等の影響による危険運転致死傷罪が創設されたことも同様に影響していると考えてよいと思われます。

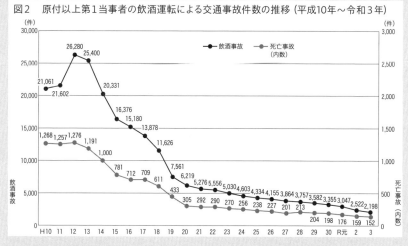

図2　原付以上第1当事者の飲酒運転による交通事故件数の推移（平成10年〜令和3年）

　また、平成14年から平成15年にかけても、その減少幅は大きなものが見られます。平成15年には、飲酒事故が1万6,376件にまで減少し、飲酒死亡事故も781件にまで減少しています。これは、上記道路交通法の改正が、平成14年6月から施行されたことが影響しているものと思われます。

　さらに、平成18年の飲酒事故が1万1,626件、そのうち飲酒死亡事故が611件であったのに対し、平成19年では前者が7,561件、後者が433件と、これもまた急勾配で減少しています。これについては、平成19年法律第90号により、酒酔い運転や酒気帯び運転の法定刑が、それぞれ5年以下の懲役等や3年以下の懲役等と

して、引き上げられたことが影響を及ぼしたものと考えられます。

　このように飲酒運転に関しては、法定刑の引上げによる威嚇力が顕著に犯罪抑止に効果を挙げていることが証明されています。

3　1と2の差異の理由

　ただ、そうなると、1での平成12年及び平成18年での「酒気帯び・酒酔い」の大幅な減少とのズレはどのように理解すればよいのでしょうか。

　この現象について合理的に推測すれば、次のようなことが言えると思います。そもそも、上記の二度の法改正は、これまでこのシリーズで解説してきた悪質重大事故が起きたことをきっかけとしていますが、交通警察による飲酒運転等の悪質な交通違反の防止に向けた積極的な広報活動等が法改正以前からスタートしており、それが広まったことで「酒気帯び・酒酔い」の件数が一般的に減少したのです。ただ、その中でも事故に至るような特に悪質な運転者については、法改正による厳罰化によって、やっと明確な減少をもたらすことができたという説明になるのではないかと思っています。

4　無免許運転による道路交通法違反の推移

　無免許運転による道路交通法違反については、図1を見る限り、どこかの段階で特に大きく変化したというような様子はみられません。

　この違反については、平成13年法律第51号による改正で、それまでの6月以下の懲役又は10万円以下の罰金から、1年以下の懲役又は30万円以下の罰金に引き上げられ、また、平成25年法律第43号による改正で、更にこれが3年以下の懲役又は50万円以下の罰金に引き上げられました。さらに、平成25年11月には、自動車運転死傷処罰法が成立し、そこでは過失運転致死傷における無免許加重規定も設けられ、平成26年5月には同法が施行されました。

　しかしながら、それらの年においても、無免許運転による道路交通法違反が特に大きく減少したという現象はみられていないのです。

　このような観点からみると、無免許運転については、法改正による厳罰化が必ずしも有効に作用していないかのように思えます。無免許運転を敢行する者らは、そもそも最初から法を遵守しようという意識がないわけですから、刑罰による威嚇力が効きにくいという面はあるかもしれません。

　しかしながら、根本的にいえば、平成元年から令和2年までの間に確実に無免許運転は減少しており、平成元年には、15万4,367件もあった無免許運転が、この30年の間に、その約1割強の1万9,225件にまで減少させた交通警察の努力を称賛するべきでしょう。着実にこの種の違反を減少させ、ほぼ右肩下がりの直線にしてきたことは、本当に素晴らしい実績だと思います。

第 **6** 編

意識喪失運転事犯

第1章 てんかん患者の怠薬による意識喪失運転事犯

第1　鹿沼市クレーン車暴走事件

　てんかん患者といえども、適切に服薬を続けていれば、急な発作が起きることもなく、正常に運転ができる場合があるのはもちろんのことです。ところが、つい油断して医師からの指示どおりに服薬しなかったような場合には、運転中に発作を起こし、意識を喪失した上、身体が硬直してしまって、自車をコントロールすることができなくなり、その結果、重大な事故を起こすことがあります。

　ここでは、平成23年12月19日宇都宮地裁判決（公刊物未登載）の鹿沼市クレーン車暴走事件について解説したいと思います。

1　事案の概要

(1)　クレーン車の形状及び被告人による同車の運転状況等

①　被告人が運転したクレーン車は、重量約12ｔ、長さ7.29ｍ、車幅2ｍ、車高2.86ｍの大型特殊自動車で、クレーンの先端が車体の前部から1.6ｍ前方に突き出た状態になっていた。

②　被告人は、職場からクレーン車の運転を開始し、時速約40kmで走行させた。被告人は、約0.7km走行してからの記憶がなく、その後クレーン車は、被告人の意識がないまま、事故現場まで約0.3km進行し、反対車線にはみ出し、さらに反対側の歩道に進出し、歩道上に設置された鉄柱（ポール）に衝突して倒し、被害者らを巻き込むなどした上、道路脇の民家の生け垣及び小屋を損壊して停止した。被告人がクレーン車の運転を開始してから事故発生までの時間は、約3分であった。

(2)　認定された罪となるべき事実の概要

　本件について、認定された罪となるべき事実は、おおむね次のとおりで

す。

　被告人は、平成23年4月18日午前7時40分頃、大型特殊自動車（クレーン車）を運転し、栃木県鹿沼市内の株式会社A東側車両置き場から道路に向かい発進するに当たり、かねてよりてんかんの疾病を有し、医師から抗てんかん薬の投薬治療を受けており、自動車等の運転中にてんかんの発作により意識を喪失して人身事故や物損事故を起こした経験が数回あり、医師から自動車、特に重機など大型特殊自動車の運転をしないよう厳しく指導されていた上、運転開始前には、前夜に服薬を失念したことや、睡眠不足及び疲労の蓄積から、てんかん発作の予兆を感じていたのであるから、自動車の運転は厳に差し控えるべき自動車運転上の注意義務があるのにこれを怠り、てんかんの発作が起こることはないものと軽信し、漫然前記大型特殊自動車の運転を開始した過失により、同日午前7時43分ころ、同市内の片側1車線の道路をa方面からb方面に向かい時速約40キロメートルで進行中、突然てんかんの発作が起きて意識を喪失し、自車を右前方に逸走させ、折から、道路右側歩道上を通学のために歩行していたB（当時11歳）、C（当時9歳）、D（当時10歳）、E（当時9歳）、F（当時9歳）、G（当時11歳）に自車前部を衝突させ

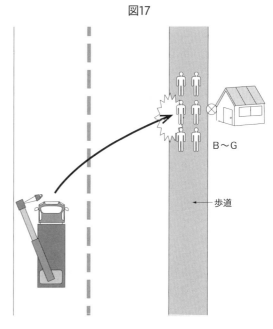

図17

てそれぞれ転倒させ、前記Bらを車底部に巻き込んだまま自車を同所に所在する民家の北側建物に衝突させるなどし、よって、前記Bに頭蓋底骨折の傷害を負わせ、そのころ、同所において、同人を同傷害により死亡させ、前記Cに頭部粉砕の傷害を負わせ、そのころ、同所において、同人を同傷害により死亡させ、前記Dに多発性外傷の傷害を負わせ、同日午前8時48分ころ、搬送先の病院において、同人を同傷害により死亡させ、前記Eに重傷頭

部外傷の傷害を負わせ、同日午前9時30分ころ、搬送先の病院において、同人を同傷害に基づく外傷性ショックにより死亡させ、前記Fに脳挫傷・肺挫傷の傷害を負わせ、同日午前9時40分ころ、搬送先の病院において、同人を同傷害により死亡させ、前記Gに骨盤骨折の傷害を負わせ、同日午後2時2分ころ、搬送先の病院において、同人を同傷害に基づく出血性ショックにより死亡させたものである（図17参照）。

2　量刑にかかる争点

本件では、被告人は、上記6名に対する自動車運転過失致死罪（当時の刑法211条2項本文）で起訴されたものの、被告人が過失を争わなかったため、量刑だけが問題となりました。

(1)　犯行の量刑を基礎付ける情状

本件判決では、まず、量刑事情を挙げて被告人の犯情がいかに悪質であるかを指摘し、次の①〜⑩の事実が認められました。

①　被告人は、てんかん患者の運転免許の取得が制限されていることやその理由を理解していたにもかかわらず、てんかん患者であることを隠して、普通自動車や大型特殊自動車などの各運転免許を次々と取得していたこと。

②　被告人は、平成13年8月ころから平成22年7月にかけて、てんかん発作を原因とするもの5件を含む合計12件の交通事故を起こしたこと。

③　被告人は、少なくとも、平成15年8月、平成19年7月及び平成20年4月に起こした3件の交通事故については、いずれも運転中にてんかん発作を起こしたことが事故の原因であることを認識していたこと。

④　さらに、そのうち平成20年4月に起こした交通事故では、小学生である被害者に加療約98日間を要する傷害を負わせ、同年11月に、自動車運転過失傷害罪で禁錮1年4月執行猶予4年の有罪判決を受けたが、同事故の捜査や公判において、真実は運転中にてんかん発作を起こしたことが事故の原因であったにもかかわらず、免許の剥奪などをおそれて事実を隠蔽し、居眠りが原因である旨の虚偽の供述を行うなどしていたこと。

⑤　このように、被告人は、てんかん発作を原因とする交通事故の経験があったにもかかわらず、裁判で虚偽の供述を行ってまでてんかん発作が事故の原因であることを隠し通した上、平成21年2月には、移動式クレーンの運転免許を取得するために教習所に通い始め、同年4月にはまたもやてんか

ん患者であることを隠して同運転免許を取得したこと。

⑥　被告人は、同年8月に、クレーン車の運転をするために犯行時の勤務先に転職し、雇用主にてんかんの持病を隠して同社でクレーン車の運転に従事したこと。

⑦　被告人は、平成5年12月にてんかん症状が発覚してから本件犯行時まで、定期的に通院して医師の診察等を受けていたところ、複数の医師から自動車等の運転を差し控えるよう注意されており、特に平成20年の事故後の診察においては、医師から車の運転を絶対にしないように言われ、クレーン車の運転はより危険で許可できない旨繰り返し指導されていたこと。

⑧　被告人のてんかんの症状は、服薬を一度でも怠ると発作が起きる可能性が高くなるというもので、被告人もこのような特徴を理解していた上、医師から睡眠時間が短いとてんかんの発作が起きやすくなる旨何度も注意を受けていたこと。

⑨　被告人は、本件犯行前夜に服薬を怠り、夜更かしをして睡眠時間も3時間30分くらいしか取らなかったこと。

⑩　被告人は、本件犯行当日の朝には、前夜に薬を飲んでいないことや、睡眠不足及び疲労の蓄積などからてんかん発作の予兆を感じていたにもかかわらず、職場に出勤し、短時間の運転であれば運転中に発作が起きることはないだろうなどと軽信して、クレーン車の運転を開始したこと。

(2)　判決における量刑判断

　本件判決では、この事実関係を前提にして、次のとおり判示しました。

ア　被告人の犯行に至る経緯や規範意識の欠如に関する過失の悪質性

　(ア)　まず、本件犯行当日の朝にてんかん発作の予兆を感じていたという被告人の認識や、クレーン車の運転中にてんかん発作が起きた場合の危険性などに照らせば、被告人は、いかなる事情があろうとも、本件犯行当日にクレーン車を運転することを差し控えるべきであったのは明らかである。それにもかかわらず、被告人が、短時間の運転であれば運転中に発作が起きることはないだろうなどと軽信してクレーン車の運転を開始したことは、常識を外れた誠に安易かつ軽率な判断であって、厳しく非難すべきである。

　(イ)　そもそも、被告人が、各運転免許を適法に取得できないことを知りながら、自身の利益や都合を優先して各運転免許を取得し自動車等の運転をしていたこと自体が問題であることはもちろん、本件犯行以前から、過去に

起こした交通事故の一部はてんかん発作が原因であることを認識し、かつ、複数の医師からも自動車等の運転をしないように指導を受けていたのであるから、被告人には、各運転免許の取得後においても、自動車等の運転を断念する機会は何度もあったというべきである。

特に、平成20年4月の事故においては、被告人が自動車等を運転する危険性が現実化したにもかかわらず、被告人は、免許の剥奪などをおそれて事故の原因を隠蔽し、普通自動車等の運転を止めなかったばかりか、その後には、執行猶予期間中であることを意に介さず、普通自動車と比べてより危険性の高いクレーン車の運転免許を取得し、その運転を内容とする職場に転職している。

このような経緯に鑑みれば、被告人は、長年にわたり自動車等を運転する危険性を軽視し続け、てんかんの持病を隠してクレーン車の免許を取得し、その運転手として本来許されない運転行為に及んでいたのであって、被告人の態度はそれ自体が身勝手かつ自己中心的であることはもちろん、このような態度が本件犯行当日に安易にクレーン車の運転を開始するという判断にも繋がっているというべきである。

　(ウ)　以上のとおり、被告人は、医師から自動車等の運転をしないように指導を受けていたばかりか、現にてんかん発作が原因で事故を起こした経験があり、本件犯行当日の朝にはてんかん発作の予兆を感じて運転中の発作による事故発生の危険性に直面していたのであって、しかも被告人が運転しようとしていたのは、運転中にてんかん発作が起きた場合の危険性が極めて高いクレーン車であったのであるから、これを運転することは厳に差し控えるべきであった。それにもかかわらず、被告人は、長年にわたる運転の危険性への甘い認識を背景として安易にクレーン車の運転を開始したものであって、その注意義務違反の程度は甚だしく、被告人の過失は極めて悪質で重大である。

　イ　被害の重大性、遺族の心情及び社会への影響等

　(ア)　各被害者は、通学中に重量約12tのクレーン車に突如襲われ、一瞬のうちに本件犯行に巻き込まれたところ、各被害者の遺体に残された傷は事故の凄惨さを示すもので、各被害者が受けた衝撃が極めて大きかったことは明らかである。

各被害者はいずれも9歳から11歳の小学生であり、それぞれが夢や希望

を抱き、今後も家族の下で成長を遂げるはずだったにもかかわらず、突然理不尽に将来を絶たれたのであって、その無念さは計り知れない。

　6名の小学生の尊い生命を奪った本件犯行結果は極めて重大である。

　　㈠　各被害者の遺族は、最愛の家族を突如奪われて癒えることのない深い悲しみを抱え、本件犯行から半年以上が経過した現在でも我が子を助けてあげられなかったことなどの自責や後悔の念に苦しめられ、今後もこのような思いを抱え続けて生きることを強いられた。その心情は察して余りあるもので、遺族の処罰感情が極めて厳しいことは当然のこととして理解できる。

　　㈡　本件犯行を目の当たりにした関係者はもちろん、地域社会や小学生の子を抱える保護者らが受けた衝撃は大きく、また、本件によりてんかん自体が危険視され、それがてんかん患者一般に及ぼす影響も懸念される。

　ウ　量刑判断上の結論

　本件判決では、「以上の事情に照らすと、被告人の刑事責任は極めて重大である」とし、「そこで、被告人に科すべき刑について検討すると、被告人の過失は極めて悪質かつ重大であって、とりわけ本件犯行当日の朝にてんかん発作の予兆を感じながらクレーン車の運転を開始した点は、自身の行動の危険性をあまりに軽視したものといえ、過失犯といえども厳しい非難を免れず、被告人の運転行為が本来許されないものであったことも考慮すれば、本件では懲役刑を選択すべきである。以上の事情に加え、本件結果の重大性などに照らせば、被告人に酌むべき事情を最大限考慮しても、被告人に対しては、自動車運転過失致死罪の上限の刑期に処するのが相当と判断した」として、結局、法定刑の上限であり、検察官の求刑どおりの懲役7年を言い渡しました。

3　捜査処理上の問題点

　本件では、前述したように、被告人に対して、懲役7年の実刑が言い渡されました。

　たしかに、過失犯という構成をとる以上、法定刑は、当時の刑法211条2項本文により懲役7年が上限とならざるをえず、罪刑法定主義の見地からは、その結果を受けいれざるを得ないでしょう。

　しかしながら、そもそも、本件のような事案は、本当に「過失犯」なのでしょうか。本人は、てんかんを原因として小学生に加療約98日間という相

当に重いけがをさせ、その事件で執行猶予中であり、しかも、抗てんかん薬を飲まなければ同様の事態を引き起こすことは、当然に予見できたにもかかわらず、その服用をしなかったのです。

そのような状態で運転を開始するということは、運転中に自己の意識がなくなり、自車を暴走させて誰かを死傷させることを当然に認識できるはずです。仮に、そこまで認識していなくても、少なくとも、自車を歩行者に接触させたり、ぶつけたりしてしまうなどのおそれは認識していたのではないでしょうか。つまり、同様の事故を起こしていながら、それを防止するための薬を服用していない以上、自己の運転によって、歩行者をはねたり、巻き込んだりして負傷させるおそれがあるということは認識していたはずであり、にもかかわらず、運転を開始したということは、それを認容していたと評価できるのではないかということです。

このような場合には、これまで実務上ではあまり使われてはいませんが、刑法理論上は、非常にポピュラーな「原因において自由な行為」という理論により、運転開始時点において、被告人の暴行又は傷害の故意を認定し、無意識中の運転行為についても故意行為として処罰するということが可能です。この理論は、ドイツ刑法に由来するものですが、いろいろな刑法学者の教科書に書いてあるほど一般的な理論であり、この理論自体を否定する学者はほとんどいないと思われます [24]。

本件は、まさにこの理論が適用できる事例ではないでしょうか。つまり、この場合、被告人に対して、運転開始時に、通行人に対する「暴行」の故意が認められるとするならば、この理論の適用により、無意識中の運転行為による死傷の結果は、暴行の結果的加重犯としての傷害致死罪となります。そうなれば、同罪の法定刑の上限である懲役20年までの範囲で処罰が可能であったといえるでしょう。

当時、捜査に当たった警察、検察において、運転開始時の「暴行」の故意の認定が困難だと考えたのかもしれませんが、2(1)①～⑩の事実を素直に見れば、そのような故意の認定は可能であったのではないかと思われてなりません。

24　高橋則夫『刑法総論（第4版）』362頁以下ほか

4 法改正を求めた遺族の活動

前記3における「原因において自由な行為」の理論はともかくとしても、遺族としては、懲役7年という刑を受けいれざるを得なかったところ、遺族は、てんかんなどの持病があることを秘匿して免許を取得、更新する行為の禁止を定める道路交通法の改正や、そのような行為の結果、人を死傷させた場合には、危険運転致死傷罪の成立を認めるように法改正への署名運動などを展開しました。

そして、その署名を法務省に提出した直後頃のことですが、平成24年4月12日、京都市東山区祇園の路上において、軽ワゴン車が暴走し、運転者を含む8名が死亡し、12名が重軽傷を負うという事故が発生しました。その後の警察の捜査により、被疑者である運転者は、てんかんの発作を起こしたことにより暴走したものと認定され、検察において、被疑者死亡で処理されています。

この事故もまた、法改正の必要性を痛感させるものでした。

5 道路交通法の改正及び自動車運転死傷処罰法の制定

前述した各交通事故の発生及び遺族の懸命な活動の結果、まず、道路交通法の改正が行われ、平成25年6月14日に公布された改正道路交通法では、一定の病気に対する運転者対策のための規定の整備がなされました。ここでいう「一定の病気」とは、自動車等の運転に支障を及ぼすおそれがある病気であって、政令で定めるものをいいます。

そして、公安委員会は、免許を受けようとする者又は免許証の更新を受けようとする者に対し、一定の病気等のいずれかに該当するかどうかの判断に必要な質問をするための質問票を交付することができるようになりました。質問票の交付を受けた者は、必要な事項を記載して公安委員会に提出しなければなりませんし、公安委員会は、免許を受けた者等が一定の病気等のいずれかに該当するかどうかを調査するため必要があると認めるときは、必要な報告を求めることができることになりました。

その上で、質問票に虚偽の記載をして提出し、又は虚偽の報告をした場合には、道路交通法117条の4第3号違反として、1年以下の懲役又は30万円以下の罰金に処せられることになりました。

　また、平成25年11月27日、自動車運転死傷処罰法が公布され、平成26年5月20日から施行されました。3条2項において、

　　　自動車の運転に支障を及ぼすおそれがある病気として政令で定めるものの影響により、その走行中に正常な運転に支障が生じるおそれがある状態で、自動車を運転し、よって、その病気の影響により正常な運転が困難な状態に陥り、人を死傷させた者も、前項と同様とする。

と規定され、この条文に遺族の努力が結実し、前項の「人を負傷させた者は12年以下の懲役に処し、人を死亡させた者は15年以下の懲役に処する」という刑罰が適用されることとなりました。

第2　てんかん発作が原因の事故において本法3条2項が適用された事例

　令和4年3月2日福岡地裁判決（公刊物未登載）もてんかん発作により、意識を失い、自車をコントロールできなくなり、他車に衝突して、その運転者を死亡させるなどしたものです。ただ、現在では、前述したように、自動車運転死傷処罰法3条2項に危険運転致死傷罪の類型の一つとして、てんかん等の病気により意識喪失となった場合が挙げられたことから、その適用事例として紹介します。

1　認定された罪となるべき事実の概要

　被告人は、令和3年1月21日午前7時9分頃、普通乗用自動車を運転し、福岡県宮若市内の駐車場を発進して、同所付近道路を進行するに当たり、てんかんの影響により、その走行中に発作の影響によって意識障害に陥るおそれのある状態で、同車を運転し、もって自動車の運転に支障を及ぼすおそれのある病気として政令で定めるものの影響により、その走行中に正常な運転に支障が生じるおそれがある状態で、自動車を運転し、よって、同日午前7時15分頃、同市内の道路を芹田方面から龍徳方面に向かい時速約48キロメートルの速度で進行中、てんかんの発作により意識喪失の状態に陥り、その頃、前記道路において、自車を時速約79キロメートルに加速させ、進路前方を同方向に進行中のA（当時67歳）運転の普通乗用自動車後部に自車前部を衝突させ、その衝撃により、前記A運転車両を対向車線に逸走させ、折から対向進行してきたB（当時53歳）運転の普通乗用自動車前

部に前記Ａ運転車両の前部を衝突させ、さ
らに、その頃、前記道路において、自車を
時速約89キロメートルに加速させ、進路
前方を同方向に進行中のＣ（当時35歳）
運転の普通乗用自動車後部に自車前部を衝
突させ、よって、前記Ａに心破裂の傷害
を、前記Ｂに加療約30日間を要する胸骨
骨折の傷害を、前記Ｃに加療約１週間を要
する頚椎捻挫、腰部挫傷の傷害をそれぞれ
負わせ、同日午前９時52分頃、同県飯塚
市（以下略）のＤ病院において、前記Ａを
前記心破裂の傷害により死亡させた（図
18参照）。

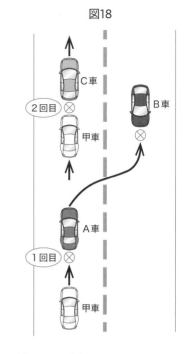

図18

2　公判での争点

　被告人がてんかんの発作により意識喪失
の状態に陥って前記交通事故を起こしたこと、被告人が客観的にてんかん発
作の影響により意識障害に陥るおそれのある状態であったことは争いがな
かったものの、弁護人は、被告人はてんかん発作の影響により意識障害に陥
るおそれのある状態であったことを認識していなかったのであるから、危険
運転致死傷罪の故意がなく、無罪である旨主張していました。つまり、争点
は、被告人がてんかん発作の影響により意識障害に陥るおそれのある状態で
あったことを認識していたかどうかでした。

3　間接事実の認定

　そして、本件判決では、被告人がてんかん発作の影響により意識障害に陥
るおそれのある状態であったことを認識していたと認定しましたが、その際
に、その認定に用いた間接事実は、次のとおりでした。
①　被告人は、令和３年１月21日午前７時９分頃、普通乗用自動車を運転
していたところ、てんかん発作の影響により意識喪失に陥り、自車を制御で
きなくなって本件事故を発生させた。
②　被告人は、平成28年、妻と婚姻したが、その後、被告人は、日常生活

において、時折、数分間、口をくちゃくちゃして音を出したり、目が開いているのに妻の問いかけに応答せず、意味不明なことを言うのみで会話にならなかったり、茫然としたりする状態になることがあった。このような状態が治まった後、妻が被告人に先ほどの状態について尋ねても、被告人は自己の前記状態を認識しておらず、その間の記憶もなかった。妻は、令和元年8月8日以降、複数回にわたり、前記のような被告人の状態をスマートフォンで動画撮影し、被告人に見せたが、被告人は「分かっている」などと言って取り合わなかった。被告人は、令和2年8月22日、仕事中に倒れ、両目を開き一点を見つめ、周囲の呼びかけに的確に応答できない状態になった。被告人には、このような状態になっていた間の記憶がなかった。

③　被告人は、同年8月25日、前記状態に陥る原因を明らかにするため、K医療センターにて受診した。脳神経外科医であるE医師は、検査及び診察の結果、てんかんの可能性が高いと判断し、被告人に対し、「てんかんの疑いがあるため、てんかん専門医の診断、治療が妥当であり、病院を紹介する」旨述べた。被告人は、E医師から紹介を受け、同年9月5日、妻を伴ってL病院にて受診した。てんかん専門医指導医であるF医師は、脳波検査及び診察の結果、側頭葉てんかんであると判断し、妻が同席する場で、被告人に対し、てんかんの症状を説明し、「被告人の症状はてんかん発作を示唆している、脳波検査によれば左側頭部にてんかん性異常波が見られた、脳波検査中にもてんかん発作の症状が発現していた、これらの事情からてんかんの要素を持っていることは確実である」旨告げた。また、F医師は、被告人に対し、てんかん発作が起こると転倒や交通事故等の事故を起こすリスクがあること、法的に自動車の運転が制限されること、てんかんが自然治癒することはなく抗てんかん薬を服用しなければ発作は治まらないことを説明した上、対応として、様子を見る、てんかんの病名を受け入れて治療を行う、てんかんとは別の病名で発作防止に効果のある服薬治療を行うとの選択肢を示した。F医師は、これらの説明を紙に手書きし、被告人に交付した。被告人は、持ち帰って検討し、方針が決まった時点で再受診すると返答し、帰宅した。その後、被告人が同病院を再受診することはなかった。

4　判決の判断

　以上のとおり、被告人は、日常生活において、目は開いているが周囲の状況を認識することも的確な行動をとることもできず、その間の記憶がない状態に陥ることが複数回あり、それを妻から何度も指摘されたのみならず、その状態の動画を見せられ、自己が何時でもそのような状態に陥り得ることを認識していた。

　被告人は、令和2年8月22日、仕事中にも同様の状態に陥り、そのことを周囲の者から指摘され、認識していた。被告人は、同年8月25日、K医療センターにて受診し、E医師からてんかんの疑いがある旨指摘され、さらに同年9月5日、L病院にて受診し、F医師からてんかんの要素を持っていることは確実であると指摘され、てんかん発作による交通事故のリスクや、服薬しなければ発作は治まらないことなどを説明された。その後、被告人はてんかんに関する治療を何ら受けなかった。

　これらの事実によれば、被告人は、本件犯行時、何時でもてんかん発作の影響により意識障害に陥るおそれのある状態であったことを認識していたものと認められると判示しました。

　極めて妥当な判断といえましょう。

5　量刑事情

　本件判決では、以下のような量刑事情を考慮し、被告人に対し、懲役4年に処しました。

　すなわち、「本件は、被告人が、てんかん発作の影響により意識障害に陥るおそれのある状態であることを認識しながら自動車を運転し、走行中、てんかん発作により意識喪失に陥り、自車の制御を失って自車を先行車両に衝突させるなどの交通事故を発生させ、同事故により1名を死亡させ、2名に骨折等の傷害を負わせた事案である。

　被告人は、妻から日常生活において周囲を認識できなくなる状態に陥ることを何度も指摘され、診察を受けた医師からてんかんの要素を持っていることは確実であることやてんかんのリスクについて説明を受けたにもかかわらず、その説明に耳を貸さず、通勤のために自動車が必要である、これまで事故を起こしていないのであるからこれからも事故を起こすことはないだろう

などと考え、本件事故を発生させた。周囲に及ぼす危険性を顧みない無責任な行為というほかはない。

　死亡した被害者は67歳であるが健康で、妻子や孫に慕われ生活していたところ、本件事故により突如その生命を失ってしまった。生じた結果は取り返しがつかない重大なものである。負傷した被害者のうち1名は、本件事故から数か月後の時点で復職できず、事故を思い出して恐怖を感じるなどの状態であり、被害は軽いものではない。

　以上の行為の悪質性、結果の重大性からすると、被告人の責任は重く、相当期間の実刑は免れない。

　被告人は、意識障害に陥るおそれに関する認識を否定しているところ、その供述内容によれば責任回避的な態度が強く認められ、自己の行為に真摯に向き合っていないといわざるをえない。

　他方において、各被害者に対しては、今後任意保険により適切な金銭賠償が行われる見込みである。

　被告人に前科前歴はなく、本件に至るまでは真面目に社会生活を送っていた」などとして、懲役4年が相当であるとしたのでした。

居眠りによる意識喪失運転事犯

第 1　八街児童死傷事故（アルコールの影響）

　運転開始前の飲酒の影響で、運転中に居眠りをしてしまった場合、それが当初「正常な運転に支障が生じるおそれのある状態」であったところ、その後、仮睡状態に陥ったのは、「正常な運転が困難な状態」に陥ったことを意味します。この場合、眠っていて「正常な運転」ができるはずもないからです。このような事実関係が認定できれば、自動車運転死傷処罰法 3 条 1 項の危険運転致死傷罪が成立することになります。

　この点について、令和 4 年 3 月 25 日千葉地裁判決（公刊物未登載）は参考になりますので、ここで紹介します。

1　罪となるべき事実の概要

　被告人は、令和 3 年 6 月 28 日午後 2 時 53 分頃、千葉市内の高速道路のパーキングエリアにおいて、一時休憩のため停車中に飲んだ酒の影響により、前方注視及び運転操作に支障が生じるおそれがある状態で大型貨物自動車を発進させて運転を再開し、もってアルコールの影響により、その走行中に正常な運転に支障が生じるおそれがある状態で自動車を運転し、よって、同日午後 3 時 23 分頃、千葉県八街市内の道路を時速約 56 キロメートルで進行中、そのアルコールの影響により仮睡状態に陥り、自車を進路左前方に進行させて路外に設置された電柱に自車左前部を衝突させて更に同方向に進行させ、折から進路左前方を対向歩行してきたA（当時 8 歳）、B（当時 7 歳）、C（当時 8 歳）、D（当時 7 歳）及びE（当時 6 歳）に自車前部を衝突させて同人らをそれぞれ路上等に転倒させた上、A及びBを自車車底部等でれき過し、よって、Aに脳損傷等の傷害を負わせ、同日午後 4 時 47 分頃、同人を前記傷害により死亡させ、Bに脳挫傷等の傷害を負わせ、同日午後 5

時24分頃、同人を前記傷害に基づく外傷性ショックにより死亡させるとともに、Cに加療期間不詳の頭蓋顔面骨折、脳挫傷、頭蓋底骨折等の傷害を、Dに加療約6か月を要する見込みの右恥坐骨骨折、右脛骨骨折等の傷害を、Eに加療約3か月を要する脳挫傷等の傷害をそれぞれ負わせたものである（図19参照）。

図19

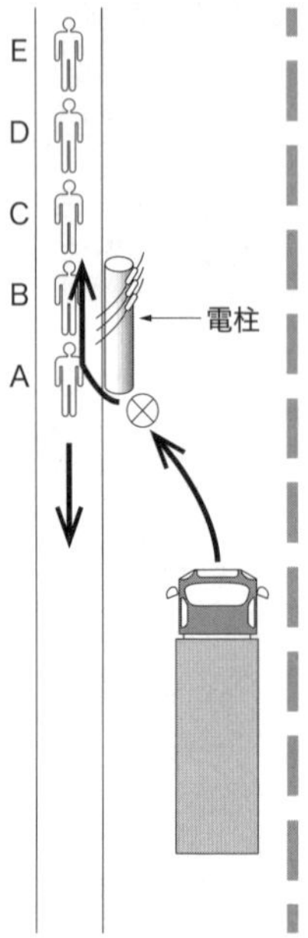

2　量刑事情

本件では、被告人は事実関係を全く争わなかったことから、量刑だけが問題となりました。本件判決では、懲役15年の求刑に対し、懲役14年の判決を言い渡したのですが、その理由とするところは、次のとおりです。

すなわち、「本件は、建築資材等の配送業務に従事する被告人が、飲酒の影響により正常な運転に支障が生じるおそれがある状態でトラックを運転し、その運転中に飲酒の影響で仮睡状態に陥ったまま同車を進行させ、対向歩行してきた下校中の小学生5名に衝突し、2名を死亡させ、3名を負傷させたという危険運転致死傷の事案である。

被告人の運転していたトラックは車両重量約6.4トンの大型貨物自動車であり、他の車両や歩行者に衝突すれば大きな被害が生じる危険性が高い。被告人からは、本件犯行後約1時間39分を経過した時点での呼気検査により呼気1リットル当たり0.15ミリグラムを超える程度のアルコールが検出されており、被告人が自認する運転開始前の飲酒状況（後記）も考慮すると、犯行時にはそれよりも高い濃度のアルコールを身体に保有していたことが推定される。また、本件現場の少し手前から仮睡状態に陥ってハンドルの操作をできないようになり、道路の左端に寄りながら時速約56キロメートルで進行して道路脇の電柱に衝突し、それでも事態をはっきりと認識するには至らず、対向歩行してきた被害者らに次々と衝突するなどしたものである。被告人の運転行為の危険性は、非常に高いものであった。

被害者らは、道路の右端を一列になって歩いていたところに、突然前方から大きなトラックが迫ってきて、逃げることもできなかったのである。本件

犯行に遭った際の被害者らの恐怖は計り知れず、それぞれが受けた肉体的、精神的苦痛は大きい。本件犯行により被害者2名は命を奪われ、3名はそれぞれ判示のとおりの重傷を負った。傷害を負った被害者のうち1名は、頭部に極めて重篤な傷害を負わされ、先の見えない治療を続けており、この点は、傷害の程度としては最悪の部類に属するといえる。このように本件犯行により生じた結果は非常に重大である。そして、被害者ら及びその家族の生活は一変し、その悲しみや苦しみは続いており、これからも癒えることがない。各被害者の両親は、いずれも厳しい被害ないし処罰感情を述べているが、それは当然のものである。

　そもそも、被告人は、何かがあれば大きな被害を生じさせる危険性が高い大型貨物自動車の職業運転手として、交通法規を遵守し、安全運転を心掛けるべき立場にありながら、飲酒運転によるものではないものの、大型貨物自動車又は中型貨物自動車の運転中に犯した複数の交通違反歴を有し、平成28年には過失運転致傷罪により罰金刑に処せられ、また、平成30年には追突事故を起こし、勤務先内部の検討の結果として、15トントラックを運転しないよう指示され、以後7トントラックを割り当てられるようになったのであるから、自身の運転する自動車の危険性を改めて自覚し、より慎重な運転を心掛けることが求められていたというべきである。それにもかかわらず、被告人は、安全運転を心掛けるどころか、遅くとも令和2年頃以降には、仕事上のストレス等から勤務中に飲酒をして、配送先からトラックを運転して勤務先に戻ったり、勤務先から自身の自動車で帰宅する際に飲酒した上で運転をしたりするようになり、また、トラックを運転して出向いた取引先の従業員から酒臭さを指摘されたり、その話を聞いた勤務先の上司から注意を受けたりしたこともあったのに、自分は事故を起こさないから大丈夫だなどと安易に考え、飲酒運転を続けていたというのである。被告人は、本件当日も、配送先からトラックを運転して勤務先に戻るに当たり、勤務先近くにある小学校の下校時間帯に通学路として利用されている本件現場を通行することになることを分かっていながら、高速道路のパーキングエリアで昼食を摂る際、帰途購入したワンカップの焼酎（220ミリリットルでアルコール20度）を飲み、その直後から運転を開始し、本件犯行に及んでいる。被告人が飲酒運転の危険性を顧みない態度に終始していたことは明らかであって、このような被告人の運転に臨む態度は最悪のものと評価するのが相当で

あり、強い非難に値するというべきである。

　以上のような本件犯行に関わる事情を踏まえて検討すると、被告人の本件運転が非常に高い危険性をはらんでいたこと、運転に臨む態度が最悪で非難の度合いが高いこと、そのような経緯等を背景とした本件犯行により発生した結果が非常に重大であることに照らせば、アルコールの影響による危険運転致死傷の事案である本件については、その犯情評価は非常に悪く、懲役10年を優に超える刑をもって処断することを検討するべきである。

　そこで次に、被告人のために酌み得る事情について検討する。被告人は公判で罪を認め、また、被害者やその家族に対し謝罪の言葉を述べ、反省文を作成している。そこに表れた言葉、表現は、謝罪や反省として不十分と受け取られても致し方ないものに終わっているものもあるといえるが、それは、自らしでかした事態や発生させた結果があまりに重大であるため、被告人自身どのように対処してよいのかが分からないためであるとも思われ、本件犯行により生じた事態を被告人なりに受け止めており、反省しようとする態度はうかがわれる。

　また、被告人の勤務先会社が加入していた対人・対物無制限の任意保険による損害賠償が見込まれるという事情もある。これらは被告人のために酌むべきものとして考慮し得るものである。しかし、前記のような本件犯情の悪質さの程度に照らせば、酌み得る程度は小さいものといわざるを得ない」として、懲役14年に処したのでした。

3　問題の所在

　本件では、被告人は、運転中に仮睡状態に陥っていたことを認めていました。ただ、ここで重要なのは、その仮睡状態に陥ったことが、アルコールの影響によるものでなければならないということです。

　すなわち、単なる睡眠不足や疲労によって惹き起こされた居眠りでは「アルコールの影響」によることにならないからです。ですから、前日に徹夜仕事をして朝から眠かったなどという場合では適用できないことになります。

　本件のような形態の飲酒運転事故では、多くの場合、酒気帯び運転に係る前方不注視による過失運転死傷事故として処理されることも多いと思われます。そうなると、その法定刑の上限が懲役10年止まりとなってしまい、本件のような重大な死傷結果を発生させた者に対する責任追及として十分なも

のとはなり得ないという問題が生じることになります。

第2　関越自動車道高速バス居眠り運転事故（通常の居眠り）

1　序　論

　純粋な過失犯であっても、居眠り運転のような過失運転致死傷罪については、相当に悪質な犯行であると言わざるを得ないと思われます。なぜなら、居眠り運転というのは、その前兆として眠気を感じているのであり、そのままの状態での運転は非常に危険であることから、その運転中止義務を認め、その義務違反を過失として構成しています。そもそも、眠いことが分かっていながら運転を継続するという行為は、故意犯である危険運転致死傷罪にも匹敵する危険な運転行為といえます。

　したがって、ここでは平成 26 年 3 月 25 日前橋地裁判決（公刊物未登載）である 7 名の乗客が死亡した関越自動車道高速バス居眠り運転事故を検討したいと思います。

　また、その公判では、被告人が睡眠時無呼吸症候群に罹患していたため、過失はなく無罪であるなどという主張も出されていましたので、この主張への対処などについても簡単に説明したいと思います。

2　事案の概要

　本件事故につき認定された罪となるべき事実の概要は、次のとおりです。

　被告人は、

①　富山県高岡市内の西日本旅客鉄道株式会社高岡駅前から北陸自動車道等の高速自動車国道を経由し最終目的地である千葉県浦安市内の東京ディズニーリゾートまで単独運転で走行する行程の下、平成 24 年 4 月 28 日午後 11 時 28 分頃、大型乗合自動車（バス）を運転し、富山県高岡市下関町前記高岡駅前を出発し、その後、関越自動車道新潟線上りの越後川口サービスエリアを経由して、翌 29 日午前 4 時 20 分頃、群馬県渋川市赤城町同自動車道上り 109.7 キロポスト付近を新潟県方面から東京都方面に向かい時速約 90 キロメートルの速度で進行中、最終目的地まで長距離を残していながら睡眠不足及び疲労のため眠気を覚え、そのまま運転を継続すれば前方注視が困難

な状態に陥ることが容易に予測されたのであるから、このような場合、自動車の運転者としては、早期に駐車場で停止する等してバスの運転を中止し、もって事故の発生を未然に防止すべき自動車運転上の注意義務があるのに、これを怠り、前記状態のまま漫然と運転を継続した過失により、同日午前４時40分頃、群馬県藤岡市岡之郷同自動車道上り79.3キロポスト付近を同速度で走行中仮睡状態に陥り、バスを左前方に暴走させ、同市岡之郷同自動車道上り78.8キロポスト付近の道路左脇に設置されたガードレールにバス左側を接触させた上、そのガードレールの延長線上に道路に沿って設置

図20

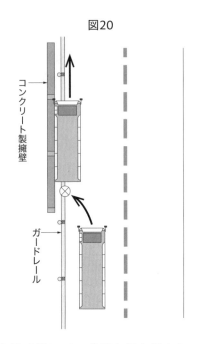

されたコンクリート擁壁上部に固定された防音壁にバス前部左側を衝突させ、同防音壁によりバスの車体をその前部から約10.5メートルにわたり左右に裂くように破損させ（図20参照）、よって、その頃、同所付近において、いずれも乗客であるＶ１（当時23歳）を頸椎脱臼（第１、第２頸椎）により、Ｖ２（当時19歳）を大量血胸による出血性ショックにより、Ｖ３（当時44歳）を頭蓋骨骨折による脳挫傷により、Ｖ４（当時49歳）を頭蓋骨骨折による脳挫傷により、Ｖ５（当時29歳）を頭蓋底骨折による脳挫傷により、Ｖ６（当時17歳）を外傷性血気胸により、Ｖ７（当時50歳）を頸髄損傷によりそれぞれ死亡させるとともに、Ｖ８（当時23歳）ほか37名に対し、両側股関節脱臼骨折等により約３か月間の安静加療を要する見込みの傷害等をそれぞれ負わせ、

②　Ａと共謀の上、平成23年８月９日、千葉県船橋市内の関東運輸局千葉運輸支局習志野自動車検査登録事務所において、事情を知らない同事務所自動車登録官に対し、普通乗合自動車４台について、真実は、これらの使用者は被告人であるのに、いずれも有限会社Ｂ（代表取締役Ａ）が使用者である旨虚偽の事項を記載した各移転登録申請書を関係書類とともにそれぞれ提出して虚偽の移転登録申請をし、同登録官をして、即時、当時の国土交通省自

動車局自動車情報課自動車登録管理室にある権利又は義務に関する公正証書
の原本として用いられる自動車登録ファイルにその旨不実の記録をさせ、こ
れを直ちに同所に備え付けさせて公正証書の原本としての用に供し、

③　国土交通大臣又はその委任を受けた地方運輸局長の許可を受けないで、
平成 23 年 12 月 17 日から平成 24 年 3 月 28 日までの間、前後 5 回にわた
り、東京都内等において、被告人所有の普通乗合自動車を自ら運転し又はC
らに運転させて、中国人旅行客等であるDら乗客合計 111 名を運送して、運
賃合計 76 万 2,200 円を受領し又はその約束をし、もって無許可で一般旅客
自動車運送事業を経営し

たものである。

3　被告人に科される刑罰の範囲について

⑴　被告人による 2 ①の犯行は、自動車運転死傷処罰法 5 条の過失運転致死
傷罪であり、7 年以下の懲役若しくは禁錮又は 100 万円以下の罰金に処せら
れることとなります。

⑵　次に、被告人による 2 ②及び③の犯行は、被告人が、いわゆる白バスと
呼ばれる無許可でバス運送事業を営んでいたことによるものです。

　ア　そして、2 ②については、普通乗合自動車、つまり、営業に使う乗合
バスですが、これの移転登録に当たって、真実は、被告人が自ら経営するな
どして用いる使用者であるのに、別の名義にして自動車登録ファイルに虚偽
の移転登録をしたという犯行であり、刑法 157 条 1 項の

> 公務員に対し虚偽の申立てをして、登記簿、戸籍簿その他の権利若しく
> は義務に関する公正証書の原本に不実の記載をさせ、又は権利若しくは
> 義務に関する公正証書の原本として用いられる電磁的記録に不実の記録
> をさせた者は、5 年以下の懲役又は 50 万円以下の罰金に処する。

とする電磁的公正証書原本不実記録罪と、それを閲覧可能な状態にして使用
に供したという刑法 158 条 1 項の

> （前略）前条第 1 項の電磁的記録を公正証書の原本としての用に供した
> 者は、（中略）不実の記載若しくは記録をさせた者と同一の刑に処する。

という不実記録電磁的公正証書原本供用罪が成立しています。

　この⑵アの犯行では、自動車ごとに刑法 157 条 1 項や 158 条 1 項の罪が成
立しているのですが、それらは観念的競合になり、また、刑法 157 条 1 項と

158条1項の罪とは、前者と後者の間で手段、結果の関係があることから、刑法54条1項の

> 一個の行為が二個以上の罪名に触れ、又は犯罪の手段若しくは結果である行為が他の罪名に触れるときは、その最も重い刑により処断する。

との規定の後段に規定されている牽連犯に該当するので、結局、どれをとっても5年以下の懲役等が最も重い刑となるので、この(2)アの関係では、上限が5年以下の懲役になります。

　イ　さらに、2③の犯行は、無許可で一般旅客自動車運送事業を経営したというもので、道路運送法4条1項は、

> 一般旅客自動車運送事業を経営しようとする者は、国土交通大臣の許可を受けなければならない。

とされているところ、この許可を受けずに一般旅客自動車運送事業を経営した場合には、同法96条1号において、3年以下の懲役若しくは300万円以下の罰金に処し、又はこれを併科するとされています。

　そこで、この(2)イの関係では、3年以下の懲役が上限となります。

(3)　そこで、3(1)と(2)ア及びイは、いずれも併合罪となるところ、過失運転致死傷罪の7年以下の懲役の2分の1を加えた10年6月以下の懲役の範囲内で刑罰が科されることになります。ここでは、(2)ア及びイにおいて、それぞれ5年以下の懲役と3年以下の懲役等がありますが、それらの合計の方が刑が重くなるので、刑法47条本文により、10年6月以下の懲役が上限になります。

　ただ、刑法48条1項本文では、

> 罰金と他の刑とは、併科する。

としているところ、本件では、(2)イの罪では、罰金刑を併科することができるとされていますので、上記の10年6月以下の懲役のほかに300万円以下の罰金を併せて科することができます。

　そこで、検察官の求刑は、懲役10年及び罰金200万円というものでした。法律上、科することができる刑罰のほぼ上限で求刑していることが分かります。

4　公判における争点

⑴　睡眠時無呼吸症候群に関する争点

　本件は、被告人が、乗客 45 名を乗せて大型観光バスを運転し、高速道路を走行中に仮睡状態に陥り、7 名を死亡させ、38 名に重軽傷を負わせる事故を起こしたものですが、その一連の事実自体については争いはなく、ただ、被告人は、睡眠時無呼吸症候群に罹患していたことを理由に、眠気を感じることなく突然睡眠状態に陥ったものであるから、検察官が公訴事実に掲げた「眠気を覚えたにもかかわらず漫然と運転を継続した過失」はないとして、運転中止義務違反はない以上、過失はなく無罪であるとして争われたものでした。

　被告人は、捜査段階では、運転中には、眠気を感じていたと供述していながら、公判に至って、眠気を感じたことはなかったと主張していました。

ア　被告人は睡眠時無呼吸症候群に罹患していたのか

　具体的には、本件の公判前整理手続中に、弁護人の証拠保全の請求に基づき、被告人の睡眠時無呼吸症候群に関する鑑定が実施され、その結果、被告人は、中等症の閉塞性睡眠時無呼吸症候群に罹患していると診断されました。

イ　眠気を自覚することなく突然睡眠に陥ったとの弁護側の主張

　弁護人請求の睡眠時無呼吸症候群の研究者Ａ教授は、当公判廷において、「睡眠時無呼吸は慢性的な睡眠不足を引き起こすところ、慢性的な睡眠不足状態でも眠気を自覚しないことがあり、また、睡眠不足状態では、自動車の運転中などに眠気を感じることなく突然睡眠に陥ったり、一瞬脳が眠ってしまう（睡眠の脳波が出る）『マイクロスリープ』という状態になることがあり、被告人もそのように眠気を感じずに眠ってしまった結果、本件事故を起こした」と証言しました。

　しかしながら、この見解はかなり疑問です。そもそも、マイクロスリープ症状というものが単なる居眠りとどのように異なるのかは医学的に明らかにされているものではありません[25]。単に、突然眠ってしまったという供述に基づいてそのような症状もあるといっているにすぎず、事前に本当に眠気を感じていなかったのかどうかなどについて正確な供述がなされているのかなど問題も多い概念であります。したがって、我が国で出されている睡眠や睡

眠時無呼吸症候群に関する著作や論文においても、マイクロスリープなる概念は、私の知る限り、きちんと触れられているものはないと思います[26]。

ウ　弁護側の上記主張に対する判決の判断

　本件判決では、上記の弁護側の主張に対し、一般論として、睡眠時無呼吸症候群の患者が眠気を感じることなく突然眠ってしまう場合があり得るとは認めた[27]ものの、「しかしながら、一方で、A教授は、医学的データから被告人が眠気を感じていたか否かは分からないとか、睡眠時無呼吸症候群の患者であっても眠気を感じて居眠り運転をすることがある、睡眠時無呼吸症候群があって更に睡眠不足だったときに眠気を感じたというのは不自然ではないなどとも証言している。これを併せ考えれば、前記の点に関するA証言の趣旨は、仮に眠気を感じなかったという被告人の公判廷での供述が正しいものであるならば、それは医学的に見て何ら不合理なものではない旨を言うにすぎないものと解され、被告人の公判廷での供述を裏付けたり、補強するようなものではない」として、A教授の証言には被告人の過失を否定するだけのものとはならないとして、上記イの弁護側の主張を排斥しました。

エ　タコグラフチャート紙の解析

　本件バス走行中の走行速度を記録していたタコグラフチャート紙の鑑定結果によれば、前記越後川口サービスエリアを出発した4月29日午前3時頃から本件事故の起こった午前4時40分頃までの間の本件バスの走行速度は、おおむね時速70キロメートルから110キロメートルの間で推移しているものの、短時間のうちに時速100キロメートルを超えたかと思えば時速

25　代表的なものとして、Paul, Amit; Boyle, Linda Ng; Tippin, Jon; and Rizzo, Matthew. Variability of Driving Performance During Microsleeps. In: Proceedings of the Third International Driving Symposium on Human Factors in Driver Assessment, Training and Vehicle Design, June 27-30, 2005, Rockport, Maine. Iowa City, IA: Public Policy Center, University of Iowa, 2005: 18-24 が挙げられるが、この論文では、ドライブシミュレーターでの走行実験によりマイクロスリープを検出したとして報告等がされているが、果たして本当にマイクロスリープと称するに値するものであるかは疑問である。

26　なお、平成29年3月に長野県で発生したヘリコプターの墜落事故において、その原因の一つに機長がマイクロスリープに陥ったのではないかとの指摘がされたようであるが（ただ、結局のところは、全員が死亡しているため、原因は不明となっている。）、この場合においても、あえてマイクロスリープなどという概念を持ち出す必要はなく、単なる強度の眠気による入眠と解しても差し支えないものである。

27　一般論としてもこのように認定してよいかは、後記第3章を含めてこれまで述べてきたように、疑問がないではない。

80キロメートルを下回る程度まで下がったりしており、特に一番落ちている時には時速60キロメートル程度まで落ち込んだ後、再び時速100キロメートル程度まで戻るといった波状の速度の急変が頻繁にみられました。

そこで、このタコグラフチャート紙に記録された本件バスの速度変化につき、本件と直接関係のないバス会社で運行管理者としてタコグラフチャート紙のチェック等を日常業務とするB証人は、このようなチャート紙に記録された激しい波状の速度変化は、運転者の疲労、居眠りが原因と考えられると証言しました。

そこで、本件判決は、「証人は、被告人と特段の利害関係もなく、数年間にわたり1日約40枚もチャート紙をチェックした経験、職業的知見に基づき、専門家証人的な立場で証言しているものであって、その証言内容は十分に信用できるものといえる」として、本件タコグラフチャート紙の客観的分析からも、被告人が居眠りを繰り返して運転していたことが明らかであるとしたのでした。

オ　判決における被告人の事故前の眠気についての認定

上記の各証拠の認定や評価に基づき、本件判決は、「被告人は、捜査段階において、逮捕直後から一貫して事故前に眠気を感じていたと供述しており、この供述は当時の客観的な状況や他の証拠とも一致するものであるから、十分に信用することができる」とし、さらに、「本件事故前に眠気を感じたことはないとの被告人の公判廷での供述は、客観的証拠であるタコグラフチャート紙の記録と符合しないことは明らかであり、捜査段階の供述から変遷した理由についても合理的な理由は見いだし難い。以上検討したところを総合すれば、本件事故前に眠気を感じたことはないとの被告人の公判廷での供述は信用できない」として、捜査段階において本件事故前に眠気を感じていたとの被告人の供述のほうが信用できるとし、被告人は、仮睡状態に陥る前に眠気を感じていたと認められることを理由として過失の認定をしたのでした。

(2)　量刑判断

被告人の情状に関して、本件判決は、量刑の理由において、次のように述べています。すなわち、「被告人は、本件事故現場の手前で眠気を感じながら、あえて運転を中止せず、漫然と運転を継続したものであるが、当時、高速バス運転手として乗客45名の生命を預かり、高速道路を時速約90キロ

メートルという高速度で走行していたのであるから、誰よりもそして何よりも乗客の安全を最優先しなければならない立場にあった上、万が一にも居眠り運転をするようなことがあれば多数の乗客に取り返しのつかない甚大な被害が生じるであろうことは明らかであった。眠気を感じた地点から本件事故現場に至るまでの間にもパーキングエリアがあったのであるから、同所にバスを止めるなどして休憩をとるなどの適切な対応をとることは十分に可能であった。それにもかかわらず、被告人は、そのような措置をとることなく、漫然と運転を継続して本件事故を引き起こすに至ったもので、人命を預かるプロドライバーとして許されない非常識極まりない行動に出たといわざるを得ない。被告人がこのような居眠り運転を起こした原因として、被告人が睡眠不足の状態で本件バスを運転したことがあげられるが、この点についても非難すべき点が多い。被告人は突然夜間バスの運転手を依頼され、恩義を感じているAからの頼みだったので断り切れなかったというが、依頼を受ける前、昼間に仮眠などとっておらず、そもそも慢性的に睡眠不足の状態にあったというのであるから、本件のような事故を起こす可能性も想定できるはずであり、いくらAに恩義を感じていても、断るべきであった。しかも事前に十分な睡眠がとれていないのであれば、せめて出発前にできる限りの睡眠時間を確保しようとするのが当然であるのに、仮眠用のホテルにいる間も、出発直前に本件バスの車内で仮眠をとる間でさえも、自らの携帯電話の電源を切ることすらせず、電話応対に追われて細切れの睡眠しかとらなかった。夜間、土地勘もない場所で高速道路での長距離運転を強いられ、代替運転手もいない、事前に睡眠もとれていないという最悪の条件での運転手を引き受けておきながら、居眠り運転防止のために最低限度しなければならないことすらしていなかったのである。本件事故につきAに責任の一端があるから被告人の刑事責任が軽くなるとはいえない」と判示し、被告人の運転に臨む態度を厳しく批判しました。

　そして、被害の重大さに関しては、「各被害者は、本件バスを利用した目的は違えども、皆、目的地まで安全に運んでくれるであろうことを信じて疑わなかったであろうに、家族との最後の対面すら許されないまま、その命を奪われた。将来の夢や希望に満ちていた10歳代、20歳代の被害者、まだまだ人生の楽しみをこれから味わおうとしていた50歳前後の被害者、皆一様に本件事故から先の人生を一瞬にして断ち切られた。バスの単独事故として

はこれまでに余り類例を見ない重大なものである。命までは奪われなかったものの、38 名もの被害者がそれぞれ傷害を負わされた。その人数もさることながら、それぞれの被害者に与えた肉体的・精神的な被害は誠に重大である。重い傷害を負って、後遺症に苦しむ被害者、今後後遺症が心配される被害者も少なくない上、傷害の程度にかかわらず、壮絶な事故を経験したことにより精神的に苦しめられ続ける被害者も数多い。顔や体に今も傷痕が残り、肉体的にも精神的にも苦しみ続けている者や本件事故前に抱いていた夢を諦めざるを得なくなった者など、被害者の多くが今もなお様々な肉体的・精神的苦痛を強いられているのであり、それぞれの人生に与えてしまった影響は余りにも大きい。もとより、かけがえのない家族を失った遺族の悲しみは余人には計り知れないものがあり、中には家族を失った上、自らも傷害を負わされた者までいるのであるから、その処罰感情が極めて厳しいのは当然である。負傷した被害者やその家族もそのほとんどが厳しい処罰感情を示している」として、被害者やその遺族らにいかに重大な苦痛を与えたかについても詳細に判示しています。

　にもかかわらず、被告人の法廷での態度等については、「被告人は、謝罪の言葉を述べたり、謝罪の手紙を書き送るなどしているが、公判廷においては、眠気を感じたことはなかったと事実と異なる供述に終始し、死亡被害者の遺族や在廷する被害者、その家族の心情を顧みることもなく、本件の原因や自分自身の犯した罪の重さとも真摯に向き合っているとはいえず、心の底から本件を反省しているなどとは到底認められない状態にある」と指摘されたように、およそ反省しているとは思えない状態でした。

　このような被告人に対しては、まさに法定刑の上限でもよいくらいの刑罰が必要であったと思います。結局のところ、本件判決では、被告人に対して、ほぼ求刑に近い量刑として、懲役 9 年 6 月及び罰金 200 万円を言い渡しました。

第3章　睡眠時無呼吸症候群について

　睡眠時無呼吸症候群（Sleep Apnea Syndrome：SAS）という言葉を聞いたことがある人は少なくはないでしょう。これは、平成15年2月26日に起きた山陽新幹線の運転士による居眠り運転がきっかけとなって、この用語が世に広まるようになりました。この事件では、犠牲者が出るようなことはなかったものの、運転士の意識がないまま、新幹線が時速270キロメートルで約8分間もの間疾走した後、自動列車制御装置が作動して停車したというものでした。その間、運転士は眠り続け、車掌に起こされるまで意識がなかったといわれており、この件で、睡眠時無呼吸症候群という症状の疾患が広く知れ渡ったのでした。

　ただ、居眠り運転による過失運転致死傷罪の裁判において、いたずらにこの疾患を弁解として利用し、過失がなかったとして無罪の主張をされることも多いので、この種の事件の捜査や公判に関わる方々においては、その機序や症状などの特性を十分に知っておく必要があると思われます。ここでは、捜査、公判上の留意事項も併せて説明したいと思います。

　そこで、まず、医学的見地から睡眠時無呼吸症候群を明らかにした上、その後、この疾患が原因であるとの主張がなされた居眠り運転事故におけるこれまでの裁判例において、どのような判断がなされたか、本来、どのように判断すべきであったかなどについて解説したいと思います。

第1　睡眠とは

1　睡眠の概念及び機能

　睡眠とは、一般的にいえば、動物の体の動きが停止し、外的刺激に対する反応が低下して意識も失われているものの、容易に目覚める状態で、脳波の変化を伴い、生命維持に不可欠な生活現象です[28]。

　そして、睡眠の主な働きを何として捉えるかについては、二つの側面があり、一つは、恒常性維持機構という、身体の状態を一定に保ち恒常性を維持する仕組み（ホメオスタシス）を維持するものです[29]。つまり、睡眠が不足し、長く起きていると眠くなるという機構で、これは活動中に酷使された脳を積極的に休ませる機能です。これは、睡眠により覚醒中に損なわれた機能を回復させる働きに注目するもので、睡眠前の覚醒の長さや内容により、睡眠の質が変化することから認められている機能です[30]。

　もう一つは、体内時計機構です。これは夜になると眠るという機構です[31]。いつもの就寝時刻になると、その日の疲れに関わりなく眠ることができる反面、徹夜後に朝から眠ろうとすると疲労感は強いのにぐっすり眠れないというのは、体内時計機構が働いているからです[32]。

　そして、上記の恒常性維持機構と体内時計機構とが状況に応じて相互に関連しながら、睡眠の質、量及びタイミングを制御しているのです。

2　睡眠の種類

　この睡眠には、2種類のものがあると分かっており、それらは、「レム睡眠」と「ノンレム睡眠」と呼ばれています。

　まず、レム睡眠とは、「閉じた瞼の下で眼球が急速に運動している眠りで、身体は眠っているが、脳は目覚めている状態である。夢を見ていることが多い。レム睡眠中は、筋の緊張が緩んでいる」[33]と説明されています。

　これは、眠りとしては浅く、起きているときに非常に近い状態です[34]。そして、抗重力筋、つまり、これは地球の重力に対して姿勢を保持するために働く筋肉のことですが、この活動が全て停止していることから、いわゆる金縛り、つまり、頭は比較的起きているけれども、身体は動かず、何かがのしかかってきたような感じになる症状が起きることがあります。これはレム睡

28　『広辞苑（第5版）』
29　高橋清久ほか『睡眠学―眠りの科学・医歯薬学・社会学―』31頁、菊池哲ほか『睡眠呼吸障害　診断・治療ガイドブック』4頁
30　前出高橋ほか31頁
31　前出菊池ほか4頁
32　同上
33　前出高橋ほか14頁
34　前出菊池ほか19頁

眠の特徴であり、多くの人に見られる現象です[35]。

　次に、ノンレム睡眠とは、「急速な眼球の動きがない眠りで、身体も脳も眠っている状態である。浅い眠りから深い眠りまで第1〜4に分かれており、第3、4の段階は熟睡の状態で、大脳を眠らせて疲労回復を促す」[36]とされています。ノンレム睡眠では、自律神経活動（交感神経）が休息し、心拍数と呼吸数の減少、血圧の低下が見られます。自覚的なフレッシュ感は、第2段階以上の睡眠がある程度継続することで得られます[37]。

　レム睡眠とノンレム睡眠とのサイクルは、1回の睡眠で、約60〜70分間のノンレム睡眠と、10〜30分のレム睡眠が4、5回繰り返されています[38]。また、別の言い方で述べれば、成人では、一晩の中で、睡眠段階1とレム睡眠がだいたい10〜20％くらい、段階3、4が15％くらいで、残りの40〜50％は睡眠段階2が占めているといわれています[39]。

　さらに、一夜の中で比べると、夜間の前半は深睡眠が多く、レム睡眠は明け方になるほど持続時間が長くなります。多くの人が朝に夢から目覚めることが多いのは、こうしたレム睡眠の夜間分布の特徴によるところが大きいのです[40]。

3　脳波と睡眠の関係

　脳波とは、大脳の神経細胞が発する電位の総和です[41]。ここでいう電位とは、「電場内の一点に、ある基準の点から単位正電気量を運ぶのに必要な仕事。水が水位の差に従って流れるように、電流は電位の高い所から低い所へ流れる」[42]と説明されています。

　そして、深いノンレム睡眠の脳波には振幅が高く、周波数の低い成分（徐派成分）が多くなり、一方、レム睡眠時にはシータ波と呼ばれる約7Hzの周波数の単一の波が現れます。さらに、ノンレム睡眠の開始直後には、睡眠

35　前出菊池ほか19頁
36　前出高橋ほか14頁
37　前出菊池ほか19頁
38　同上
39　同上
40　前出菊池ほか20頁
41　前出高橋ほか15頁
42　『広辞苑（第5版）』

紡錘波と呼ばれる特徴的な脳波が現れます [43]。これらの脳波を図21で表します [44]。

　このような脳波の波形を理解しておくのは、後に説明します終夜睡眠ポリグラフ検査（polysomnography：PSG）の結果に表されている脳波を見る上で参考にするためです。

図21　脳波の種類

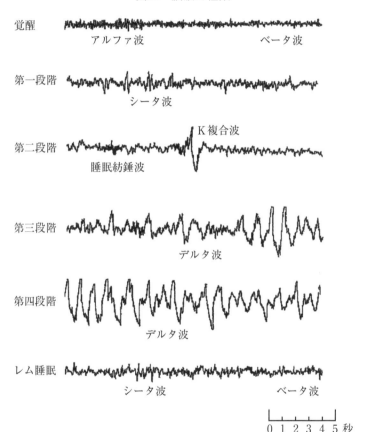

43　前出高橋ほか 17 頁
44　前出高橋ほか 18 頁

第2　睡眠時無呼吸症候群の概要

1　上気道の形態及び機能

睡眠時無呼吸症候群が問題となる箇所は、上気道ですので、まず、この上気道について簡単に説明しておきます。

まず、上気道の形態は、図22のとおりです。

図22

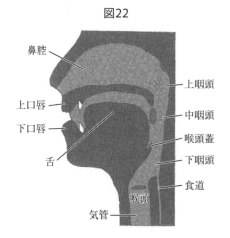

鼻腔
上口唇
下口唇
舌
喉頭
気管
上咽頭
中咽頭
喉頭蓋
下咽頭
食道

上気道は、鼻腔、口腔、咽頭、喉頭、胸郭外気管を含む気道です[45]。呼吸は、必ず上気道を経由してなされるので、そのいずれかの部位での狭窄あるいは閉塞は、呼吸を障害します。通常、不完全閉塞により、いびき音が発生し、完全閉塞により、無呼吸が招来されることになります[46]。

もっとも、鼻腔と喉頭は、気道として働くために、骨や軟骨がフレームとなり、閉塞の起こりにくい構造となっています。しかし、咽頭は、気道であると同時に、食物の通過路として機能しています。したがって、気道として機能する際には咽頭腔は広く開大していなければならず、一方、食道として機能する場合には、嚥下運動に伴い徐々に閉塞しながら食物塊を食道に運搬しなければなりません。このように相反する機能を果たすために、咽頭はfloppyな、つまり、あまり締まりのない構造になっています[47]。このような

45　前出菊池ほか42頁
46　同上。なお、覚醒時の人間には、通常、いびきや無呼吸は発生しない。これは、上気道の開通性が、覚醒時にはさまざまな生理学的機構により精密に制御されているからである。

構造が狭窄や閉塞を招くことになり、後述する睡眠時無呼吸症候群の原因となっているのです。

2　睡眠時無呼吸症候群の概念及び種類

　睡眠時無呼吸症候群は、睡眠関連呼吸障害（sleep related breathing disorder）に含まれる病態であり、閉塞性睡眠時無呼吸症候群（obstructive sleep apnea syndrome：OSAS）と、中枢性睡眠時無呼吸症候群（central sleep apnea syndrome：CSAS）とがあります[48]（なお、正確にいえば、それらが混合したものなどもあります。）。

　睡眠時無呼吸症候群のうち多くは、閉塞性睡眠時無呼吸症候群であり、これは上気道が閉塞して、気流が停止し、無呼吸になるものです。上気道内腔の狭い部分を気流が通過すると気道壁に振動が生じ、いびきになります。これが進行すると気道を更に狭窄して閉塞し気流が停止します。これが閉塞性無呼吸です[49]。この場合、無呼吸中に呼吸努力、つまり、身体が呼吸しようとする動きが認められることが特徴です[50]。

　これに対し、呼吸中枢の機能異常により、呼吸筋への出力が消失し、無呼吸になるのが、中枢性睡眠時無呼吸症候群です。この場合には、無呼吸中に呼吸努力が認められないのが特徴です[51]。

　居眠り運転などで問題とされる睡眠時無呼吸症候群は、閉塞性睡眠時無呼吸症候群がほとんどですので、以下では、これに焦点を当てて取り上げて説明します。

3　閉塞性睡眠時無呼吸症候群の機序

　閉塞性睡眠時無呼吸症候群（OSAS）は、咽頭気道が睡眠時に繰り返し閉塞することで生じます[52]。その際には、顕著ないびきを伴います。そもそもいびきは、睡眠中に発する呼吸音ですが、上述したように、上気道、特に咽

47　西村忠郎『睡眠呼吸障害（いびきと睡眠時無呼吸症候群）診療の手引き』11、12 頁

48　日本呼吸器学会監修『睡眠時無呼吸症候群（SAS）の診療ガイドライン 2020』2 頁

49　佐藤公則『睡眠時無呼吸症候群の診療メソッド―睡眠呼吸障害の集学的治療―』11 頁、
　　榊原博樹『睡眠時無呼吸症候群診療ハンドブック』13 頁

50　前出佐藤公則 9 頁

51　同上

52　塩見利明『睡眠無呼吸症―広がる SAS の診療―』24 頁

頭部の狭小化により発せられるものです。仰臥位で就寝する際、舌根部は重力の影響で狭くなり、また、睡眠状態に入ると、全身の筋肉の弛緩に伴い、上気道を構成する筋肉群も弛緩するため上気道は更に狭小化します[53]。もっとも、健常者であれば、この程度の上気道の狭小化は呼吸には大きな影響を及ぼしません。

　しかしながら、閉塞性睡眠時無呼吸症候群の患者は、上気道に形態学的又は機能的に何らかの異常を有しているため、睡眠中に容易に上気道が狭窄して低呼吸状態になり、また、閉塞して無呼吸状態が出現するのであります[54]。

　なお、詳しくは後述しますが、無呼吸は、10秒以上の呼吸停止をいうのであり、低呼吸は、低呼吸センサーで振幅の30％以上低下し、かつ、10秒以上継続し、かつ、3％以上の動脈血酸素飽和度（SpO_2）低下あるいは覚醒反応を伴うものとされています[55]。

　無呼吸になる状態は、図23のようになります[56]。

図23

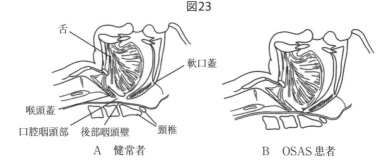

A　健常者　　　　　　　B　OSAS患者

　つまり、この図からも分かるように、健常者であれば、口腔咽頭部と後部咽頭壁との間に空間があり、ここを呼気が通るわけですが、閉塞性睡眠時無呼吸症候群患者であれば、それがくっついてしまっており、そのため呼吸ができない状態が生じるわけです。

　このような無呼吸が生じる前には、必ず上気道が狭小化しいびきが発生す

53　過剰なアルコールの摂取は、その筋弛緩作用などから、睡眠呼吸障害をもたらし、ジョッキ1杯程度のアルコール摂取でも睡眠呼吸障害は非摂取時より明らかに増悪していた（前出西村14頁）。

54　前出塩見17頁

55　前出佐藤公則67頁

56　前出塩見18頁

るため、著明ないびきは無呼吸の前段階を示しており、いびきの常習者は、閉塞性睡眠時無呼吸症候群の予備軍といわれており、著明ないびきの後、10秒以上の呼吸停止が見られれば、閉塞性睡眠時無呼吸症候群の可能性は更に高くなることになります[57]。

　したがって、居眠り運転事故があった場合には、捜査の段階で、被疑者の配偶者等の同居者に被疑者のいびきの有無、程度についてもあらかじめ聞いておくほうがよいと思われます。

　いずれにせよ、閉塞性睡眠時無呼吸症候群にしても、中枢性睡眠時無呼吸症候群にしても、いずれも、睡眠→上気道狭窄→低呼吸・無呼吸→覚醒反応→呼吸・睡眠再開という現象を睡眠中に繰り返すことになります[58]。

4　睡眠中に無呼吸症状が見られると何がいけないのか

　上述したように、閉塞性低呼吸・無呼吸により、覚醒反応をきたすことで、徐波睡眠（深睡眠）やレム睡眠が減少し、睡眠は分断され、睡眠構築が変化し、睡眠の質が低下します。このような無呼吸・低呼吸により、十分な酸素が取り込まれないことなどによって、低酸素血症、高炭酸ガス血症をきたし、身体に悪影響を与え、循環器系疾患（不整脈、高血圧など）などの合併疾患を引き起こしますし[59]、また、同様に、精神・認知活動にも悪影響を与え、精神疾患（うつ症状など）、行動・認知傷害（仕事の能率低下、注意散漫など）などの合併疾患を引き起こすのです[60]。

　なお、低酸素血症とは、血中の酸素濃度が低くなり、呼吸不全を引き起こす疾患であり、また、高炭酸ガス血症とは、血液の中に二酸化炭素が溜まりすぎた状態で、これも呼吸不全につながるものであります。

　また、睡眠時無呼吸症候群によって、日中の著しい過度の眠気、これを過眠症状（excessive daytime sleepiness）といいますが、これが必ず見られるようになります[61]。つまり、日中の症状として、眠くなる、身体がきつい、集中できないなどの症状が見られます。無呼吸・低呼吸による睡眠の分

57　前出塩見 18 頁
58　前出佐藤公則 11 頁
59　前出佐藤公則 11 頁
60　同上
61　前出塩見 18 頁

断と深睡眠の欠如は、高度の睡眠不足をきたし、日中の眠気、倦怠感、集中力低下などを引き起こすのです[62]。

5　睡眠時無呼吸症候群の検査方法

(1)　終夜睡眠ポリグラフ検査（polysomnography：PSG）の概要

　閉塞性睡眠時無呼吸症候群の診断において、上気道の形態の評価と終夜睡眠ポリグラフ検査（PSG）は重要な検査です。特に、PSG は、睡眠呼吸障害の検査の中でもゴールデンスタンダードの検査法です[63]。その検査結果を表したものをポリソノグラムといいますが、その例を図 24 に示しておきます[64]。

図24

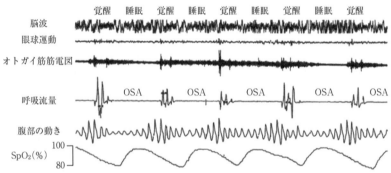

　このように、この検査では、「脳波」、「眼球運動」、「オトガイ筋筋電図」、「呼吸流量」、「腹部の動き」、「SpO₂」などの変化を調べることができます。

　脳波については、既に述べたとおりですが、眼球運動は、先にレム睡眠のところで述べた眼球の動きのことです。オトガイ筋というのは、あごと下唇の間にある筋肉で、この動きも上気道を広げたり狭めたりするのに影響を与えていますので、その動きを筋電図で調べるわけです。呼吸流量というの

62　前出佐藤公則 24 頁

63　前出佐藤公則 53 頁。ただ、この PSG は、「我が国では本検査が可能な施設が少なく、一泊検査であり、時間的、経済的に患者負担が大きいため、患者が希望しないことも多い」（前出西村 23 頁、佐藤誠『睡眠呼吸障害（SDB）を見逃さないために』4 頁も同旨。）とされていることから、睡眠時無呼吸症候群と診断されていても、簡易検査でなく、この PSG が実際になされたかどうかは確認する必要がある。

64　上記佐藤誠 17 頁

は、文字どおり呼吸の量を測るものであり、腹部の動きも、呼吸をするための腹部の動きを測るもので、いずれも電気信号に置き換えてその振幅で示すものであります。

なお、SpO_2 というのは、動脈血酸素飽和度であり、血液中にどの程度の酸素が含まれているかを示すものです。SpO_2 の S は、Saturation（飽和）、P は Pulse（脈）、O_2 は酸素を示しています。SpO_2 は、血液中（動脈）に含まれる、酸素を運ぶヘモグロビンの何％が実際に酸素を運んでいるかを示すものです。正常値は96％以上であり、この SpO_2 は、パルスオキシメータという簡易装置を用いて測定します。

ただ、睡眠呼吸障害の検査では、後で説明する無呼吸・低呼吸指数（apnea hypopnea index：AHI）がよく使われますが、これらの呼吸形態のみを検討するのではなく、睡眠の質も検討しなければなりません。この点から、簡易無呼吸検査には限界があることを知っておかなければなりません[65]。

簡易検査とは、在宅での検査として、呼吸フロー、動脈血酸素飽和度、いびき音、心電図など3〜5個程度の検査でPSGに代えるものとして扱われるものです[66]。しかしながら、これは簡便ではありますが、睡眠時間の長さや質を見ることはできませんし、装着の条件によりデータに問題があること、自動解析の精度が高くないことなどから[67]、十分な信頼性を置くことはできないものとされています。

したがって、居眠り運転の被疑者が、睡眠時無呼吸症候群と診断されたとしても、それが簡易検査によってなされたものであれば、その診断結果の信用性は低いといってよいと思われます。

(2)　睡眠時無呼吸症候群の判定

睡眠呼吸障害に関する指数としては、無呼吸指数（apnea index：AI）、つまり、睡眠1時間当たりの無呼吸の回数が基本であり、前述したように、無呼吸は、10秒以上の呼吸停止をいいます。

ただ、睡眠時無呼吸症候群であるかどうかについては、無呼吸だけでなく、低呼吸も併せてカウントしており、低呼吸の定義（American

---

65　前出佐藤公則53頁
66　前出西村25頁
67　前出西村25頁

Academy of Sleep Medicine 2012）では、これも前述しましたが、低呼吸セ
ンサーで振幅の30％以上低下し、かつ、10秒以上継続し、かつ、3％以上
の動脈血酸素飽和度（SpO$_2$）低下あるいは覚醒反応を伴うものとされてい
ます[68]。

　ここでいう低呼吸センサーで振幅の30％以上の低下というのは、前述の
呼吸流量を測っていた際に、それだけの振幅が減少することであり、先のポ
リソノグラムにも出ていましたが、より分かりやすく表せば、図25のとお
りです[69]。

図25

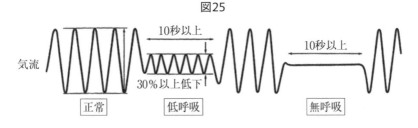

　そこで、それらの無呼吸と低呼吸を併せて、無呼吸・低呼吸指数
（apneahypopnea index：AHI）というものが設けられており、この指数に
よると、睡眠呼吸障害の重症度は、

　　　軽症　　　　　$5 \leqq AHI < 15$
　　　中等症　　　$15 \leqq AHI < 30$
　　　重症　　　　$30 \leqq AHI$

とされています[70]。

　したがって、居眠り運転の被疑者が睡眠時無呼吸症候群であると診断され
たとしても、その重症度がどれに該当するのかもチェックする必要がありま
す。

6　過眠症状の検査方法

　睡眠時無呼吸症候群が疑われる事件では、捜査段階において実施しておい
たほうが好ましい検査として、以下のようなものが挙げられます。

68　前出佐藤公則67頁
69　前出佐藤公則69頁
70　前出佐藤公則67頁

(1)　睡眠潜時反復測定検査（Multiple Sleep Latency Test：MSLT）

　これは、昼間の眠気を客観的に検査する方法です[71]。つまり、眠気が強いほど眠りやすく入眠までの時間が短くなるという前提に立ち、入眠までの時間（睡眠潜時）を測定することで眠気の度合いを評価するのです[72]。具体的には、外界からの覚醒因子を取り除き、暗室内のベッド上で閉眼した状態で眠るよう指示し、睡眠潜時を計測することで、眠気（眠りやすさ）の水準を調べる検査です。

　そして、この検査では、先の終夜睡眠ポリグラフ検査とは異なり、日中において睡眠ポリグラフ検査を行うもので、脳波、眼球運動、オトガイ筋筋電図、心電図を含んだポリグラフ検査を日中に2時間間隔において計4、5回の睡眠潜時を測定します[73]。平均睡眠潜時が8分以下だと日中の過剰な眠気と判断されますし、10分以内でも異常が疑われる範囲に含まれます[74]。

(2)　覚醒維持検査（Maintenance of wakefulness Test：MWT）

　この検査は、先の MSLT の応用であり[75]、眠気を誘う状況下において、どれくらい眠気をこらえることができるかを調べる検査です。そして、この方法は、覚醒を維持する能力を他覚的に評価する唯一標準化された検査手法です[76]。

　具体的には、薄暗い室内の椅子に座って開眼した状態で眠らないよう指示し、入眠までの時間を計測するもので、2時間に20分と40分間のどちらかの方法で4回施行し、入眠までの平均時間を算出するものです[77]。ただ、過度の眠気のある患者でも、意識や意欲によってしばしば20分以上覚醒維持されるため、40分法が推奨されています。

　そして、これが8分未満であると覚醒維持能力に問題があるとされます[78]。

　また、平均入眠潜時は、健常者では、40分法では、35.2 ± 7.9 分とされて

71　前出日本呼吸器学会 27 頁、山城義広・井上雄一『睡眠時呼吸障害 Update』67 頁
72　前出塩見 106 頁
73　前出本間 27 頁、前出塩見 106 頁
74　前出山城ほか 67 頁
75　前出塩見 106 頁
76　前出山城ほか 67 頁
77　前出本間 27 頁、前出塩見 106 頁
78　前出塩見 107 頁

います[79]。

(3)　エプワース眠気尺度（Epworth Sleepiness Scale：ESS）

　これは被検者の主観的な評価によって眠気の度合いを測るもので、具体的には、例えば、「座って読書をしているとき」とか、「テレビを見ているとき」、「座って誰かと話をしているとき」などという8つの日常的な行為について、「0」眠くならない、「1」まれに眠くなる、「2」しばしば眠くなる、「3」よく眠くなる、というように4段階で評価させて、その合計が11以上になると、過度の眠気があると評価するものです[80]。

　しかしながら、これはあまりに主観的な評価であって、過眠症状の尺度としては適切なものとはいえないところがあります。

第3　睡眠時無呼吸症候群と居眠り運転との関係

1　睡眠時無呼吸症候群患者における居眠り運転のリスク

　居眠り運転などが問題となるケースの睡眠時無呼吸症候群においては、動脈血酸素飽和濃度に関する低酸素血症による合併疾患のおそれなどの長期的な問題よりも、頻回な無呼吸・低呼吸からの呼吸再開時に生じる覚醒反応がもたらす睡眠分断化が問題であり[81]、そのために生じる過眠症状が検討の対象となります。

　一般的に、睡眠時無呼吸症候群患者の自動車運転リスクは、少なくとも通常人の2、3倍と推定されているといわれています[82]。また、閉塞性睡眠時無呼吸症候群患者で居眠り運転のリスクが高まるのは、AHI45以上の重症者であるともいわれています[83]。

　もちろん、睡眠不足の状態で自動車を運転すれば、睡眠時無呼吸症候群患者でなくても、居眠り運転をする危険性が大きいのですから、そのリスクが高いことはむしろ当然のことといってよいでしょう。

79　前出塩見 107 頁
80　前出塩見 18 頁
81　本間栄「睡眠時無呼吸症候群 Sleep Apnea Syndrome」76 頁
82　前出本間 77 頁。山城義広・井上雄一『睡眠呼吸障害 Update 2006』89 頁
83　前出山城ほか 89 頁

2 閉塞性睡眠時無呼吸症候群患者の過眠症状の際の眠気の自覚

　ここで問題とされなければならないのは、そのような閉塞性睡眠時無呼吸症候群である者が自動車の運転をした場合、眠気を感じることなく居眠り運転をしてしまうのか、それとも、眠気を感じながらもそのまま運転を継続したことで居眠り運転に陥ってしまうのかという点です。

　例えば、警察官や東京で勤務する検察官は宿直業務がありますが、夜間に何度も起こされて必要な業務に従事していた場合、十分な睡眠が取れない状態に陥ります。また、これは、病院の宿直業務に従事する医師らについても同様です。このような場合は、睡眠、覚醒を何度も繰り返すわけですから、その態様は、閉塞性睡眠時無呼吸症候群の病態とほぼ同様のものです。

　このように、閉塞性睡眠時無呼吸症候群の過眠症状は、てんかん発作などとは明らかに異なっています。てんかんの場合には、例えば、強直間代発作などのように、突然意識を失い、全身が硬く突っ張るような状態になるわけですから[84]、これはその前兆を自分自身で捉えることは困難であると考えられます。

　しかしながら、閉塞性睡眠時無呼吸症候群においては、てんかんなどと異なり、日中に過眠状態になるということはあっても、前述したように、それは基本的には、徹夜などの極度の睡眠不足の場合と本質的な点での差異はありません。器質的、脳医学的に何らかの障害があるのであれば別ですが、閉塞性睡眠時無呼吸症候群は、そのような病態によるものではないからです[85]。あくまで睡眠、覚醒を繰り返すことで睡眠の質が下がり、それがいずれは合併疾患につながるにしても、少なくとも翌日の活動に関しては、通常の睡眠不足の場合と基本的には同じことです。

　したがって、交通事故との関連を調べた数多くの論文がありますが、その中で、私の調べた範囲内ではありますが、眠気を全く感じることなく居眠り

84　拙著『ケーススタディ危険運転致死傷罪（第2版）』190頁
85　ここではあくまで閉塞性睡眠時無呼吸症候群を対象として考えており、ナルコレプシー（日中の過度の眠気や、通常起きている時間帯に自分では制御できない眠気が繰り返し起こることを特徴とする睡眠障害で、突然の筋力低下（情動脱力発作）を伴うもの。）や、器質性過眠症（過眠の原因が器官の障害等に起因するもの。）などは全く別物で、ここでの対象としてはいない。

に陥ったとする症例に焦点を当てて研究をしたものはありませんし、また、そのような個別の症例として報告がなされたものもありません[86〜96]。

　あるとすれば、後述する裁判例の中で、被告人の主張として、そのような主張がなされたということはありますが、睡眠時無呼吸症候群を理由に無罪を獲得するためになされたものである可能性も高く、それをもって、そのような症例があったとすることはできるはずもありません。

86　Young T、Blustein J、Finn L et al、Sleep-disordered breathing and motor vehicle accidents in a population-based sample of employed adults、Sleep 1997; 20-0 608-13（なお、この論文では、'If men fail to perceive sleepiness while driving、they cannot take countermeasures and thus will be at higher risk for accidents.' というくだりがあり、「もし男性が運転中に眠気を感じなかったら、彼らはその対策を採ることができないので、事故のリスクは高くなるだろう」という意味が読み取れるが、実際のそのような症例や事例があったという説明ではなく、一般的に述べただけのものと読み取れるものである。

87　Young T, Palta M, The occurrence of sleep-disordered breathing among middle-aged adults.

88　Englemman HM, Martin SE et al, Effect of continuous positive airway pressure treatment on daytime function in sleep apnea /hypopnea syndrome (abstract), Lancet 1994: 343: 572-5

89　Morisson F, Decary A, et al, Daytime sleepiness and EEG spectral analysis in apnea patients before and after treatment with continue positive airway pressure, Chest 2001; 119; 45-52

90　Maia Q, Grandner MA, et al, Short and long sleep duration and risk of drowsy driving and the role of subjective sleep insufficiency (abstract), Accid Anal Prev 2013; 59: 618-622

91　The role of driver sleepiness in car crashes: a systematic review of epidemiological studies (abstaract), Accid Anal Prev 2001; 33: 31-41

92　Tregear S, Reston J, et al, Obstructive sleep apnea and risk of motor vehicle crashes: systematic review and meta-analysis. J Clin Sleep Med 2009; 5: 573-581（なお、この論文では、'Furthermore, drivers unaware of sleepiness may be at greater risk of crash.' というくだりがあり、「さらに、眠気を意識していない運転者は、衝突の危険がより高まるかもしれない」という意味が読み取れるが、これも実際にそのような症例や事例があったという説明ではなく、一般的な見解を述べただけのものである。

93　Mulgrew AT, Nasvadi G, Butt A, et al. Risk and severity of motor vehicle crashes in patients with obstructive sleep apnoea/hypopnoea. Thorax. 2008;63:536-41.

94　Ellen RL, Marshall SC, et al: Systematic reviews of motor vehicle crash risk in persons with sleep apnea. J Clin Sleep Med 2006; 2: 193-200

95　Sassani A, et al: Reducing motor vehicle collisions cost and facilities by treating obstructive sleep apnea syndrome (abstract). Sleep 2004; 27 (3) : 453-458

96　Garbarino S, et al: The contributing role of sleepiness in highway vehicle accidents (abstract). Sleep 2001; 24 (2) : 203-206　なお、これらは検討対象とした論文の一部であり、これら以外にも検討対象とした論文は多数に上る。

　結局のところ、閉塞性睡眠時無呼吸症候群と居眠り運転との関係について
は、睡眠不足による運転行為であるということに本質があるのだということ
を理解してもらえば十分であると思います。

　ただ、閉塞性睡眠時無呼吸症候群に罹患する状態が長期にわたり器質的な
変化が生じるのではないかとの見解もあります。この見解では、閉塞性睡眠
時無呼吸症候群の頻回な低酸素血症に基づく神経障害が、睡眠障害を治療し
ても、その後、過眠症状をもたらしているのではないかとするものでありま
す[97]。

　しかしながら、この見解は、仮説の域を出ておらず、実験的に立証された
ものではない上、仮に神経障害があるからといって、直ちに眠気を感じるこ
となく居眠りに至る症状がエビデンスにより認められるものでもないことか
ら、先に申し上げたことに影響を与えるものではないと考えております。

　なお、次の第4で紹介する平成26年7月4日東京地裁判決（公刊物未登
載）においても、睡眠呼吸障害等について専門の医師2名が、「いずれも、
公判廷において、睡眠時無呼吸症候群の主たる症状の一つである日中の眠気
について、慢性的な睡眠不足の状態が続いていると考えてよく、一般的な睡
眠不足による眠気と質的な違いがなく、どの程度自覚するかは個人差がある
が、睡眠時無呼吸症候群の患者が眠気を感じずいきなり眠り込むとは考えに
くい」と明確に述べていることを被告人の過失認定の根拠としていること
も、上記の見解を支えるものといってよいと思います。

第4　睡眠時無呼吸症候群が主張された裁判例の検討

1　情状の一つとして主張された事例

(1)　事案の概要

　平成30年6月19日釧路地裁判決（公刊物未登載）では、被告人に対し
て、禁錮3年、執行猶予5年が言い渡されており、本判決によって認定され
た罪となるべき事実は、おおむね次のとおりです。

97　林田健一、井上雄一「睡眠時無呼吸症候群治療後の残遺眠気について」睡眠医療2008
　年2月号175頁以下

被告人は、平成 29 年 8 月 18 日午後 3 時 43 分頃、大型乗用自動車を運転し、北海道上川郡内の道路で、道路工事による片側通行の交通規制により停車中、長距離運転などによる過労のため眠気を覚え、前方注視が困難な状態に陥ったのであるから、直ちに運転を中止すべき自動車運転上の注意義務があるのにこれを怠り、目的地に近付いていたことから同所に至るまでは仮眠状態に陥ることはないものと安易に考え、直ちに運転を中止せず、漫然前記状態のまま運

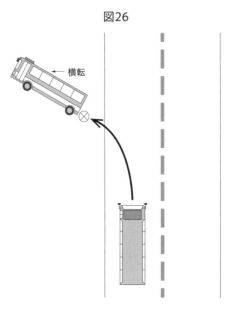

図26

横転

転を継続した過失により、同日午後 3 時 45 分頃、同町（以下略）付近道路を国道 38 号方面から日高町方面に向かい時速約 60 キロメートルで進行中、仮眠状態に陥り、その頃、自車を左斜め前方に暴走させて、路外に転落・横転させ、よって、自車の乗客 A 1 （当時 45 歳）ら 40 名に対し、加療約 6 か月を要する重傷などの傷害を負わせたものである（図 26 参照）。

(2) 睡眠時無呼吸症候群に関する争点

本件では、被告人は、睡眠時無呼吸症候群に罹患していたとの主張はなされましたが、そもそも、その受診自体、事故後、約 9 か月を経過してからのもので、事故当時、睡眠時無呼吸症候群であったとの診断の信用性は相当に低いものと考えられました。

したがって、弁護人も過失自体は争っておらず、睡眠時無呼吸症候群であったことを情状の一つとして主張していたにすぎませんでした。

2 　運転中止義務違反を認めた事例

(1) 事案の概要

平成 26 年 7 月 4 日東京地裁判決（公刊物未登載）では、被告人に対し、禁錮 5 年 6 月が言い渡されており、本判決によって認定された罪となるべき事実は、おおむね次のとおりです。

被告人（甲）は、平成24年7月11日、中型貨物自動車を運転し、首都高速湾岸線西行の片側3車線道路の第2車両通行帯を葛西ジャンクション方面から臨海副都心方面に向かい時速約70ないし80キロメートルで進行中、同日午後2時22分頃、東京都江東区辰巳3丁目2番付近に至った地点において、眠気を感じ、そのまま運転を継続すれば前方注視が困難な状態に陥ることが予想されるのであるから、直ちに運転を中止すべき自動車運転上の注意義務があるのにこれを怠り、直ちに運転を中止せず、漫然と前記速度で運転を継続した過失により、同区東雲2丁目8番先道路を通過後、仮睡状態に陥り、同日午後2時25分頃、同区有明2丁目2番先道路にお

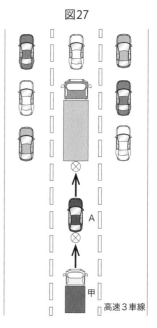

図27

高速3車線

いて、折から進路前方で渋滞のため停止していた大型貨物自動車に続いて停止するために減速して停止に近い状態にあったＡ（当時26歳）運転の普通乗用自動車後部に自車前部を衝突させて前方に押し出し、同人運転車両を自車と前記大型貨物自動車後部との間に挟圧させて大破させ、よって、前記Ａ及び同人運転車両の同乗者であるＢら5名にそれぞれ頭蓋内損傷等の傷害を負わせ、このうち、即時同所において、前記Ａら3名を、同日午後6時23分頃、Ｃを、いずれも前記各傷害により死亡させたものである（図27参照）。

(2)　睡眠時無呼吸症候群に関する争点

ア　被告人は睡眠時無呼吸症候群に罹患していたか

被告人は、捜査段階において、睡眠時無呼吸症候群に罹患しているかどうかについて、2度にわたり鑑定に伴う診察を受けました。その際、第2で述べたように、無呼吸・低呼吸の指数であるAHIが正常人であれば5回以下のところ、最初の鑑定では、同指数が36.1回であり、2度目の鑑定においては、そのうちの第1回目の検査では同指数は50.7回、第2回目の検査では同指数は54.5回であって、いずれも重症の閉塞型睡眠時無呼吸症候群と診断されていました。

　そのため、この診断結果を受けて、本件判決においても、被告人が本件事故当時、重症の閉塞型睡眠時無呼吸症候群に罹患していたことを認定しました。

イ　被告人の過眠症状についてはどうであったか

　被告人の過眠症状については、睡眠潜時反復測定検査（MSLT）を実施したところ、被告人の平均入眠潜時が1.25分であったことから、一般健常人に比べて本来的には高度の眠気が存在することが判明する一方、覚醒維持検査（MWT）では、被告人は平均入眠潜時が35.88分で、一般健常人の平均かそれ以上であったことから、眠気をこらえて覚醒を維持する機能は十分に保たれており、眠ってはいけない状況のもとでは眠気を抑制することが十分できていたことが認められるという証拠関係にありました。

ウ　被告人には眠気を感じた上での運転中止義務が認められるか

①　上記の鑑定を踏まえて、本件での争点は、被告人の運転中止義務が認められるかどうかが問題とされました。そして、その前提となる事実関係として、被告人が本件事故現場手前で眠気を感じていたかどうか、感じていたとすればその時間、また、被告人が眠気を感じていたとして、そのまま運転を継続すれば仮睡状態で交通事故を起こすことの予見可能性及び結果回避可能性があったかどうかが問題となったのです。

②　そして、本件判決は、被告人の鑑定を行った睡眠呼吸障害等が専門の医師らが、いずれも、公判廷において、睡眠時無呼吸症候群の主たる症状の一つである日中の眠気について、慢性的な睡眠不足の状態が続いていると考えてよく、一般的な睡眠不足による眠気と質的な違いがなく、どの程度自覚するかは個人差があるが、睡眠時無呼吸症候群の患者が眠気を感じずいきなり眠り込むとは考えにくいこと、そのような症状はナルコレプシーなど別の疾患が考えられるが、被告人がナルコレプシーである可能性はないことなどについて、一致した供述をしている上、それら医師両名は、睡眠時無呼吸症候群を専門とする経験豊富な医師であり、その経験等を踏まえ、前記のとおり一致した供述をしているのであるから、両医師の供述は、十分に信用することができると判示しました。

　その上で、「被告人が本件事故当時仮睡状態に陥ったのは、睡眠時無呼吸症候群の影響による眠気の水準が高度であったことに加え、外的な複数の要因により、高まった眠気を抑制することができなかったことによるが、前記

両医師の供述に照らせば、本件事故前に、被告人が高まった眠気を全く感じることなく仮睡状態に陥ったということはないと認めるのが相当である」と判示した上、「Ｇ医師は、公判廷において、前記の各供述に加え、被告人は、本件事故現場の手前において、外的な要因もあって眠気が高まったが、高速道路を走行中という眠ってはいけない状況であったため、被告人の覚醒維持能力が高いことからすると、相当の時間、眠気を感じ始めてからこらえることができたと考えられる旨述べており、この供述も、前記の各検査結果に照らして合理的なものであり、十分に信用することができる。したがって、被告人が眠気を感じてから眠りに陥るまでには、相当の時間があったと認められる」として、眠気を感じてから、居眠り運転状態に陥るまでには相当の時間があったと認定しました。

③　すなわち、本件判決は、被告人が重症の睡眠時無呼吸症候群に罹患していたと認定した上で、被告人が仮睡状態に陥ったのは、睡眠時無呼吸症候群の影響に加え、外的な複数の要因により、高まった眠気を抑制できなかったことによるものの、眠気を感じて仮睡状態に陥るまでは相当の時間があったと認められ、その時点で、首都高を降りて運転を中止するとか、路肩や路側帯への停止が可能であったと認められるとして、運転中止義務違反の過失を認定したものであったのです。

　具体的には、「被告人が仮睡状態で本件事故を起こす約１、２分前頃に事故を起こすことなく正常に本件左カーブを走行したことからすると、少なくとも本件左カーブを走行する間、道路状況に応じてハンドルを操作しており、入眠に至る前の覚醒・入眠移行期において無意識の行動をとっていたもの（自動症）である可能性が高いが、未だ仮睡状態には至っていないものであり、本件左カーブ終了後の有明出口分流部付近から本件事故現場までの約1.6キロメートルの直線道路を走行している間に、仮睡状態に陥ったものと認められる。そして、前述したとおり、被告人の覚醒維持能力が高いことから、被告人は、眠気を感じてから眠りに陥るまでには相当の時間があったと認められること、前記のとおり、被告人は、辰巳ジャンクション分流部を過ぎた辺りから運転の記憶がないと認められるところ、その付近から記憶がない理由としては、その時点で、被告人に高度な眠気があったからと考えることができ、それ以外に合理的理由は見当たらないことからすると、被告人は、遅くとも、辰巳ジャンクション分流部を過ぎた辺りから高度の眠気が生

じていたものであり、被告人はその眠気を感じていたと認められる」として、この高度の眠気を感じた時点において、運転を中止すべき義務があったのであり、それに違反したことについて過失を認めたものでした。

　極めて妥当で説得力のある判決であるといえます。

3　過失を否定し無罪とされた事例

(1)　事案の概要

　平成25年10月8日千葉地裁判決（判例タイムズ1419号386頁）では、被告人に対し、無罪が言い渡されており、本件での主位的公訴事実の概要は次のとおりであります。

　被告人は、平成22年4月29日午後5時35分頃、普通乗用自動車を運転し、千葉県長生郡内の信号機により交通整理の行われている交差点を直進するに当たり、同交差点の対面信号機の信号表示に留意し、これに従って進行すべき自動車運転上の注意義務があるのにこれを怠り、同信号機の信号表示に留意せず、同信号機が赤色の灯火信号を表示していたのを看過したまま漫然時速約40キロメートルで同交差点に進入した過失により、折から右方道路から青色信号表示に従って進行してきたG運転の普通乗用自動車前部に自車右側面部を衝突させて、その衝撃により、同人運転車両を横転させ、よって、前記Gほか5名に対し、傷害をそれぞれ負わせた（図28参照）。

図28

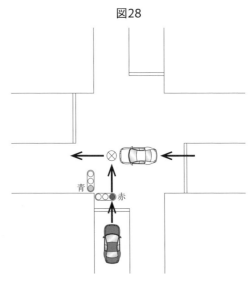

(2)　睡眠時無呼吸症候群に関する争点

ア　弁護人の主張

　本件では、事故の態様等外形的事実についての争いはありませんでしたが、弁護人は、「被告人は、本件事故当時、睡眠時無呼吸症候群に罹患していたところ、本件事故直前、上記疾患により予兆なく急激に睡眠状態に陥っ

た。その結果、前方注視ができないまま、車を発進させて交差点内に進入させ、本件事故を起こした。被告人には本件事故当時、注意義務の現実的な履行可能性がなかったから、過失はなく、被告人は無罪である」と主張していました。

イ　被告人は、睡眠時無呼吸症候群に罹患していたか

まず、被告人が事故当時、睡眠時無呼吸症候群に罹患していたかどうか、また、その程度について、本件判決は、次の①から③のとおり判示しました。

①　被告人は、本件事故以前である、平成 20 年 12 月 25 日、睡眠時無呼吸症候群の診察を受けたところ、AHI は、73.7 回／時であり、重度の睡眠時無呼吸症候群であると診断されたが、その後特に通院治療等をしなかった。

②　被告人は、本件事故後である、平成 22 年 10 月 15 日、睡眠時ポリソムノグラフィーを受けた結果、睡眠中 1 時間当たりの無呼吸低呼吸値は 62.7 回、平均無呼吸持続時間は 39.9 秒、最長無呼吸持続時間は 74 秒、睡眠中の体内の酸素量は平均 92.6 パーセント（正常は 95 パーセント以上）であり、酸素量が 85 パーセント未満の合計時間は睡眠中の 15 パーセントであった。

③　このような被告人の診療経過等によれば、被告人は本件事故当時、重度の睡眠時無呼吸症候群に罹患していたと認められる。

たしかに、上記の診断結果によれば、重度の睡眠時無呼吸症候群に罹患していたことは否定できないと思われます。

ウ　被告人の診療に当たった耳鼻咽喉科の医師 A の証言及びその評価

被告人の罹患していた睡眠時無呼吸症候群が、本件事故直前の被告人の運転行為に及ぼした影響について、被告人の診療に当たった耳鼻咽喉科医師 A は、次の①から②のとおり証言し、それに対して、本件判決は、③のとおり判示しました。

①　一般に、重度の睡眠時無呼吸症候群の患者が、日中眠気等の予兆を感じることなく寝てしまうことはあり得る。実際に、自分の診療した重症患者には、会話中や車の運転中、突然寝てしまった経験をもつ者がかなりいる。

②　被告人が本件事故当時、重度の睡眠時無呼吸症候群に罹患していたことに照らすと、本件事故直前、睡眠時無呼吸症候群が原因で、予兆なく急激に睡眠状態に陥った可能性は十分にある。

③　以上のような医師 A の見解について、本件判決は、睡眠時無呼吸症候群

の一般的医学知見及び被告人が本件事故当時罹患していた睡眠時無呼吸症候群の重症度とも整合しており、合理的であると考えられるから、信用することができると判示しました。

　しかしながら、睡眠時無呼吸症候群の患者が日中に突然寝てしまうようなことがあったとしても、その際に、本人がその予兆となる眠気を感じていたかは、必ずしも医師Aに判断できることではありません。医師Aが診察した重症患者が告げた「会話中や車の運転中、突然寝てしまった経験」についても、患者本人からの聞き取りにすぎず、その時点での実際の状況を正確に把握しているわけではないと思われます。患者が眠気を感じながらもその後眠ってしまった状況を、突然寝てしまったという経験として医師Aに話している可能性も十分にあり得るからであります。

　したがって、医師Aの上記証言だけから、被告人が本件で眠気を感じることなく、本件運転時に突然眠ってしまったと認定するには証拠上不十分であるといわざるを得ないと思われます。

　エ　判決における被告人の過失の認定

　本件判決は、結局のところ、「被告人が、本件事故直前、対面信号機の赤色信号表示を認識し、いったんはこれに従って停止した後、予兆なく急激に睡眠状態（意識障害）に陥り、対面信号機がまだ赤色信号を表示している間に、アクセルを踏み込まずに車をクリープ発進させ交差点に進入させた結果、本件事故を起こしてしまった可能性が全くないといい切ることはできない」などとして過失を否定し無罪としたものですが、その認定の妥当性には疑問が残るところです。

4　罹患の有無にかかわらず過失が認定された事例

(1)　事案の概要

　平成24年3月26日札幌地裁判決（公刊物未登載）は、被告人が、札幌市内の路上において、中型貨物自動車を運転して走行中、眠気を覚え、前方注視が困難な状態になったにもかかわらず、そのまま進行を続けたため、被害者車両に追突して、同車を路外に転落させ、同所にいた2名の被害者に同車を衝突させて2名とも死亡させたというものです。

(2)　睡眠時無呼吸症候群に関する争点

　この事案において、被告人は事故発生後1年以上を経過してから、自らは

睡眠時無呼吸症候群に罹患していたことから過失はないと主張し始めました。そのため、事故当時、被告人が本当に睡眠時無呼吸症候群に罹患していたかどうかを含めて争点となったものでした。

　そもそも本件では、被告人に対して、終夜睡眠ポリグラフ検査が実施されていたのかどうか明らかではなく、これを実施していなければ、睡眠時無呼吸症候群に罹患していたとの主張はその信用性を大きく低減させるといってもよいと思われます。

(3)　判決における睡眠時無呼吸症候群に関する判断

　本件判決では、被告人が事故当時、睡眠時無呼吸症候群に罹患していたかどうかは被告人の供述しかないものの、その可能性を否定することはできないとして、その前提で注意義務違反が存するかどうか検討されました。

　そして、走行中に「一瞬意識を失って頭が意図せず下がるような状態になる程の眠気を感じたのであれば、その後一度覚せいしたことがあったとしても、運転を直ちに中止して仮眠しない限り、眠気がなくなったとはいえないのであるから、眠気の原因が睡眠時無呼吸症候群にあろうが、疲労等にあろうが、再び一瞬又はそれ以上仮眠して意識を失うことは当然予想して然るべきである」ことから、自車の運転を直ちに中止すべき自動車運転上の注意義務があったと認められるとし、「しかるに、被告人は、自車の運転を継続したというのであるから、前記した自動車運転上の注意義務に違反したというべきである」と判示しました。

　そもそも本件では、被告人が睡眠時無呼吸症候群に罹患していたかどうか自体が疑わしく、ただ、仮にそうであったとしても、この判示から明らかなように、いったん強い眠気を感じたという事案がある以上、その段階で運転を中止しなかったことに過失を認めたものであり、妥当な判断であるといってよいでしょう。

5　罹患が過失の認定を左右するものではないとされた事例

(1)　事案の概要

　平成 21 年 9 月 11 日富山地裁判決（公刊物未登載）では、被告人に対し、懲役 10 月、3 年間執行猶予が言い渡されており、本判決によって認定された罪となるべき事実である自動車運転過失致死傷罪及びひき逃げによる道路

交通法違反についての概要は次のとおりです。

①　平成21年3月4日午後1時15分頃、普通乗用自動車を運転し、富山市内の信号機により交通整理の行われている交差点を左折進行するに当たり、同交差点の左折方向出口には横断歩道が設置されていたのであるから、前方左右を注視し、同横断歩道上を横断してくる歩行者等の有無及びその安全を確認して左折進行すべき自動車運転上の注意義務があるのにこれを怠り、同横断歩道上の横断歩行者等の有無に留意せず、その安全を確認しないまま漫然時速約15キロメートルで左折進行した過失により、折から信号に従い同横断歩道上を右から左に横断してきたA（当時18歳）が運転する自転車に気付かず、同自転車に自車前部を衝突させて、同人を同自転車とともに路上に転倒させ、よって、同人に加療約3週間を要する右下腿打撲傷等の傷害を負わせた。

②　前記日時場所において、前記普通乗用自動車を運転中、前記のとおり、Aに傷害を負わせる交通事故を起こし、もって、自己の運転に起因して人に傷害を負わせたのに、直ちに車両の運転を停止して、同人を救護するなど必要な措置を講じず、かつ、その事故発生の日時及び場所等法律が

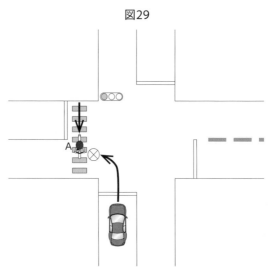

図29

定める事項を、直ちに最寄りの警察署の警察官に報告しなかったものである（図29参照）。

(2)　睡眠時無呼吸症候群に関する争点

ア　弁護人の主張

弁護人による睡眠時無呼吸症候群に関する主張は以下のようなものでした。すなわち、被告人は衝突の際、睡眠時無呼吸症候群に起因する著しい過眠状態に陥ったため、衝突の予見可能性、回避可能性がなく、注意義務違反が認められないことから、自動車運転過失傷害罪は成立せず、また、交通事

故を起こした認識がないから、人身事故に関する報告義務違反等の道路交通法違反の罪も成立しないと主張していました。なお、被告人は、本件事故後である平成21年5月26日、検査の結果重度の睡眠時無呼吸症候群と診断されていました。

しかしながら、本件事故は、居眠り運転による衝突事故などではなく、交差点を左折する際の前方不注視による事故ですから、そのような運転行為をなし得ていながら睡眠時無呼吸症候群により意識を喪失していたというのは、主張自体、相当に無理があるものです。したがって、本件判決においても、そのような運転行為が可能であったことなどを根拠として、次のとおり、本件犯行当時、被告人には意識があり、睡眠時無呼吸症候群による影響はないと判断したのです。

イ　富山地裁判決の判断

① 本件判決は、前記の弁護人の主張に対し、「確かに、被告人が、その公判供述どおり衝突の際仮眠状態に陥っていたとすれば、衝突を予見し得なかったこととなり、（中略）安全確認義務違反は否定される。しかしながら、被告人において、衝突の予見可能性が否定されるほどに意識を喪失しつつ、同時に、車両が現場交差点を走行した（中略）とおりに進行するようその運転操作をすることはおよそ不可能であったと認められる。

すなわち、車両を運転して市街地の交差点を円滑に左折進行するには、交差点に入りこれを出るまでの間、必要なところに視線を向けるなどしながら、適宜フットブレーキ及びアクセルの操作によって速度を調整するとともに、ハンドルを操作して方向の調整を行う必要がある。自動車のハンドルにいわゆる復元力が備わっていることを想定しても、少なくとも、左折開始時にしたハンドルやブレーキ等の操作を維持することによって左折進行が遂げられるとは考えられない。また、これら必要な操作の具合は、左折の間刻々と変化し得るものであり、車両の進入速度、道路横断者や前方車両の有無、路面状況など複合的な要因によっても異なる。

これを本件についてみると、被告人が、現場交差点に進入する地点（中略）に至るまで、被告人が供述するとおりの操作をし、その直後仮眠状態に陥って、交差点を離れたところ（中略）まで意識を喪失したと仮定すると、車両は、左折の途中で方向や速度に何らかの形で異常が生じた可能性が大きい。にもかかわらず、そのような形跡は一切なく、むしろ、被告人車両は順

調に左折を遂げ現場交差点を離れたのである（中略）。弁護人は、意識水準が低下していても、慣習化した単純作業である自動車の運転をすることは可能であると主張するけれども、このような考察を前提とすると、説得力に乏しい。また、弁護人は、被告人は衝突により仮眠状態から覚せいに転じたともいうが、被告人の供述内容ともかけ離れた主張であって、採用できない。

　以上のとおり、車両が現場交差点を左折進行した具体的状況からすると、被告人はその運転操作に必要な程度には意識を保っていたものと強く推認される」と判示しました。

　被告人の左折運転行為の性質自体から、被告人に意識があったことを明確に判示したものであり、妥当な判断といえるでしょう。

②　また、睡眠時無呼吸症候群の点については、「本件事故以前から、被告人には高血圧、不整脈の症状があり（中略）、本件事故当時にも睡眠時無呼吸症候群に罹患していたと認めるのが相当である」とは判示したものの、「被告人及びその妻の供述をみても、被告人が、日ごろ睡眠時無呼吸症候群の症状とみられる過眠を経験していたとは認め難い上、被告人は、本件当日、幹線道路上の走行を含め相当区間にわたり車両を運転したものである（中略）。このような被告人が、本件交通事故の際に限って突発的かつ限定的に睡眠時無呼吸症候群に起因する過眠が生じたとみるには、不自然な感が否めない。

　以上によれば、被告人が本件当時睡眠時無呼吸症候群に罹患していたことは、上記認定を左右するものではない」と判示しています。

　被告人が睡眠時無呼吸症候群に罹患していたとしても、本件事故には影響していないと判断したものであり、極めて適切な判断を示したものでありました。

6　一審で無罪となったものの控訴審により過失が認められた事例

(1)　審理経過

　平成20年11月5日名古屋地裁豊橋支部判決（公刊物未登載）及びその控訴審である平成21年7月27日名古屋高裁判決（高検速報（平成21年）195頁）は、殊更赤色信号無視による危険運転致死事件であるところ、第一審判決である名古屋地裁豊橋支部判決では、被告人に対し、睡眠時無呼吸症候群

を根拠に、赤色信号の認識がなかったとして無罪を言い渡したものでした。しかし、その控訴審判決である名古屋高裁判決では、第一審判決を破棄して、被告人による赤色信号の認識を認めて、被告人に対し、懲役5年の実刑判決を言い渡したものでありました。

　なお、被告人は、本件控訴審判決に対して上告しましたが、平成21年12月7日に、上告棄却の決定（公刊物未登載）がなされています。

⑵　事案の概要

　本件名古屋高裁判決で破棄自判されたことにより認定された罪となるべき事実は、おおむね次のとおりであります。

　被告人は、平成20年3月5日午前7時7分頃、大型貨物自動車を運転し、愛知県豊橋市下地町内の信号機により交通整理の行われている交差点を直進するに当たり、対面信号機が赤色の灯火信号を表示しているのを同交差点の停止線手前約102.5mの地点で認め、直ちに制動措置を講ずれば同停止線の手前で停止できたにもかかわらず、これを殊更に無視し、かつ、重大な交通の危険を生じさせる速度である時速約50kmで自車を運転して同交差点内に進入したことにより、折から、青色灯火信号に従い、同交差点出口に設置された横断歩道上を左から右へ横断中のA（当時46歳）運転の自転車を左前方約14.2mの地点に認め、急制動の措置を講じ

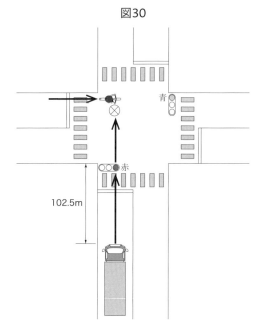

図30

たが及ばず、同自転車右側部に自車前部を衝突させ、同人を同自転車とともに右前方に跳ね飛ばして路上に転倒させ、よって、同人に脳挫傷、急性硬膜下血腫の傷害を負わせ、同日午前10時57分頃、同傷害により死亡するに至らしめたものである（図30参照）。

(3)　睡眠時無呼吸症候群に関する争点

ア　被告人の弁解及びそれに対する第一審判決の判断等

　そもそも本件では、捜査段階で、赤色信号を確定的に認識していたと述べて殊更赤色信号無視の故意を全面的に認めていた被告人の供述の信用性が問題とされました。この点について、第一審判決においては、これが否定されたのに対し、控訴審判決では、その信用性が認められたことが有罪認定の決め手となっています。

　ただ、被告人は、第一審公判において、睡眠時無呼吸症候群に関する弁解として、「信号が黄色から赤色になるのを見たが、次にはっと気付いたのが本件停止線の直前だった。目をつむっていて、ぱっと目を開けたときに、目の前にぱっとその状況が現れたというような印象がある。自分が睡眠時無呼吸症候群であることからすると、実際にはわずかの間眠っていたかもしれない」旨主張していました。

　そこで、第一審判決は、被告人が赤色信号を認めた直後に睡眠時無呼吸症候群の影響により眠気を全く感じないまま眠りに落ち、本件交差点直前に至って覚醒した可能性を否定することはできないとして、これも無罪の理由としていました。

イ　控訴審判決の判断

　しかしながら、この点について、本件控訴審判決は、「被告人は、原審公判において、本件事故前の状況を連続した場面として記憶しており、眠気を催したり意識が飛んだという記憶はないとも供述しており（中略）運転状況からも被告人が数秒以上の睡眠により体のコントロールを失った状態にあったことをうかがわせる事実は見いだせない（中略）。その上、被告人は捜査段階において、被告人車両のデジタルタコグラフデータをもとに、事故に至るまでの経緯を間断なく説明しているのであって（中略）、このことはこの間被告人が睡眠に陥ったことがなかったことを示しているというべきである」として、その走行状況やタコグラフデータに関する被告人の供述内容などからして、睡眠により意識を喪失していたような状況は認められないと判示しました。

　その上で、被告人に対して実施された睡眠時無呼吸症候群に関する検査に関して「さらに、被告人は、平成20年2月25日から翌26日にかけて勤務先会社が実施した睡眠時無呼吸症候群スクリーニング検査（二次検査）を受

けて約1週間で本件事故を 惹 起したのでありながら、（中略）捜査段階にお
いて同症候群の影響により睡眠状態に陥った可能性について一切供述してい
なかったにもかかわらず、起訴後上記検査結果を知って唐突に上記のとおり
の供述をするに至ったものであり、このこと自体その信用性を疑わせる。

　この点について、被告人は、原審公判供述において、勤務先会社が実施し
た睡眠時無呼吸症候群スクリーニング検査（一次検査）の結果を真剣に受け
止めておらず、本件の取調べを受けたとき、二次検査を受けたこと自体全く
記憶になく思い浮かばなかったからこれに関する供述をしなかったと説明す
る。

　しかしながら、原審及び当審で取り調べた関係証拠によれば、被告人は、
平成19年7月に一次検査を受け、RDI（1時間当たりの無呼吸・低呼吸回
数）が36.4で、重度の睡眠呼吸障害の可能性があるとされ、同年9月から
10月にかけて、勤務先会社の保健指導員や産業医から二度にわたり精密検
査を受けるよう勧められ、当時上司であったC事業所次長Dからも、睡眠時
無呼吸症候群について運転中に意識がなくなってしまう可能性があるなどの
危険性を指摘されて同様の指導を受けたが、自費で高額の精密検査を受ける
ことに難色を示し応じなかったこと、他にも同様の対応をとる者がいたこと
などから、労使協議の結果、一次検査の結果が所定の数値を超えた者に対し
会社負担で二次検査を行い、再び専門医の診療を必要とすると判定された者
が専門医の診療を受けなければ乗務禁止とすることが合意され、被告人を含
む30名が二次検査を受検したこと、被告人は受検前D次長から、再び結果
が悪ければ精密検査を受けてもらうことになる旨言われていたことなどが認
められるのであって、これらの経緯に照らすと、本件事故直前に原審公判に
おいて被告人が供述するような状況があったとすれば、会社側から問題とさ
れ、二度までも検査を受けていた睡眠時無呼吸症候群について、捜査段階を
通じ全く思い当たらなかったとは考えられないから、被告人の上記説明は到
底信用することができない。したがって、上記の被告人の原審公判供述は信
用することができない」として、被告人が睡眠時無呼吸症候群に罹患してい
たことは認められるものの、本件では、それに関する捜査段階での弁解や供
述が一切ないことに照らしても、第一審公判で突如出された睡眠時無呼吸症
候群に関する弁解は、およそ信用できないとされたものであります。このよ
うな控訴審判決の判断は、極めて適切、妥当であるといえるところです。

7　運転中止義務違反の過失の成立を妨げるものではないとされた事例

(1)　事案の概要

　平成19年1月26日大津地裁判決（裁判所ウェブサイト）では、被告人に対し、禁錮3年が言い渡されており、本件判決で認定された罪となるべき事実は、おおむね次のとおりであります。

　被告人は、平成17年11月13日午前5時頃、業務として大型貨物自動車を運転し、滋賀県彦根市内の高速自動車国道中央自動車道西宮線下り線411.3キロポスト付近を北方から南方に向かい時速約90キロメートルで進行中、同月7日から、深夜に及ぶ長距離運転業務を継続的に行っていたことによる睡眠不足と過労のため眠気を覚え、前方注視が困難な状況に陥ったのであるから、直ちに運転を中止すべき業務上の注意義務があるのにこれを怠り、直ちに運転を中止せず、漫然上記状態のまま同速度で運転を継続した過失により、その頃、睡眠状態に陥り、自車を右前方に逸走させ、折から自車右前方を時速約40キロメートルの低速度で進行していたA運転の大型乗用自動車左後部に自車右前部を衝突させて自車を前方に暴走させ、自車前方にいたB運転の普通貨物自動車後部に自車前部を衝突させて同車を右前方に押し出してC運転の大型乗用自動車に衝突させ、次いで、自

図31

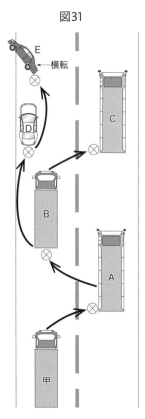

車前方で停止していたD運転の普通乗用自動車右後部に自車左前部を衝突させた上、東側路肩に横転していたE運転の普通乗用自動車に自車左前部等を衝突させるなどし、よって、これらの衝撃により、その頃、同所において、前記Eほか4名を死亡させるとともに、Bほか2名に傷害を負わせたものである（図31参照）。

　この判決の事案は、名神高速道路上で7名が死亡、3名が負傷する二重事

故が発生し、このうち5名の死亡及び3名の負傷につき、第二事故の運転手である被告人について、居眠り運転による業務上過失致死傷罪で起訴されたものでありました。

(2) 睡眠時無呼吸症候群に関する争点

本件起訴に対し、弁護人は、被告人が睡眠時無呼吸症候群に罹患しており睡眠状態に陥ることは予見できなかったことから、運転中止義務違反はなく過失はなかったなどと争ったものです。

この事案において、本件判決は、被告人の捜査段階での供述などを根拠として、「被告人は、本件事故前に、『ウトッ』とした感覚、すなわち居眠りしかけるほどの強い眠気までは感じていなかったものの、『ボーッ』として前方の狭い範囲だけを見ている状態に陥る程度の眠気は感じていたものと認められる」と認定しています。

その上で、「たしかに、証拠調べの結果によれば、被告人は、本件事故後の平成18年4月14日、A医師から重度の睡眠時無呼吸症候群と診断されており、その症状の程度や本件事故と診断日との時間的近接性などに照らせば、被告人は少なくとも本件事故当時には睡眠時無呼吸症候群に罹患していたものと推認できる。また、一般に睡眠時無呼吸症候群に罹患していると、睡眠の質が低下して睡眠状態に陥りやすく、場合によっては自覚のないままに眠ってしまうこともあることはA医師の証言からも認められる。したがって、被告人が本件事故時に睡眠状態に陥った点について、睡眠時無呼吸症候群に罹患していたことが一定程度影響した可能性は否定できない」として、被告人が睡眠時無呼吸症候群に罹患していたことや、これが本件事故に影響を及ぼしている可能性は否定できないとしながらも、「しかしながら、上記のとおり、被告人は、本件事故前に眠気を感じていたのであるから、何らの予兆なく睡眠状態に陥ったという弁護人の主張自体が前提を欠いている上、被告人は、本件事故以前の相当期間運転手として稼働していたが、本件以外に運転中に自覚のないまま居眠りをしたという事情は一切窺われないことからしても、本件事故時に被告人が睡眠状態に陥ったのは、睡眠時無呼吸症候群の影響よりもむしろ極度の過労状態で運転を継続した影響によるところが大きいというべきである。また、睡眠時無呼吸症候群に罹患していることを認識していなかったとしても、極度の過労状態の下で眠気を感じながら運転を継続すれば、不意に睡眠状態に陥る危険があることは十分に予見可能とい

える。したがって、本件において被告人が睡眠時無呼吸症候群に罹患していたことは、運転中止義務違反の過失の成立を何ら妨げるものではない」として、事前の眠気を感じていたことや、睡眠時無呼吸症候群による影響ではなく、通常の過労状態の影響のほうが大きいと認められることなどからして、睡眠時無呼吸症候群を理由とする過失がないとの主張を排斥しました。本件では、被告人は、眠気を事前に感じていたのですから、その段階で運転を中止しなければならなかったのであって、過失が認められることは当然です。ただ、本件判決で、「場合によっては自覚のないままに眠ってしまうこともある」との一般論としての認定は、A医師がどの程度、睡眠時無呼吸症候群に関する治療や研究を行ってきたかは不明ではありますが、これまで述べてきたように妥当ではないと思われます。

8　運転中止義務を課すべき契機が認められないとして無罪とされた事例

(1)　事案の概要

　平成17年2月9日大阪地裁判決(判例時報1896号157頁)では、被告人に対し、無罪が言い渡されており、本件での公訴事実の概要は次のとおりです。

　「被告人は、平成14年8月10日午後4時55分頃、業務として普通乗用自動車を運転し、和歌山県東牟婁郡内の道路をa町方面からb町方面に向かい進行するに当たり、同所は前方の見通し困難な右方に湾曲する道路であったから、前方左右を注視して進路の安全を確認するはもとより、道路状況に応じて適宜速度を調節し、ハンドルを的確に操作して進路を適正に保持しつつ進行すべき業務上の注意義務があるのに、これを怠り、前方注視を欠き、進路の安全を確認せず、自車が対向車線上に進出しているのに気付かないまま、漫然、時速約60キロメートルで進行した過失により、折から、対向

図32

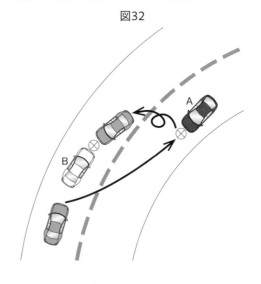

してきたＡ（当時 24 歳）運転の普通乗用自動車（軽四）前部に自車前部を
衝突させ、その衝撃により自車を転回させた上、自車に追従して進行してき
たＢ運転の普通乗用自動車前部に自車右側面部を衝突させ、よって、上記Ａ
に加療約 1 年 2 か月間を要する右大腿骨骨幹部骨折等の傷害を、同人運転車
両に同乗していたＣ（当時 19 歳）に加療約 1 年 8 か月間を要する顔面多発
骨折、顔面裂傷等の傷害を、自車に同乗していたＤ（当時 56 歳）に加療約
4 週間を要する舌挫創等の傷害をそれぞれ負わせた」というものである（図
32 参照）。

⑵　睡眠時無呼吸症候群に関する争点

ア　弁護人の主張

　当時、被告人は、中等症から重症の睡眠時無呼吸症候群に罹患していたた
め、本件事故現場付近を走行中、予兆なく急激に生じた一過性の眠気から睡
眠状態に陥ってしまい、その結果、自車を対向車線上に進出させてしまった
のであるから、被告人には過失が存しない旨主張していました。

イ　被告人は事故当時、睡眠時無呼吸症候群に罹患していたか

　本件裁判における被告人の睡眠時無呼吸症候群に関する鑑定結果によれ
ば、「被告人については、⒜睡眠ポリグラフ検査により、夜間の睡眠中、ほ
ぼ 1 分に 1 回ぐらいのペースで無呼吸症が起こっており、最低酸素飽和度
も、健常者なら 95〜100％であるところ、被告人の場合は夜中に 70％台まで
下がっているなど、非常に重症の睡眠時無呼吸症候群を窺わせるデータが得
られ、また、⒝翌日の睡眠潜時反復検査によっても、健常者なら睡眠潜時
（床に就いてから入眠するまでの時間）が平均 10 分以上と言われているとこ
ろが、被告人の場合は平均約 4.8 分（最短で 2.0 分）と非常に眠気が強い
データが得られたことから、同医師は、これらを総合判断し、併せてその他
の検査結果なども考慮に入れて、現在の被告人は中等症から重症の睡眠時無
呼吸症候群に罹患していると診断した」との鑑定結果が示されているとこ
ろ、「本件事故は、鑑定時から約 2 年近く前の事故であるが、妻の供述等に
よれば、この間、いびきの状態や体型等に特段の変化もなく、頭部に器質的
病変も存在しないことから、本件事故当時も同程度の睡眠時無呼吸症候群に
罹患していたものと鑑定できる」として、本件事故当時、被告人は、睡眠時
無呼吸症候群に罹患していたものと認定されました。

　このような診断結果であれば、この診断時において、被告人が睡眠時無呼

吸症候群に罹患していることは事実と思われますが、２年前に遡っても同様であるとまでいえるかは必ずしも疑問がないわけではありません。

　ウ　被告人の過失の有無についての判決の判断及びその評価

①　本件判決は、結局のところ、「本件事故当時、被告人において前方注視義務を履行することが現実的に可能であったかという点については、被告人は、罹患していた睡眠時無呼吸症候群に、当日の身体的・精神的悪条件が重なって、予兆なく急激に睡眠状態に陥っていたため、前方注視義務も履行できない状態にあったとの『合理的な疑い』を払拭することができず、被告人に前方注視義務違反の過失を認めることはできない」と判示しました。

　しかしながら、この結論は疑問です。そもそも、本件で被告人を睡眠時無呼吸症候群に罹患していると診断した専門医ですら、「睡眠時無呼吸症候群に罹患している者が車を運転中突発的に入眠した症例は未だ把握していない」としているのであり、本件がそれに該当するという客観的な根拠は何もないのであるからです。

②　たしかに、対向車線上を「距離にして約74メートル、被告人車の当時の速度に照らして約４秒間も、そのまま対向車線上を進行しているのである。前方不注視による交通事故は少なくないが、その多くは一瞬の脇見や考え事等によるものであり、前方不注視運転がかくも長い距離・時間にわたって行われた例は極めて稀ではないかと思われる」とする運転行為は、前方不注視においては距離的にも時間的にも長めとはいうものの、しかし、必ずしもそれができないというほどの距離でも時間でもないと思われます。本件判決は、根拠のない自己の推測だけで、前方不注視の過失を否定していますが、それが合理的な判断とは思われません。

③　また、この点について、「被告人は過去に若干の交通違反歴はあるものの悪質なものはないし、交通事故を起こしたこともないのであって、直前までの運転状況にも特に異常は認められなかったことに鑑みても、上記のようなセンターラインを超えた後の極めて異常な走行（中略）については、この間ずっと脇見運転等が続いていたと考えるよりは、むしろ何らかの突発的な身体的異変によって意識を失った結果行われたのではないかと考える方がはるかに自然な推認ではないかと思われる」と判示していますが、これも説得力のあるものとは思われません。過去の違反歴や事故歴などは運転時の過失の有無には直接に影響するものではありませんし、直前まで無事に運転して

いても一瞬の不注意で事故は起きるものである以上、上記の判示は説得力があるものではないでしょう。単に、この裁判所の思い込みにすぎないともいえるところであります。

④　仮に、そのような運転態様が通常ではないとするのであれば、居眠り運転によるものとの推測を働かせるべきであるところ、本件判決は、「被告人において眠気を催したかどうかについては、同人の記憶が失われているため不明であるというほかなく、むしろH鑑定によればこれを催さないまま急激に睡眠状態に陥った可能性も否定できないというのであるから、一般の事例のように、運転中止義務を課すべき契機が認められない」として居眠り運転についての認定も否定しています。

　しかしながら、この判示は、眠気の有無を被告人の供述だけに頼っており、被告人が真実眠気を感じていても、記憶がないとの弁解をしさえすれば、居眠り運転による過失の認定を放棄しているのであり、また、鑑定結果により眠気のないままの入眠を認定していますが、そもそも前述したように、同鑑定人は、眠気を感じないまま入眠したという事例を知らないのであるから、仮に鑑定結果として上記のように述べたとしても、それはあくまで一般論としての意味しかもたないのである以上、これを根拠に、被告人が眠気を感じたことを否定する理由にはなり得ないと思われます。

⑤　以上、述べましたように、本件判決は、本件事故の原因を睡眠時無呼吸症候群により突然入眠したとの認定により無罪としたものですが、その思考過程や判決結果には納得できないものがあるといわざるを得ないでしょう[98]。

第5　睡眠時無呼吸症候群の捜査

　居眠り運転による交通事故に関しては、睡眠時無呼吸症候群の主張が必ず出されると思って、あらかじめ対応しておくことが必要です。居眠り運転はたしかに本来は過失犯ではありますが、その予兆を感じながらもあえて運転

98　本件判決に対する検討として、実務判例研究会編著『判例から学ぶ捜査手続の実務Ⅲ』130頁では、本件判決を肯定的に捉えているが、「今後の類似事例において、運転者が睡眠時無呼吸症候群に罹患し、治療するなど、被疑者自身においても病気として認識していた背景があるような場合には、睡眠時無呼吸症候群に基づく運転避止義務違反の過失が認められる余地もあるといえよう」との指摘は参考になろう。

を続けた結果、重大な結果をもたらすものですから、故意犯に近い面もある犯罪です。

　そのような居眠り運転をもたらす睡眠時無呼吸症候群については、その本質が睡眠不足による危険運転ともいえるわけですから、医学論争にならないように、事前に眠気を感じているかどうかの事実認定に係る捜査を尽くしておくべきです。被疑者による記憶がないなどという弁解に安易に引きずられないようにきちんと詰めた捜査を実施することが肝心です。

第 7 編

ひき逃げ事犯

ひき逃げ事犯において捜査上留意すべき事項

　ひき逃げ事犯は、交通事犯の中でも最も悪質なものです。自ら交通事故を引き起こして被害者を負傷させるなどしておきながら、救護を必要とする被害者を放置して逃走するという行為は、人倫に悖るものといえましょう。まさに被害者がそのまま死亡しても自分さえ罪に問われなければよいとするものであって、実際のところ、不作為による殺人と呼んでもよいようなものです。

　ここでは、あまり交通事件を扱ったことがない方であっても、ひき逃げ事犯にはいかに厳重に対処しなければならないものであるのかについて理解してもらい、また、捜査の際には、どのようなことに注意しなければならないのかなどについて、科学的な視点からも含めて解説したいと思います。

第1　ひき逃げ事犯の処罰根拠

1　道路交通法上の規定

ひき逃げ事犯については、道路交通法72条1項において、

　　交通事故があつたときは、当該交通事故に係る車両等の運転者その他の乗務員（以下この節において「運転者等」という。）は、直ちに車両等の運転を停止して、負傷者を救護し、道路における危険を防止する等必要な措置を講じなければならない。この場合において、当該車両等の運転者（運転者が死亡し、又は負傷したためやむを得ないときは、その他の乗務員。次項において同じ。）は、警察官が現場にいるときは当該警察官に、警察官が現場にいないときは直ちに最寄りの警察署（派出所又は駐在所を含む。同項において同じ。）の警察官に当該交通事故が発生した日時及び場所、当該交通事故における死傷者の数及び負傷者の負傷の程度並びに損壊した物及びその損壊の程度、当該交通事故に係る車両

等の積載物並びに当該交通事故について講じた措置（第75条の23第
1項及び第3項において「交通事故発生日時等」という。）を報告しな
ければならない。

と規定されており、同条項に違反した場合には、同法117条1項において、

車両等（軽車両を除く。以下この項において同じ。）の運転者が、当該
車両等の交通による人の死傷があつた場合において、第72条（交通事
故の場合の措置）第1項前段の規定に違反したときは、5年以下の懲役
又は50万円以下の罰金に処する。

と規定され、さらに、加重して処罰される場合として、同条2項において、

前項の場合において、同項の人の死傷が当該運転者の運転に起因するも
のであるときは、10年以下の懲役又は100万円以下の罰金に処する。

と規定され、当該運転者の運転に起因して被害者を死傷させた場合には、最
高で10年の懲役が科されることになっています。

　本条2項は、平成19年の道路交通法改正において、ひき逃げ事犯に対す
る厳罰化のために新たに新設されたものです。なお、ここでいう「当該運転
者の運転に起因する」とは、問題となる運転行為が、人の死傷についての因
果関係の起点になったということであり、つまり、当該運転行為の危険性が
現実化して当該被害を生じさせたという因果関係が必要であるということで
す。したがって、当該事故が当該運転者の過失に起因するものである必要は
ありません（例えば、子供の飛び出し事故など）。しかし、そうはいって
も、相手方が反対車線を逆走したことによって生じた事故などであれば、こ
れは「当該運転者の運転に起因して」とはいえないと考えられています。

2　不作為による殺人との関係

　前述したように、ひき逃げ事犯は、不作為による殺人であるといってもよ
いものですが、法的にもそのようにいえるものなのでしょうか。

　理論的には、事故を引き起こしたことが「先行行為」となり、それに基づ
く作為義務として、救護義務が発生したにもかかわらず、被害者が死亡して
も構わないという殺意をもって逃走したのであれば、不作為による殺人罪は
成立し得ると思われます。そうであれば、最高刑として死刑まである殺人罪
の法定刑の範囲内で処罰されることになります。

　しかしながら、この場合、刑法が一般法であり、道路交通法が特別法とい

う関係になりますから、あえて法定刑を懲役10年以下という刑罰にして、類型的かつ一律に道路交通法の適用によって処断するというのが法意であると考えられます。したがって、このような場合、不作為による殺人罪が適用されることはなく、道路交通法における救護義務違反としてのひき逃げ事犯のみが成立すると考えられます。ただ、その本質が不作為による殺人であるという点は変わらないと思います。

第2　ひき逃げ事犯の実態及び問題点

　ひき逃げ事犯の発生件数や検挙率については、『令和5年版犯罪白書』によれば、以下のグラフのとおりです。

図33　ひき逃げ事件発生件数・検挙率の推移

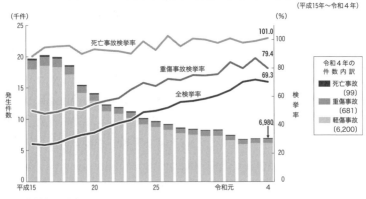

注　1　警察庁交通局の統計による。
　　2　「全検挙率」は、ひき逃げの全事件の検挙率をいう。
　　3　「重傷」は交通事故による負傷の治療を要する期間が1か月（30日）以上のもの、「軽傷」は同未満のものをいう。
　　4　検挙件数には、前年以前に認知された事件に係る検挙事件が含まれることがあるため、検挙率が100％を超える場合がある。
「犯罪白書（令和5年版）」176頁

　このグラフを見れば分かるように、発生件数は、平成16年をピークとして減少傾向となり、令和4年では、6,980件となっています。また、検挙率についても、平成16年には、25.9％という最低比率を記録したものの、その後上昇し続けたが、令和4年では69.3％となっています。一方、死亡ひき逃げ事犯については、おおむね90％を超える検挙率が維持されています。

　このようなデータを見ると、特に、死亡ひき逃げ事犯については警察の捜査も良好であり、さほど問題がないかのようにも見えます。

　しかしながら、実際には、そうでもなく、令和4年9月4日産経新聞の報道によると、過去10年間のうちに、死亡ひき逃げ事犯で時効完成となった

　ものが、実に82件にも上るというのです。前述したように、死亡ひき逃げ事犯は、その実質は不作為による殺人であり、いわば殺人事件が82件も時効完成となって無罪放免になっているということになります。現在は、刑訴法改正により殺人罪に時効はありませんが、その実質が殺人と変わらない死亡ひき逃げ事犯は何件も時効にかかって被害者が泣き寝入りをしているという実態があるということなのです。この点を法的に説明すると次のようになります。

　ひき逃げ事犯は、前述した道路交通法における救護義務違反のほかに、過失で事故を起こしているのが通常でしょうから、自動車運転死傷処罰法5条において、

　　　自動車の運転上必要な注意を怠り、よって人を死傷させた者は、7年以下の懲役若しくは禁錮又は100万円以下の罰金に処する。ただし、その傷害が軽いときは、情状により、その刑を免除することができる。
と規定されている過失運転致死傷罪が成立します。

　そうすると、これらの罪に対する公訴時効は、刑事訴訟法250条1項において、

　　　時効は、人を死亡させた罪であって禁錮以上の刑に当たるもの（死刑に当たるものを除く。）については、次に掲げる期間を経過することによって完成する。
　　　一　無期の懲役又は禁錮に当たる罪については30年
　　　二　長期20年の懲役又は禁錮に当たる罪については20年
　　　三　前2号に掲げる罪以外の罪については10年
と規定されている公訴時効のうち、過失運転致死罪が3号に該当しますので、10年で時効完成となります[99]。

　警察等捜査機関としては、少なくとも10年以内で犯人の検挙ができるように努めることが第一であろうと思われます。

99　なお、道路交通法における救護義務違反については、法定刑が10年以下の懲役ですが、これに対する時効は、刑事訴訟法250条2項において、「時効は、人を死亡させた罪であって禁錮以上の刑に当たるもの以外の罪については、次に掲げる期間を経過することによって完成する。（中略）
　　4　長期15年未満の懲役又は禁錮に当たる罪については7年
　　5　長期10年未満の懲役又は禁錮に当たる罪については5年（後略）」
とされているので、時効完成までの期間は7年と更に短くなります。

第3　引きずり実験の重要性

1　引きずり事犯は殺人罪に該当すること

　第4編第4章で述べた砂川事件のように、ひき逃げ事犯において事故後逃走しようとした際、被害者の身体が車底部に巻き込まれて引っ掛かってしまうことがあります。それでも犯人は、逮捕等を免れるため、その身体を引きずったまま走行し、逃走を遂げようとします。このような場合、道路交通法における救護義務違反にとどまらず、殺害行為に及んでいますから、刑法199条で規定されている殺人罪が適用されます。人を車両で引きずって走行すれば、それが命に危険を及ぼす行為であることは明らかだからです。

　このような行為に対しては、これまで何件も殺人罪で起訴され、有罪になっています。例えば、平成19年2月2日大阪地裁判決（公刊物未登載）、平成21年8月21日大阪地裁堺支部判決（公刊物未登載）、平成24年10月19日長野地裁判決（公刊物未登載）、平成26年1月24日京都地裁判決（公刊物未登載）、平成28年3月22日大阪地裁判決（公刊物未登載）など多数あります[100]。

　ここで参考までに近時における同種裁判例を紹介することにいたします。

2　引きずり行為について殺意が認められた事例

　平成29年3月1日大阪地裁判決（判例時報2355号111頁）の概要は次のとおりです。

(1)　事案の概要

①　被告人は、平成27年12月22日午前6時4分頃、普通貨物自動車（車両重量2480kg）を運転し、大阪府摂津市学園町内の信号機により交通整理の行われている防領橋東交差点を南方から西方に向かい、対面信号機の青色表示に従って左折進行するに当たり、同交差点左折方向出口には横断歩道が設けられていたから、同横断歩道上の自転車等の有無及びその安全を確認して進行すべき自動車運転上の注意義務があったのにこれを怠り、交通閑散に

100　これら裁判例の詳細な内容については、拙著『Q＆A　実例　交通事件捜査における現場の疑問（第2版）』328頁以下に述べてあります。

気を許し、同横断歩道上の自転車等の有無及びその安全を十分確認すること
なく、約 14km ／ h で左折進行した過失により、折から対面信号機の青色表
示に従って同横断歩道上を右方（北方）から左方（南方）に向かい横断中の
Ａ（当時 68 歳）運転の自転車を自車直前に発見し、制動措置を講じる間も
なく、自車前部を同人及び同自転車に衝突させて同人を同自転車もろともア
スファルト道路上に転倒させた上、転倒した同人を同自転車もろとも自車前
部で数ｍ引きずり、よって、同人に加療期間不詳の左体側部打撲傷等の傷害
を負わせた（図 34 参照）。

図34

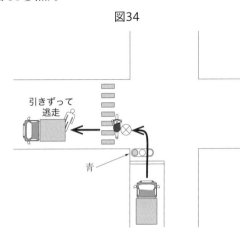

②　被告人は、前記記載の日時場所において、前記車両を運転中、前記記載
のとおり、前記Ａに傷害を負わせる交通事故を起こし、もって自己の運転に
起因して人に傷害を負わせたのに、直ちに車両の運転を停止して前記Ａを救
護する等必要な措置を講じず、かつ、その事故発生の日時及び場所等法律の
定める事項を直ちに最寄りの警察署の警察官に報告しなかった。
③　被告人は、前記①のとおりの事故を起こしたところ、前記①記載の事故
直後に、自車前部で前記Ａを前記自転車もろとも引きずっているかもしれな
いと認識したが、同事故による刑責を免れるため、殺意をもって、その状態
の自車を走行させて逃走しようと決意し、前記①記載の日時頃から同日午前
6 時 5 分頃までの間、前記①の衝突地点から約 13.5 ｍ西側の道路付近か
ら、自車車底部の状態を確認するために停車した同市三島 2 丁目所在の駐車
場までの間の約 166.5 ｍにわたり、自車を蛇行させるなどしながら相当速度
で走行させて同人を同自転車もろとも自車車底部等で引きずる暴行を加え、

その後、前記通路及び前記駐車場において、同所から逃走するため、既に死亡していると思った同人の体幹部を自車右後輪で2度にわたりれき過して同人に体幹部圧迫による胸部挫滅の傷害を負わせ、よって、その頃、同所において、同人を同傷害に基づく心肺破裂により死亡させた。

(2) 争点

　この事案において、被告人の被害者の引きずりの認識やその際の殺意などを争いましたが、本件大阪地裁判決は、いずれも認定し、特に、殺意の点については、「被告人は、被害者が本件車両の車底部にいる状態で、約166.5mにわたり、途中蛇行させるなどしながら本件車両を相当速度で走行させたものであるが、この行為は、（中略）路面での擦過により身体に重大な損傷や傷害を生じさせたり、タイヤでれき過したりするなどして被害者を死亡させる危険性が高い行為であると認められる。そして、被告人は、（中略）被害者を本件車両車底部で引きずっているかもしれないと認識していたのであるから、被害者が死亡する危険性が高い状況にあるかもしれないと認識しながら、本件車両を走行させたといえるので、本件引きずり行為について殺意を認めることができる」として、殺人罪の成立を認めたのです。

3　人を引きずって走行していたとの認識を認定し、殺意を認めた事例

　令和3年8月5日千葉地裁判決（公刊物未登載）の概要は次のとおりです。

(1) 事案の概要

　被告人は、本件事件当日である平成31年1月2日の午後に、ワゴン型の軽四輪自動車（以下「被告人車両」という。）に乗り、千葉県内の実家を訪れ、同所において、家族と飲酒をした後、カラオケバーで弟や友人と飲酒をしました。被告人は、タクシーでカラオケバーから実家に戻り、その後数分以内の午後11時30分頃、相当に酩酊していたにもかかわらず、自宅に帰るため、被告人車両の運転を開始しました。

　被告人は、飲酒酩酊の影響により、蛇行運転を繰り返しながら走行した後、午後11時48分頃、同県内の国道西行き2車線直線部分の第1通行帯において、前方の赤信号に従って減速していた被害者の運転する自動二輪車（以下「被害者車両」という。）に、被告人車両の左前部を追突させました。

　なお、追突時の被告人の呼気アルコール濃度の推計値は、１Ｌにつき0.96mg でした。

　追突された被害者車両は、前に押し出されて約12 m前進しながら横転し、進行方向左側に向けて路面を約24 m滑走した上で、路肩付近に停止しました。

　被告人車両は、追突後に第２通行帯に車線変更し、被害者車両の右側を通って進行しましたが、その際、路上に倒れていた被害者を足の方から車底部に巻き込み、被害者が着用するフルフェイス型のヘルメットを左前輪付近に挟み込みました。以後、被告人車両は、被害者を車底部で引きずりながら走行しました（図35 参照）。

図35

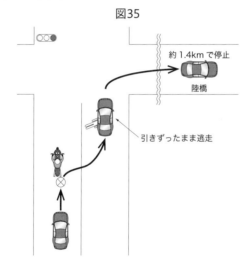

被告人は、追突地点先の交差点を左折した後、追突地点の南方約270 mの地点で大きく右転回し、陸橋上の直線道路を進行しました。さらに、その突き当たりの丁字路の交差点を左折しました。被告人は、午後11 時51 分頃、左折した先の地点において、被告人車両を停止させ、後退させました。これにより、被害者の身体は、車底部を離れ、路上に仰向けで横たわった状態となりました。被害者は、路面との摩擦により、着用していたヘルメットの右側頭部に相当する部分が欠損し、右側頭部に脳の露出を伴う円形状の頭蓋骨の欠損が生じていた上、右肩部背面、左手部、左踵部等の挫滅状欠損や臀部の表皮剥脱も生じていました。着衣は破損し、下半身はズボン等が脱げて素足が出た状態でありました。この地点まで被害者を引きずった痕跡は、合計

1,478.2 mに及んでいました。

　その後、被告人は、すぐに自車を発進させ、被害者の身体の右側を通過して逃走しました。その後も、被告人は、不審を抱いたタクシー運転手の追跡を信号無視などにより振り切って逃走を続け、翌3日午前0時22分頃、被害者を放置した地点から約19.4km先となる自宅付近駐車場に到着しました。一方、被害者は、同日午前4時50分頃、搬送先の病院において死亡しました。

(2)　**判決において認定された罪となるべき事実の概要**

　　被告人は、

第1　平成31年1月2日午後11時30分頃、千葉県内において、運転開始前に飲んだ酒の影響により、その走行中に前方注視及び運転操作に支障が生じるおそれがある状態で普通乗用自動車を発進させて運転を開始し、もってアルコールの影響により、その走行中に正常な運転に支障が生じるおそれがある状態で自動車を運転し、よって、同日午後11時48分頃、同県内の道路を時速約58ないし71kmで進行中、そのアルコールの影響により前方注視及び運転操作が困難な状態に陥り、折から自車前方を同一方向に進行中のB（当時18歳。以下「被害者」という。）運転の普通自動二輪車を至近距離に認め、急制動の措置を講じたが間に合わず、同自動二輪車後部に自車前部を衝突させ、同自動二輪車もろとも同人を路上に転倒させた上、同人を自車車底部に巻き込み、よって、同人に加療期間不明の打撲等の傷害を負わせた

第2　前記日時・場所において、前記車両を運転中、前記のとおり、被害者に傷害を負わせる交通事故を起こし、もって自己の運転に起因して人に傷害を負わせたのに、直ちに車両の運転を停止して、同人を救護する等必要な措置を講じず、かつ、その事故発生の日時及び場所等法律の定める事項を、直ちに最寄りの警察署の警察官に報告しなかった

第3　前記第1記載のとおりの事故を起こし、被害者を自車車底部に巻き込んだが、殺意をもって、同日午後11時51分頃までの間、前記衝突地点先路上から約1.4kmにわたり、自車を相当速度で走行させて同人を自車車底部で引きずり、よって、同人に頭部外傷及び右肩部・左手部等挫滅等の傷害を負わせ、同月3日午前4時50分頃、同人を頭部外傷による脳挫滅・脳挫傷及び全身の各挫滅部・表皮剥脱部からの多量出血により死亡させて殺害したものである。

(3)　公判における争点

　本件では、被告人は、引きずりの際の殺意を争い、「追突後は早く立ち去りたい一心で逃げた。追突した対象は見ておらず、四輪自動車だと思ったが、バイクとは思わなかった。右転回後にしばらく直進した際に、何かを引きずっている音に気付いたが、バンパー等の硬いものと思い、人であるとの認識はなかった。後退して車底部で引きずるものを外した際も、出てきたものを一瞬見たが、はっきりとは見えなかった。」旨供述して、人を引きずったという認識を否定し、殺意を否認していました。

　しかしながら、このような被告人の弁解に対し、本件判決は、「追突の対象を何ら確認せず逃走を開始したというのは、運転者の行動として不自然であり、四輪自動車だと思ったとする根拠もあいまいである。被害者を引きずり始めてから数百メートル走行した後に、運転の違和感よりも音を根拠に挙げて引きずりに気付いたとする点も不自然である。また、被害者を路上に放置した場面について、証拠上認められる周囲の明るさや、被告人車両の後退距離からすれば、被告人は、横たわる被害者の身体を容易に確認できる状況であった。その状況下で、引きずるものを引き出すために後退したのに、車底から出てきたものを一瞬しか見ず、それが何か確認しなかったというのは、明らかに不自然である。このように、引きずったものの認識に関する被告人の供述は不自然、不合理な点が多く、信用できない。」として、その弁解の信用性を否定しました。

　その上で、本件判決は、「軽四輪自動車である被告人車両が車底部に被害者を巻き込んでヘルメットを挟み込んだ際、運転席の被告人にも一定の衝撃が感じられたはずである。さらに、ヘルメット及び被害者の身体によって相当強い摩擦が生じるのであるから、被告人は、被告人車両の走行により被害者を引きずり始めて間もなく、摩擦音、振動、運転操作の違和感等から、かなり大きなものを車底部に巻き込んで引きずり始めたことを認識したことは明らかである。

　このように、バイクへの追突を認識した直後に、その路上で車底部にかなり大きいものを巻き込んで引きずり始めたことを認識すれば、人を巻き込んだ可能性に自然と思い至るはずである。したがって、被告人は、被害者を引きずり始めて間もなく、それが人かもしれないと認識したと認められる。その後の被告人車両の走行においても、被害者の身体を車底部で引きずる状態

は変わらず、右転回の際に大回りしたことにも表れているように、運転操作に相当な支障が生じる状況が続いたのであるから、人を引きずっているかもしれないという被告人の認識も持続したと認められる。たしかに、ヘルメットを摩擦する音や感覚は、硬いものを想起させるから、これが続くにつれ、希望的観測と相まって、人である可能性の認識がやや低下することはあったかもしれない。しかし、見て確認することなく、引きずっている部分が硬いことを示す音や感覚だけで、人である可能性の認識が払拭され得るものとはいえず、ほかにそれを払拭し得たような事情も見当たらない。

　以上によれば、被告人は、被害者を車底部で引きずり始めた時点以降、人を引きずっている可能性を認識しながら被告人車両の走行を続けていたと認められる。」と判示して、被告人が人を引きずって走行していたとの認識を認定し、殺意を認めたのです。

4　引きずり実験実施上の留意事項

　ひき逃げ事犯における引きずり行為については、どの犯人も、上記千葉地裁判決の被告人と同様で、必ず人を引きずっていたとは知らなかったと否認します。本来であれば、被疑者を説得して真相を供述させるのがベストですが、そうもいかない場合も多く、そのためには、否認のままでも起訴できる証拠を収集する必要があります。ところが、ここでの争点は、被告人の認識であることから、あくまで知らなかったと言い張った場合、これを覆すのは簡単なことではありません。人を引きずって走っているという内容のメールでも誰かに送ってくれていればその認識を立証できますが、そんな都合のよい証拠などないのが通常でしょう。

　そのためにとられる捜査手法が、引きずり実験です。これは、できるだけ事故当時と同様の状況を再現し、その引きずりをした車両と同種の車両に、一般人に乗ってもらって運転してもらいます。そして、被害者とできるだけ身体の状況を同じくしたダミー人形を当該車両で実際に引きずってもらうのです。そして、その際、ハンドルの重さや、アクセルをふかした際の感覚など、通常の運転状況との違いを感じ取ってもらい、人などの相当に重量のあるものを引きずっていると分かるかどうかを感じてもらい、それを法廷で証言してもらうことで、犯人においても、同様に人を引きずっているということは分かったはずであると立証するのです。

　これは引きずり行為による殺人事件では必ず行う実験です。上記千葉地裁判決の事案では、判決文上は、引きずり実験が実施されたのかどうか明らかではありませんが、採用された証拠の中に、DVD添付の捜査報告書があることから、これが引きずり実験の実施結果ではないかと推測されます。なお、前記1で紹介した裁判例では、いずれも引きずり実験は実施されていました。

　そして、この引きずり実験を実施する上で大切なことは、いかに正確に事故当時の状況を再現できるかという点と、当該ひき逃げを敢行した車両に乗って運転してもらう一般人をいかに適切に選定できるかということです。というのは、このような実験は、基本的に1回しかできず、当該実験における運転者が、人を引きずっているとは思えなかったと述べた場合には、もはや殺人事件としての立件を諦めるしかないことになるからです。ですから、警察と利害関係のない人で、その証言が信用できるという信頼性の高い人に乗車してもらう必要があるのです。

　前述した砂川事件においても警察において引きずり実験を実施したのですが、結論として、殺人事件の立件はできませんでした。というのは、乗車した公務員が人を引きずっていたかどうか分からないと供述したからです。この際、警察は、乗車してもらう一般人として、近隣の消防署の署員に依頼したのだと思いますが、分からないとの一言で、Ⓑ車の運転者の殺人事件はなくなりました[101]。

　このように、引きずり実験というのは、捜査上、極めて重要なものであることがお分かりいただけるかと思います。

第4　ひき逃げ事犯における人をひいた認識の立証

1　問題の所在

ひき逃げ事犯において、逃走後に逮捕されるなどした被疑者は、必ず「人をひいたとは思わなかった。ごみか石か犬をひいたと思った」などと弁解し

101　なお、このⒷ車の運転者に対する最終的な処分罪名や判決などがどうなったのかについては、拙著『ケーススタディ危険運転致死傷罪（第3版）』390頁以下参照。

ます。ひき逃げをするような犯人の人間性がよく表れていると思います。実際のところ、このような弁解をしない被疑者を見たことは、多分、一度もなかったように思います。

　このような弁解に対しても、先の引きずり行為のところで述べたように、真相を供述させることが最も重要なのですが、それができなかった場合には、先の引きずり行為の際の認識の立証より、更にハードルは高くなります。どうやって、犯人の被害者をひいた認識の立証をするのか、前例はほとんどないと思いますが、これも実験により、人をひいたとの認識を有していたはずであるとの立証を試みた事件がありますので、ここで紹介したいと思います。

2　遺族からの不服申立てに基づく再捜査により、未必的な故意をもって不救護及び不報告の罪を犯したことが認められた事例

　平成30年1月19日名古屋地裁判決（月刊交通2020年8月号72頁・裁判所ウェブ）の概要は次のとおりです。

(1)　事故の概要

　被疑者X（当時36歳）は、平成24年7月27日午前零時28分頃、普通乗用自動車を運転し、A市内の道路を走行中、前方不注視の過失により、進路前方道路上において、酔余の余り転倒後起き上がれず、仰向けの状態にあった被害者Y（当時69歳）に気付くことなく、時速約40kmで走行して、自車前部を同人に衝突させた上、同人の身体を乗り越えて自車前後輪で轢過することにより、胸部外傷等の傷害を負わせ、その後間もなく同人を死亡させた上、自己の運転に起因して人に傷害を負わせたのに、直ちに車両の運転を停止して同人を救護する等必要な措置を講じず、かつ、警察官への報告もしなかったという犯行に及びました（図36参照）。

図36

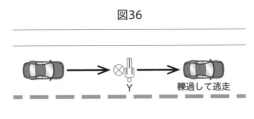

被疑者Xは、上記事故を惹起した後、まったく停止することなく進行を続けて現場から走り去り、同日午前1時頃、事故現場から約8km離れた自宅に帰りました。そして、帰宅後、5、6分ほどしてから、同居の妻に対し、「猫かなんかを踏んだような気がする。気になるので見てくる。」と言って、同日午前2時頃、本件事故現場に戻りました。そこで、A県警の警察官から職務質問を受け、その際に、「何かをひいた気がする」などと述べたことから、同警察官らにより任意同行を求められ、同日午前5時20分頃、被疑者Xは、自動車運転過失致死罪及びひき逃げによる救護義務違反等の道路交通法違反により緊急逮捕されました。

⑵ 検察庁で処分及び被害者遺族の不服申立ての経緯等

この事件を受理したB地検は、被疑者Xに対する自動車運転過失致死罪については、罰金30万円で略式命令を請求し、救護義務違反等の道路交通法違反については、嫌疑不十分として不起訴としました。

この処分に対して、被害者Yの遺族が強く反発し、検察審査会に不服申立てをしたことから、B地検は、上記道路交通法違反について再起し、捜査をやり直しました。しかしながら、その結果は、再び、嫌疑不十分で不起訴というものでした。

そのため、遺族は、この処分に対しても検察審査会への不服申立てをするとともに、名古屋高検に対しても、不服申立てをしました。

そして、検察審査会は、上記2件の不起訴処分について検討した結果、不起訴不当の議決をするに至りました。そこで、B地検は、同事件について再起し、さらに、補充捜査をしましたが、嫌疑不十分により3回目の不起訴処分をしました。

また、名古屋高検も、上記3回の不起訴処分を受けて、遺族の上記2回目の不起訴処分に対する不服申立ては、理由がないと裁定しました。

その後、遺族は、上記3回目の不起訴処分に対して、名古屋高検に不服申立てをしたものの、同様に理由なしの裁定がなされ、さらに、遺族は、この処分に不服であるとして最高検に不服申立てをしました。

その後、最高検でも上記不服申立てに対し、理由がないとして裁定しました。

これで遺族としては、もはや不服申立ての方策は尽きてしまいました。これで、この事件は終了となるはずでした。ただ、遺族に対する処分理由の説

明だけが残っていたのです。上記の裁定を担当した最高検の検事が、遺族との日程調整が合わなかったのか、その説明をすることなく退官されてしまったのです。

(3)　遺族への処分理由の説明

　そのため、遺族への本件処分理由についての説明をする役割が私のところに回ってきました。上司から遺族に説明をしてもらいたいとの指示がなされたことで、私は初めてこの事件の記録を全て読むことになりました。

　私は、それを読んで、どうしてこの事件でひき逃げを起訴しないのだろうかと全く理解できませんでした。犯人は、会社から貸与を受けている自車の下部に損傷が生じており、それを認識していたはずと思われるのに、現場で全く止まらずに走行を続けており、しかも、後で「何かをひいた気がする」などと警察官に言っていることからすれば、人をひいたことは分かりながらも、それを知りたくないためにあえて止まらずに進行を続けたのだろうと容易に推測できるところです。心の中で人をひいたことはなかったことにしたいという気持ちが平静を装うような行動をとらせ、特に速度を上げて逃げるのではなく、そのままの速度で進行を続けるということは、ひき逃げ事犯ではしばしばみられるところだからです。

　しかも、最初の不起訴の後になされた再捜査は、とてもよくなされていました。にもかかわらず、不起訴で終わらせていることに遺族が納得できないのは、ある意味当然だろうと思いました。

　そこで、遺族の方たちに来てもらって処分理由を説明する場面では、「私もこの結論には疑問がありますから、私自身で捜査をしてみたいと思います。ただ、その結果がどうなるかは今の段階ではなんとも分かりませんが」と述べておきました。ですから、結局、処分理由の説明をすることはありませんでした。

(4)　再捜査の開始

　私は、この事件の証拠関係などを上司に説明し、私自身で捜査することの了解をもらいました。その上で、事件に関わったB地検、A県警が再捜査実施の態勢を作ってくれました。

　そこで、補充捜査として何をするかが問題となったのですが、私は、この事件で人をひくという実験を行おうと考えていました。もちろん、本物の人間をひくことはできませんが、できるだけ人間に近いようなダミー人形を作

り、それを一般人が運転する自動車でひき、その際、人をひいたということが分かるかどうかを感じてもらい、それを証言してもらうことで、犯人の認識を立証しようと考えたのでした。

　ただ、そのような実験自体は、既に、A県警の科捜研が、ダミー人形を轢過してデータを取っており、その報告書も出来ていましたが、衝撃の大きさを分かりやすく表現できず、地震でいえば、震度6乃至7程度の振動が発生したと記載されておりました。これでは、衝撃がある程度大きいということは分かっても、それで人をひいたと分かるのかどうかという点については説得力に欠けるものでした。やはり、実際に一般人が運転をして轢過し、それで人だと分かるという証言がなければ立証としては十分ではないと考えられました。

(5)　轢過実験の準備状況

ア　ダミー人形の製作

　人体は、轢過しながら若干凹んでいくため、ある程度の軟体物でなければ実際の衝撃とは異なったものとなってしまいます。そういった点からすると、AED訓練用の人形は押すと凹んでいきますから、非常にふさわしいものです。ただ、これは一般的には上半身しかありませんので、本件のように下腿部も轢過されている事案ではそのままでは使えないものでした。実際には、AEDの模型で下腿部もあるもの（身長150cm、重さ約10kg、胸部の高さ約22cm）に、被害者Yの身長や体重に合わせた大きさの人形にするため、その中に砂やポリウレタンなどを入れて、できるだけ人体に似通ったものをA県警が作ってくれました。ただ、その際、内部にある程度の重いものを入れて重量を増す必要がある一方、あまりに重くなりすぎると固くなってしまって乗り上げたときの感じが違ってしまうことから、そのさじ加減が難しいところでした。

　また、ダミー人形には塗料を染み込ませた布を巻き、人体のどの部分が車底部にどのように接触しながら轢過されたか、轢過後に車底部等を確認することとしました。

　なお、そのほかに、ごみをひいたという主張もなされていたことから、実際に、近隣の飲食店から出されたごみなどもひいてみることにしました。ただ、それだけでは量的に大きくないので、更に、新聞紙なども入れたと思います。

イ　車両の購入

犯行に使われたものと同種の車両を市場で購入しようとしたのですが、中古市場が品薄であり、そのため、ほぼ同種で車体の大きさや重さがほぼ同じ別の車種の車両で代用しました。また、轢過実験の際の衝撃で車体が破損するおそれもあったことから、同種の車両を2台用意いたしました。なお、これらの購入費用は、A警察では既に終了した事件であるため出捐が困難であったことから、全てB地検において予算を組んでもらって支出してもらいました。

ウ　実験場所の確保

自動車教習所のような場所を借りてもらいました。そこでは、A県警の白バイの隊員らが白バイのスラローム走行などの練習をしていました。なお、本件事故現場は上り勾配2～3％であったので、本件実験場でも上り勾配3％となる場所を選定しました。

エ　轢過態様に応じた走行方法の検討

被害者の損傷は、主として①胸部外傷、②左肺挫傷、③右下腿骨折であったところ、①では、胸骨や肋骨が骨折しており、②の部位から腹部にかけて挫滅創があり、その先端から下腹部に向けて約12cmの擦過創がありました。ですから、胸部から腹部にかけて前輪で1乃至2回轢過され、また、③から後輪で右下腿部を轢過された可能性があると思われました。

そのため、轢過実験においても、そのような態様でダミー人形を轢過するように配慮し、ダミー人形の頭を中央線方向に向け、ダミー人形の下部を歩道方向に向けた位置関係とし、時速約40kmで走行した上、左前輪で胸部中央を轢過し、さらに、左後輪で胸部等及び右下腿部を轢過できるように走行することを予定しました。もっとも、最初の轢過でダミー人形が動くことから、その後、右下腿部を轢過できるかどうかは実際のところ不明でした。

オ　物的証拠化の方法の検討

本実験では、運転者による証言だけでなく、物理的な証拠として、走行状況について、①動画撮影、②加速度計・速度計、③騒音測定器をそれぞれ用いて、轢過状況を映像等からも分かるようにし、また、数値化することで客観的な証拠をも提供できるようにしました。

まず、①の動画撮影については、車外からは、車の前方、助手席側左前方、助手席側左側方（同方向からは通常のビデオとスロー録画のビデオの合

計2台）の3方向から合計4台による撮影をすることにしました。また、車内では、運転席方向へ向けて、助手席、助手席側後部座席、運転席側後部座席からの3方向からの撮影をすることにしました。その上さらに、運転者目線として、運転者装着ヘルメットに取り付けたビデオでも撮影することにしました。

次に、②加速度計・速度計については、車内に設置し、揺れ方を数値化するとともに揺れのグラフを作成し、また、揺れの大きさを震度などに換算することとしました。

なお、③騒音測定器については、助手席側左側方撮影のビデオを同じ場所に設置し、衝突時の音を測定することにしました。

そして、これらのデータは、A県警科捜研で解析してもらうことにしました。

カ　乗車する運転者選定の検討

最後に、誰を運転者として乗車してもらうかについては、若干の検討を要しました。というのは、山崎俊一氏による「事例に学ぶ交通事故事件捜査（44）車両による人体乗り上げと轢過の認識性」（捜査研究701号73頁）によれば、「時速40キロメートルでダミーを轢過している状況である。前輪が大きく持ち上がり、前連が接地するまもなく後輪が轢過してダミーに乗り上げていることが分かる。乗員は、車室内の天井に頭を打ち当てるほどの衝撃を受けた。この写真で認められるように、人を時速40キロメートルほどの速度で轢過したならば、乗員は尋常ではない衝撃を受けるということである。」ということであるので、一般人による乗車に若干のためらいがあったからです。

ただ、後述するように、当時50代であった筆者が実際にダミー人形を轢過したところ、その衝撃の大きさとしては相当なものを感じたものの、だからといって、身体に何か傷害を負うというようなことは全くありませんでした。また、本件の犯人も相当な衝撃を感じたはずでありながらも、身体の異常は何もなかったのですから、この点は、過剰に心配する必要はないものと思われます（実際に、ひき逃げ犯人がむち打ち等になったという話は聞いたことがありません。）。通常の健康体である成人男性であれば、私は、このような実験で運転してもらっても大丈夫だと思っています[102]。

もっとも、本件の実験の際には、大事をとって、本件捜査に無関係の警察

官に運転してもらうことになりました。

(6)　轢過実験の実施

平成 28 年 2 月上旬にこの実験が実施されました。

ダミー人形 2 体を用意し、警察官 2 名にそれぞれ轢過してもらいましたが、確実に左前輪で胸部をひいた上、後輪でも同様に同部を轢過したと思います。ただ、右下腿部がひけていたかどうかはよくは分かりませんでした。

それで、それら警察官に轢過した際の感触を聞いたところ、相当な衝撃があり、これで人をひいたと分からないはずはないとのことであり、法廷で証言することは十分に可能ということでした。これで必要な証拠の収集は基本的にはできたことになりました。

しかしながら、実際のところ、どんな衝撃なのかということは、自分で体験しないと分からないと思われましたし、また、ダミー人形の損傷はそれほどのものでもなかった上、車体にも何も損傷がなかったことから、私自身も轢過させてもらうことにしました。私は、大阪地検交通部長になる頃までには、車の運転は完全に止めており（そんな立場の私が事故を起こしたら、被疑者であっても被害者であっても、大阪府警がすごくやりにくいだろうと思ったことも理由の一つです。）、長年ハンドルを握っていないため、きちんと運転してダミーを正確にひけるのかということがまず問題でした。ただ、これも長年運転してきたことを身体が忘れていないようで、問題なく発進し、転回して、スタート地点まで来てから、警察の担当者の合図で、ダミー目掛けて走行を開始しました。速度計に目を落としながら時速 40km まで加速し、そのままの速度で、ダミー人形を轢過しました。

その際にもっとも感じたのは、車体がすごく傾いたということです。私は、それまでの警察官による轢過実験を見ていたのですが、轢過した際に、車体は当然に片方が持ち上がりますが、見ている分には、それほど傾いたようには見えませんでした。せいぜい角度として 20 度か 30 度しかいっていないように思えたのです。しかしながら、自分が運転してみて、その状況になったとき、その傾きは、若干大げさにいえば、45 度くらい傾いたかというように感じました。ハンドルをしっかり持っていないと、別の方向に流れ

102　もっとも、ダミー人形ではなく、石に衝突するというのは、さすがに衝撃が大きいでしょうから、そのような実験は止めておいたほうがいいと思います。いくら被疑者が人ではなく、石だと思ったと供述したとしてもです。

てしまうというような感じすらしたのです[103]。もちろん、ドシンというような強い衝撃も感じましたが、だからといって、それがむち打ちになるようなものではなかったと思います。ただ、いずれにせよ、およそ通常の運転の際に起きるようなことではないと感じることは絶対に間違いなく、どんな運転者も、必ず自車を停めて、いったい何をひいたんだろうと確認しようとすることに間違いないと思います。ですから、ひき逃げの際の人をひいた認識に争いがあるというのであれば、裁判官自身にこの実験の運転者になってもらい、自ら体験してもらえば、被告人が嘘を言っていることは容易に分かるところです。

(7)　被疑者の心理状態についての補充捜査

　上述したように轢過実験は成功裏に終わったのですが、さらに、補充捜査として、被疑者が特に速度を上げて逃走したわけではなく、そのままの速度で逃走したことについて、心理学的な側面から説明がつくかどうか検討しました。

　そのため、私は、科学警察研究所に赴き、心理分野を担当している研究者のW氏らから様々な教示をいただきました。結論として、被疑者が人をひいたという認識を否定したいという主観的な意図が、さもそのような事実がなかったかのような行動をとらせることがあり、これが「正常性バイアス」又は、「正常化バイアス」などと呼ばれるものであるとのことでした。

　そもそもその概念は、災害の際の逃避行動の遅れを説明する際などに用いられるものですが、一般的には、次のように説明されています。

　すなわち、「我々は安心を得て心の安定を保ちたいという強い欲求を持っている。周囲の多様なリスクにいちいち反応することは、我々の心身をストレスフルな状態に置き、心の安定を保持できなくしてしまう。そこで、小さな異変や異常は、正常の範囲内の出来事として処理してしまおうという、心的なメカニズムが働くようになる。このリスクに対して鈍感にさせる心のメカニズムは、我々が神経症に陥ることを防いでくれるかわりに、我々のリスク感知を遅らせ、対処を緩慢にする。これが正常性バイアスである。」[104]と説明されています。

103　この際の状況も撮影されており、DVD に残されていますが、今見ても、すごく車内が揺れているのがよく分かります。

104　海保博之ほか『安全・安心の心理学』12 頁)

　これを本件の被疑者の行動に当てはめてみると、同被疑者は、未必的か確定的であるかは不明であるものの自己が人をひいたという非常にストレスフルな状態を認識したため、これを正常な範囲内の出来事として処理し、ごみを踏んだにすぎないと認識しようとする心的なメカニズムを働かせたと説明できることになるのです。

(8)　B地検での被疑者Xに対する処分

　上記のような補充捜査を遂げたことから、私は、その後のB地検による処分には一切関与しておりません。あくまでも被害者遺族の方々に対する説明をする上で、疑問点が生じたため、必要な捜査を行っただけだからです。たしかに、その際、B地検のC交通部長、D検事らに協力をしてもらったものの、後は、この事件を再起したB地検としての処理がなされるだけであり、それに口を挟むのは筋違いだからでした。

　その後、D検事からの連絡で、必要な上級庁の決裁なども受けて、被疑者Xをひき逃げによる道路交通法違反で公判請求したことが分かりました。

(9)　名古屋地裁判決の概要

ア　轢過実験の証拠価値の否定

　本件判決では、前述したように製作したダミー人形について、「これらの人形の胸部付近の硬度、剛性等については、人体の構造に関し専門的知見を有する者による検証、評価を経ておらず、実際の人体との異同が明らかでない。」、「したがって、これらの走行実験は、本件事故時の衝撃や音の大きさを実証するものではなく、実験結果から当時の被告人の具体的認識を推知することはできない。」として、本件実験結果からの被告人の認識を推認することはできないとされました。

　しかしながら、このような見解は、この判決を書いたただ一人の裁判官の意見にすぎず、これをもって、今後、今回製作したようなダミー人形では全くダメというように考える必要はないと思います。実際のところ、全く同様に考えることはできないにしても、先ほど述べた引きずり実験では、ダミー人形の人体との異同を問題とされたことは一度もなかったと思います。

　もっとも、今後も同様な考え方を持つ裁判官が出てこないとも限りませんから、今後、同種の実験を行う際には、上記の指摘をも考慮して、より人体に近いものを用意する必要があると心すべきでしょうし、法医学者のアドバイスをも受けておいたほうがよいだろうということはいえると思います。

イ　被告人が人をひいたことの認識を認定した理由

　本件轢過実験の結果は否定されたものの、本件判決は、被告人を有罪としました。その理由とするところは、次のとおりです。

　まず、本件では、被告人の運転車両は、被害者Ｙの身体と衝突したことから、様々な部位に損傷が生じていました。具体的には、「フロントバンパーの凹みは、被害者の頭部が当たったことによって生じたものと認められ、バンパーとボンネットとのずれ及びプッシュクリップの破損も、これと同一の原因によって生じたものと認められる（中略）。フロントバンパーの凹みが相当な力により物体が衝突した場合に生じるものであることは明らかであるし、プッシュクリップの破損は、通常の凹凸がある程度の道路の走行で生じるような事象ではなく、フロントバンパーへの人体の衝突が車体に相当の衝撃を生じさせたということを物語っている。」として、車体部の損傷やその程度から、その衝撃が相当なものであったことを認定しました。

　また、その運転態様に照らして、「本件車両左前輪が被害者の胸部をれき過する際、タイヤが地面から浮いた状態で走行することになるのであって、それに対応して右前輪側（運転席側）が沈み込むはずであるし、タイヤにも左右の動きが生じ、この動きはハンドルにも伝わるはずである。前輪が再び地面に接する際にはそれと逆の動きが生じる。（中略）本件において、普通乗用自動車の走行にとって厚さを無視できる水準までタイヤが沈み込んだとは考え難く、上記に述べたような運転席及びハンドルへの影響が生じたことには疑いがない。」として、轢過した際のハンドル操作への影響があったことを認定しました。

　その上で、「被告人は、本件事故現場で何かの物体をタイヤで踏んだと体感したことは認める趣旨の供述をしているし、本件事故現場付近を走行中に本件車両のブレーキランプを点灯させており、一瞬、ブレーキペダルを踏んだことが推認される。これらの点を総合すると、本件車両を運転していた被告人は、道路上で相当な大きさを持つ物体に衝突し、これをれき過したということを体感したことが推認できる。路上に人体が転倒しているという事態は通常の自動車運転者にとって稀な事態であるとはいえ、市街地内の本件道路において、人体以外の特定の種類の、それと同程度の大きさの物体が置かれている蓋然性が高いわけでもない。上記物体が人体である可能性は、通常の自動車運転者において容易に想起するはずである。」として、被告人が人

をひいたことを体感したと推認しました。

　　ウ　被告人の弁解の否定及び人をひいた認識についての更なる理由づけ

　一方、被告人の弁解に対しては、「被告人は、『瓶か石か袋に入ったゴミのようなもの』をタイヤで踏んだ感覚であった旨供述するが、その場で当該物体を確認したわけでもないのに、それが人体である可能性を考えず、人体以外の物であると断定したという趣旨であるとみるならば、この供述は不自然であって信用できない。」として被告人の弁解を一蹴しています。この指摘は的確であり、他の事件における被疑者の弁解に対しても同様に排斥する理由として使えるのではないかと思われます。

　さらに、本件判決は、「本件事故後、一度帰宅した被告人が翌朝に遠方への出張を控えながらあえて事故現場に戻ってきたことも、単なるゴミ等を踏んだと確信していたのであればそのような必要はないわけで、被告人がれき過した物体が人体である可能性を認識していたことと整合的である。被告人が帰宅後に本件車両の状況を確認した際に考えを改めた可能性があるとしても、被告人が事故現場を正確に記憶しており、自動車の損傷が上記現場におけるものであると速やかに理解できたことが上記認識と整合的であることに変わりはない。」として、被告人が現場に戻った行為についても、人をひいたという認識に起因するものと認定したのです。

　加えて、「被告人が本件事故現場の先で赤信号を守って走行を継続したことは、例えば、被告人が上記認識を抱きつつ、それが人体であってほしくないと希望的に考えながら走行を続けていたとみれば不自然はなく、上記認識を有していたことと矛盾しない。」として、正常性バイアスによる説明が可能であることも認めました。

　そして、「以上によれば、被告人は、本件事故現場において、人と衝突し、これをれき過した可能性があると認識したものと推認され、その推認に疑いを生じさせる証拠は見当たらない。被告人は、そのような可能性を認識しつつ、その事態を認容し、本件車両の走行を継続したのであるから、交通事故により人に傷害を負わせたことについての認識認容が認められ、未必的な故意をもって不救護及び不報告の罪を犯したことが認められる。」として、被告人を有罪としたのでした。

⑽　判決に対する評価

　上記のように、本件では、被告人が人をひいたことの認識について、的確

に認定しています。その判断過程は、説得的であり、妥当なものといえるだろうと思います。

　ただ、そうであるなら、我々が苦労して実施した轢過実験はいらなかったのであり（ダミー人形の価値も否定されてしまいましたし。）、そもそも最初の証拠関係で起訴していても同じ結論になったものと思われます。判決において被告人の人をひいた認識を認定する際に用いられた証拠は、公判において補充捜査がなされたものもありますが、基本的には、当初の捜査段階の証拠関係と同じであり、あえて言うのであれば正常性バイアスの概念が用いられている程度のことしか我々の補充捜査の効果は存在していないと思われます。

　だったら最初から自動車運転過失致死罪と一緒にこのひき逃げも起訴していればと思われるところであり、もしそのようになされていれば、量刑も大きく変わって、被害者の遺族が望む方向に進んでいたのではないかと残念でなりません。

　特に、本件判決では、量刑の理由において、「被告人は、3度の不起訴処分を受けていながら本件事故から3年半以上が経過してから起訴されており、特別の社会生活上の負担が生じたという面は否定できない。証拠の具体的な収集過程をみても、被告人においてそれを当然に甘受すべきであったというのは難しい。この点は刑期及び執行猶予期間を定める上で被告人に酌むべき事情といえる。」と判示して執行猶予付の懲役にしたのであって、そこで指摘されていることは、被害者の救済と犯罪者に対する適切な処罰が責務である検察官として、よく考えなければならない点であるといえましょう。

第2章 外国人による名古屋市ひき逃げ事件

　同じ名古屋市の事件ですが、外国人による名古屋市ひき逃げ事件について解説したいと思います。

　この事件は、常習的に無車検・無保険車を、無免許で運転していた被告人が、事件当日前夜から、ハロウィン・パーティーを開催していたディスコで飲酒していたにもかかわらず、前記普通乗用自動車を運転し、結局、無免許かつ酒気帯び状態で、無車検・無保険の車両を運転し、2度にわたって交通事故を引き起こし、2度目の事故では被害者を死亡させておきながら、いずれも逃走したという悪質極まりないものです。

第1　事案の概要

　平成24年3月12日名古屋地裁判決（公刊物未登載）によると、次の事実が判明します。

1　犯行に至る経緯

　被告人は、自動車の運転免許を取得したことはなかったが、妻名義の普通乗用自動車を乗り回していた。その過程で、本件車両の車検が切れたものの、車検を通すための費用がなかったことから、無車検・無保険車となったことを知りながらも、被告人は、本件車両の運転を続けていた。

　被告人は、平成23年10月29日夜、ディスコを設けた「○○バー」でハロウィン・パーティーが開かれていたことから、本件車両を運転して同所に赴き、入店の際に、アルコール飲料しか提供されないドリンク・チケット（4杯分）を5,000円で購入し、同バー内で飲酒した。

　その後、被告人は、更に飲酒しようと考えて別のディスコに行くために、本件車両の運転を開始した。

2 判決により認定された罪となるべき事実の概要

① 被告人は、平成 23 年 10 月 30 日午前 3 時 45 分頃、普通乗用自動車を運転し、名古屋市内の道路を時速約 50 キロメートルで進行するに当たり、前方を注視し、進路の安全を確認しながら進行す

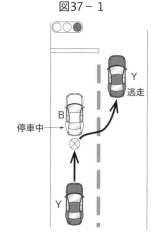

図37 - 1

べき自動車運転上の注意義務があるのにこれを怠り、前方を十分に注視せず、進路の安全確認不十分のまま、漫然前記速度で進行した過失により、進路前方で赤色信号に従い停止中の B（当時 31 歳）運転の普通自動車を、前方約 19.9 メートルの地点に認め、急制動の措置をとったが間に合わず、同車後部に自車前部を衝突させ、よって、同人に加療約 1 週間を要する見込みの全身打撲の傷害を負わせた（図 37 - 1 参照）。

② 被告人は、①記載の日時・場所において、同記載の自動車を運転中、同記載のとおり、同記載の B に同記載の傷害を負わせる交通事故を起こし、もって自己の運転に起因して人に傷害を負わせたのに、直ちに車両の運転を停止して、同人を救護する等必要な措置を講じず、かつ、その事故発生の日時及び場所等法律の定める事項を直ちに最寄りの警察署の警察官に報告しなかった。

③ 被告人は、公安委員会の運転免許を受けないで、かつ、酒気を帯び、呼気 1 リットルにつき 0.15 ミリグラム以上のアルコールを身体に保有する状態で、同日午前 3 時 49 分頃、名古屋市内の道路において、法定の除外事由がないのに、国土交通大臣の委任を受けた最寄りの運輸監理部長又は運輸支局長の行う継続審査を受けておらず、有効な自動車検査証の交付を受けているものでなく、かつ、自動車損害賠償責任保険又は自動車損害責任共済の契約が締結されていない普通乗用自動車を運転して運行の用に供した。

④ 被告人は、③記載の日時頃、同記載の自動車を運転し、同記載の場所付近の一方通行道路を逆走し、同所先の交通整理の行われていない交差点に向かって進行するに当たり、前方を注視し、道路状況に応じて徐行するなど進路の安全を確認しながら進行すべき自動車運転上の注意義務があるのにこれ

を怠り、遠方を望見していて、入口に横断歩道が設け
られた前記交差点の存在に気付かないまま、漫然時速
約50キロメートルないし60キロメートルで進行した
過失により、折から同横断歩道上を右方から左方に向
かい自転車を運転して進行してきたC（当時19歳）
を、右前方約8.7メートルの地点に認め、急制動の措
置をとったが間に合わず、自車右前部を前記自転車に
衝突させて、同自転車もろとも同人を路上に転倒させ
るなどし、よって、同日午前9時頃、搬送先におい
て、同人を前頭部打撲に基づく広範囲脳挫傷により死
亡させた（図37-2参照）。

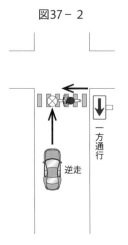

図37-2

一方通行

逆走

⑤　被告人は、③記載の日時・場所において、同記載の自動車を運転中、④
記載のとおり、同記載のCに同記載の傷害を負わせる交通事故を起こし、
もって自己の運転に起因して人に傷害を負わせたのに、直ちに車両の運転を
停止して、同人を救護する等必要な措置を講じず、かつ、その事故発生の日
時及び場所等法律の定める事項を直ちに最寄りの警察署の警察官に報告しな
かった。

第2　適用可能な罰則の範囲について

⑴　第1の2①から⑤までの事実について、それぞれの罪名とそこで定めら
れた法定刑について検討しましょう。

　ア　①と④については、当時の刑法211条2項本文の自動車運転過失致死
傷罪が成立し、法定刑は、7年以下の懲役若しくは禁錮又は100万円以下の
罰金です。

　イ　②と⑤については、救護義務等違反及び報告義務違反による道路交通
法違反が成立します。その際、適用される条文は、同法72条1項です。

　そして、それらの違反についての罰則に関する規定として、まず、救護義
務等違反については、同法117条に規定されており、同条1項は、事故原因
のいかんにかかわらず、交通事故があって人が死傷した場合には、その救護
等をしなければ5年以下の懲役等が科せられるとしています。その上で、同
条2項では、当該交通事故及びこれによる人の死傷が、この事故を引き起こ
した運転者の運転に起因するものであるときは、その救護等をしなければな

らない責任は、前項の場合より当然に重いわけですから、これを怠って逃走した場合には、前項の場合よりはるかに重い10年以下の懲役等が科せられることになるのです。

そして、本件では、前方不注視による追突が事故原因ですから、被告人の運転に起因するものといえるので、同条2項が適用され、被告人に対しては、10年以下の懲役等が科せられることになります。

また、報告義務違反については、同法119条1項17号において、3月以下の懲役又は5万円以下の罰金に処することとされています。

ただ、実際のところ、この救護義務等違反と報告義務違反は、いわば常にセットで行われており（被害者を救護しない者は、通常、警察への報告もしないでしょう）、この両違反は、一つの行為で二つの罪名に触れる場合として、刑法54条1項の

> 一個の行為が二個以上の罪名に触れ〔中略〕るときは、その最も重い刑により処断する。

と規定されている観念的競合となりますので、結局のところ、重い救護義務等違反の罪で処断されることになり、このイの犯行に対しては、10年以下の懲役等の刑が科される刑罰となります。

⑵　③については、次のとおりになります。

　ア　無免許運転については、平成25年の法改正前のため、これまでも説明したとおり、当時の道路交通法117条の4第2号、64条により、1年以下の懲役又は30万円以下の罰金となります。

　イ　酒気帯び運転については、平成19年の法改正後のため、当時の同法117条の2の2第1号（現在は、117条の2の2第3号）、65条1項により、3年以下の懲役又は50万円以下の罰金となります。

　ウ　無車検による道路運送車両法違反については、道路運送車両法58条1項に

> 自動車〔中略〕は、この章に定めるところにより、国土交通大臣の行う検査を受け、有効な自動車検査証の交付を受けているものでなければ、これを運行の用に供してはならない。

と規定されており、継続検査の場合などでも同様に自動車検査証が求められています。その違反については、同法108条1号において、6月以下の懲役又は30万円以下の罰金に処するとされています。

エ　無保険による自動車損害賠償保障法違反については、同法5条において

> 自動車は、これについてこの法律で定める自動車損害賠償責任保険〔中
> 略〕又は自動車損害賠償責任共済〔中略〕の契約が締結されているもの
> でなければ、運行の用に供してはならない。

と規定され、その罰則については、同法86条の3第1号により、1年以下
の懲役又は50万円以下の罰金に処するとされています。

オ　そして、以上の4件の犯行は、一つの運転行為によってなされたもの
であることから、前述した観念的競合となります。つまり、法定刑の最も重
い酒気帯び運転の罪により処断されることになり、この③の関係では、3年
以下の懲役又は50万円以下の罰金の範囲で刑が科されることになります。

(3)　次に、前記の①から③の各犯行は、併合罪の関係になるため、刑法47
条本文により、最も重い罪である救護義務等違反に対して科される10年以
下の懲役に2分の1を加えた15年以下の懲役が上限となります（なお、本
件では救護義務等違反が2件あるので、これらを合計すれば20年以下の懲
役となり、刑法47条ただし書の適用の余地はありません。）。

第3　公判における争点—量刑

(1)　本件では、被告人の犯行は明白であり、事実認定上での争いはありませ
んでした。そこで、問題となるのは量刑です。この点について、本件判決
は、次のとおり述べて、検察官の懲役10年の求刑に対し、被告人に対し
て、懲役7年の実刑を言い渡しました。

すなわち、「判示第1（筆者注：①）の犯行の際、被告人は対面信号が赤
色を表示していたことや信号待ちで被告人の走行車線等に車が停車している
ことを衝突直前まで気づいていないことからすれば、前方注視義務違反の程
度は甚だしい。しかも、被告人は、飲酒運転、無免許運転であったことや、
本件車両が無車検、無保険であったことから、警察官に逮捕されることを恐
れ、保身のために被害者の救護等必要な措置も取らずに逃走して判示第2
（②）の犯行に及んでいる。そして、逃走に際し、途中からは、国道から脇
道にそれ、前照灯が消えたまま走行するとともに、一時停止の標識のある場
所で停止することもなく、一方通行の道路を逆走して、判示第3（③）、第
4（④）の犯行に及んだ。判示第4（④）の犯行の際、被告人は、逃走する

ことしか考えず、一方通行の道路を逆走していることや、判示交差点の存在にも気付かないまま、一方通行の入口にある同交差点に進入したため、同交差点入口に設置されていた横断歩道を自転車で通行中の被害者をはね飛ばした。被告人は、本件車両のフロントガラスが割れ、人がけがをしたかもしれないと思いながら、保身のために更に逃走を続け、判示第 5（⑤）の犯行に及んだものである」として、一連の犯行状況等が極めて悪質、重大であることを明らかにしました。

　その上で、かような被告人の刑責の評価について、「これらからすれば、被告人の道路交通法軽視の態度は甚だしく、判示第 1（①）の犯行後、逃走するに際し、他者に対する危険等を全く考慮することなく、走る凶器と化した状態で本件車両を走行させており、誠に無謀かつ危険な犯行である。本件各犯行により、落ち度のない被害者 2 名に傷害を負わせたのに、救護等せずに保身を図るために逃走しており、責任を取る態度は全くうかがえない。被害者のうち一名を死亡させており、その結果は誠に重い。判示第 2（②）の被害者の処罰感情は厳しく、判示第 4（④）の被害者の遺族らは被害者参加をするなどして、同犯行には危険運転致死罪を適用して重く処罰すべきである旨の厳しい処罰感情を述べている。しかし、被告人は適切な慰謝の措置を講じていないばかりか、被害弁償の可能性もない。そうすると、本件各犯行は、この種事案の中では極めて悪質な部類に属し、被告人の刑事責任は重い」と判示しました。

　しかしながら、「他方、被告人は、本件各犯行を認め、反省している旨述べていること、判示第 4（④）の被害者側に宛てた謝罪の書面を作成していること、被告人の娘も同被害者側に宛てた謝罪の書面を作成するとともに、許されれば墓参りに行くなどと述べていること、被告人に前科はないことなど、被告人に有利な事情も認められる」として、懲役 7 年に処したものです。

⑵　本来であれば、10 年以上の懲役刑を求めてもよいと思われる事案であり、検察官の求刑も決して重いものとは思われないものの、それを更に 3 年も削って判決をしなければならないような良好な情状があるとは考えられない事件ではないかと思います。

　大切な家族をはね飛ばして死亡させた上、救護もせずにひき逃げをした被告人に対する遺族の気持ちを考えると、加害者である被告人は、僅か 7 年の

服役で全て終わったということになるのは、本当に被害者やその遺族に残酷な司法といってもよいのではないかと思われるところです。

第4　法改正及び新規立法の動き

　本件の後に発生した亀岡市無免許運転による児童等多数死傷事件とも併せて、無免許運転に対する刑罰がいかに軽いものであるかとの認識が国民の間に広がり、そのため、これも前述しましたが、平成25年の法改正により、その法定刑の引上げがなされ、現行の道路交通法117条の2の2第1号によって、3年以下の懲役又は50万円以下の罰金に処せられることとなりました。

　また、本件では、一方通行の道路を逆走していたことも前記④の事故の一因となっていたのではないかと考えられ（被害者にしてみれば、一方通行を逆走してくる車両があるとは思わないので、その方面への注意をしない可能性があった）、そのため、新設された自動車運転死傷処罰法の当時の2条6号において、

　　通行禁止道路（道路標識若しくは道路標示により、又はその他法令の規定により自動車の通行が禁止されている道路又はその部分であって、これを通行することが人又は車に交通の危険を生じさせるものとして政令で定めるものをいう。）を進行し、かつ、重大な交通の危険を生じさせる速度で自動車を運転する行為

として、一方通行の逆走行為なども危険運転の一類型とされることとなったのです[105]。

---

[105]　自動車運転死傷処罰法2条8号の通行禁止区分違反の危険運転致死傷罪については、拙著「ケーススタディ危険運転致死傷罪（第3版）」425頁以下を参照。

第 **8** 編

悪質交通事犯捜査の課題

　これまで「飲酒運転事犯」等、悪質交通事犯ついて裁判例を紹介してきましたが、「危険運転致死傷罪」等で立件しても、単なる「過失運転致死傷」とされたり、「無罪」とされたりする事件がありました。自動車運転死傷処罰法の適用には、「正常な運転が困難な状態」等を引き起こした原因が何であるかを証明する必要があります。

　「危険運転致死傷罪」の適用を目指し捜査をしても、思うような証拠が集められないこともあるでしょう。

　ここでは、「危険運転致死傷罪」の適用における課題や他罪との関係について検討してみたいと思います。

第1章　傷害致死罪の検討

第1　傷害致死罪での立件

　第6編第2章で紹介した八街児童死傷事故のような形態の飲酒運転事故では、多くの場合、酒気帯び運転に係る前方不注視による過失運転死傷事故として処理されることも多いと思われます。そうなると、その法定刑の上限が懲役10年止まりとなってしまい、本件のような重大な死傷結果を発生させた者に対する責任追及として十分なものとはなり得ないという問題が生じることになります。

　ただ、本件では、事実認定として、被疑者の居眠りが明らかとなったことから、その居眠り行為を捉えて、「アルコールの影響により正常な運転が困難な状態」とすることができ、危険運転致死傷罪で起訴することが可能となったものです。

　そうであるなら、今後、同様の事故が発生した場合において、被疑者に居眠りが認められなかった場合には、アルコールの影響により正常な運転が困難な危険運転致死傷罪で被疑者を起訴することは困難になるでしょう。そう

なった場合に備えて、交通捜査に関わる者として、どのような対処の仕方が可能であるのか考えておかなければなりません。

　そこで、結論として、一定の要件は必要ですが、刑法 205 条の

　　　身体を傷害し、よって人を死亡させた者は、3 年以上の有期懲役に処する。

とする傷害致死罪の立件を試みるべきでしょう。有期懲役の上限は 20 年なので（刑法 12 条 1 項）、本件のような事例においても、量刑的には十分に対応が可能となります。次項は、傷害致死罪が成立する余地があることの理由を述べましょう。

第 2　傷害致死罪の法的位置付け

　傷害致死罪は、「身体を傷害し、よって人を死亡させた」ことが客観的構成要件であり、「よって」という文言から明らかなように、刑法 204 条において、

　　　人の身体を傷害した者は、15 年以下の懲役又は 50 万円以下の罰金に処する。

と規定されている傷害罪の結果的加重犯です。この場合、傷害行為に及んだところ、その結果、相手方が死亡すれば、その行為者に過失などなくても、因果関係さえあれば、傷害致死罪の成立を認めるのが判例の立場です。

　そして、この傷害罪については 2 種類のものが含まれていると理解されています。

　一つは、最初から相手に傷害を負わせてやろうという故意の下に実行される傷害罪であり、もう一つは、刑法 208 条において、

　　　暴行を加えた者が人を傷害するに至らなかったときは、2 年以下の懲役若しくは 30 万円以下の罰金又は拘留若しくは科料に処する。

と規定されている暴行罪の故意に基づいて相手に暴行を加えたところ、その結果的加重犯として傷害を負わせた場合の傷害罪です。刑法 208 条が、「暴行を加えた者が人を傷害するに至らなかった」という記載をしていることからしても、暴行罪は傷害を負わせることにならなかった場合を念頭においており、そうであるなら、傷害を負わせるつもりがないまま暴行を加えたところ、結果的に傷害を負わせた場合は、当然のことながら、刑法 204 条の傷害罪に含まれることになります。

　したがって、被疑者が、暴行の故意で被害者に暴行を加えたところ、その結果、被害者が傷害を負い、さらに、その傷害の結果、死亡した場合、暴行の故意で被害者に暴行を加えた者は、傷害致死罪の刑責を負うことになります。つまり、暴行罪が成立するのであれば、その結果、被害者が死亡した場合には、二段階の結果的加重犯として、傷害致死罪での処罰が可能となります。

　そこで、飲酒運転死亡事故の場合においては、運転者に対して、事故時において暴行罪の成立の余地がないかを検討する必要があります。

交通事故に際しての暴行罪の構成要件の検討

第1 暴行罪の客観的構成要件

1 「暴行」は相手の身体に触れる必要があるのか

　まず、暴行罪における「暴行」とは、どのようなものを指すかについてですが、これは、相手方に対する有形力の行使であればよく、相手方の身体に触れることなども要求されていません。

　具体的には、次の各裁判例で明らかにされています。

① 昭和25年6月10日東京高裁判決（高等裁判所刑事判例集3巻2号222頁）

　被害者を驚かす目的で、被害者の数歩手前を狙って石を投げる行為を暴行の実行行為として認めたものです。

　この判決では、「暴行とは、人に向って不法なる物理的勢力を発揮することで、その物理的力が人の身体に接触することは必要でない。例えば人に向って石を投じ又は棒を打ち下せば、仮令石や棒が相手方の身体に触れないでも暴行は成立する」と判示しており、石を投げつけたり、棒を打ち下ろしたりした場合に、相手方の身体に触れなくても暴行罪における「暴行」に該当するとしています。

② 昭和30年12月8日仙台高裁判決（高等裁判所刑事裁判特報2巻24号1267頁）

　椅子を相手方に投げつけたものの、それが当たらなかった行為を暴行の実行行為として認めたものです。

　この判決では、「椅子が相手方の体に当らなかった事実は何等暴行罪の成立を妨げるものではない。けだし、暴行とは人に向って不法な物理的勢力を発揮することで、その物理的勢力が人の身体に接触することは必ずしも必要

でないと解すべきところ、本件において、右被告人の椅子をE目がけて投げつけた行為はEに向って不法の物理的勢力を発揮したもの、即ち暴行をなしたものといい得るからである」と判示して、相手方の身体に当たらなくても暴行罪は成立するとしているのです。

③　昭和39年1月28日最高裁決定（刑集18巻1号31頁）

　狭い部屋で日本刀を振り回す行為は、それ自体で暴行に当たると認めたものです。

　この判決では、「狭い四畳半の室内で被害者を脅かすために日本刀の抜き身を数回振り廻すが如きは、とりもなおさず同人に対する暴行というべきである」として、相手方に日本刀を当てるつもりはなかったものの、間違って内妻の腹に日本刀が突き刺さったことで同女が死亡してしまった事案において、その暴行に基づく死亡であるとして、傷害致死罪を認めています。

2　交通事故における「暴行」の実行行為性

　このような観点からすれば、自動車の運転者が、自車を歩行者に接近させて走行させる行為も「暴行」の実行行為となり得ることが判明するでしょう。

　すなわち、車道の端を通行中の歩行者に対し、その直近を自動車で走行する行為や、横断歩道上の歩行者の直前を横切る行為は、いずれも暴行罪における「暴行」に該当することになります。

　そして、最終的に事故を引き起こしているのであれば、前記暴行の後、接触・衝突するなどして歩行者を死傷させる結果を発生させていることになりますが、それは自己の運転行為に起因するもので、運転行為とその後の被害者の死傷という結果との間に因果関係があることは当然ですので、当該運転者の前記のような「暴行」に該当する運転行為は、傷害致死罪の客観的構成要件を満たすことになります。

第2　暴行罪の主観的構成要件

　暴行罪が成立するためには、前述した「暴行」の客観的構成要件として認定される実行行為が認定されるほかに、当該行為についての「故意」が必要とされます。そこで、まず、この故意について検討しましょう。

1　故意とは

そもそも「故意」とは、どのようなものと理解すればよいのでしょうか。この点については、学説上も様々な考え方があり、大きく分けて「意思説（認容説）」と、「表象説」に分かれますが、前者の意思説（認容説）が実務的に用いられている考え方であり、これだけを理解しておけば足りるところです。

この考え方によれば、故意が認められるためには、単なる犯罪事実の結果に対する「認識」だけでは足りず、それにプラスして何らかの「意思」が必要であると考えるもので、その「意思」の内容として、「認容」という要素が求められるとしています。これは、意思説の中でも認容説と呼ばれ、判例もこの考え方に立っています。

つまり、故意が認められるためには、犯罪事実について認識し、その上で、その認識した犯罪事実がもたらす結果について「認容」した場合に、故意が存するということになります。

そして、その結果の発生が「確実」であると認識し、その結果を認容した場合には、「確定的故意」があるとされ、結果の発生について、確定的ではないもののその「可能性」を認識しつつ、その結果を「認容」した場合に「未必の故意」があるとされ、その可能性を認識しつつも、その結果を認容しなかった場合は、「認識ある過失」になると判断します。要は、犯罪行為の結果を受け容れているのか否かというのを、故意と過失の分水嶺にしているということです。

2　交通事故における「暴行」の故意の有無

前述したように、自動車の運転者が歩行者の直近を走行させる行為が暴行の実行行為となり、それに見合う故意が存すれば、暴行罪は成立します。その際の故意の内容は、歩行者の直近を走行しているという「認識」と、そのような歩行者の直近部分を走行しても構わないという「認容」があればよいでしょう。

そして、それらの認識・認容は、前述したように、未必的なものであっても故意が成り立つ以上、自車を運転している間において、歩行者の直近を走行するかもしれないという可能性の認識と、それの認容がある場合でも、同

様に故意が認められることになります。

　この場合には、あくまで歩行者の直近を走行するかもしれないという事実についての認識・認容であって、歩行者と衝突するかもしれないという事実についての認識・認容ではないことに留意しておかなければなりません。

　前述したように、暴行の客観的行為は、直近を走行するだけで構成要件を満たすのであり、その直近を走行することについての確定的故意なり、未必的な故意なりがあれば、暴行罪は成立するのです。それ以上に、衝突するかもしれないということまで認識・認容していたのであれば、それはまさに殺人の未必的故意があることになってしまうからです（もちろん、重大な事故を引き起こした被疑者の中には、そのような未必的な故意があったのではないかと思われる者もいないではないところですが。）。

飲酒運転時における暴行罪の結果的加重犯としての傷害致死罪の成否

　飲酒した上で走行した場合、被疑者は、自己の運転行為についてどのように認識しているものでしょうか。正常に運転しているつもりであっても、歩行者が通行している直近付近を走行してしまうかもしれないと認識していることも多いのではないかと思われますし、また、それを認容して走行していることもあるだろうと思われます。要は、歩行者にぶつからなければよいと考えて飲酒運転をしている者は多数いるものと考えられるところです。しかし、結果的には被害者に衝突して死傷事故を 惹 起させているのです。

　そのような者に対する取調べにおいて、「飲酒運転をすれば、蛇行するなどし、歩行者に衝突してしまうこともあると思っていたのではないか」などとの問に対し、「そんなことはありません。運転している間に、蛇行して歩行者の近くに行ってしまうことはあり得るかもしれないとは思っていましたが、それであってもぶつからなければいいんで、その点は注意して運転していましたから、大丈夫だと思っていました」などと供述する者もいるのではないかと思われます。

　この問答では、被疑者は、歩行者の直近での走行について未必的に認識し、それについてぶつからなければよいとして、そのような走行を容認しています。つまり、この場合、歩行者の直近を走行するという暴行の実行行為について、未必的故意を自認しているのです。

　つまり、自車を走行させている間、通行中の歩行者に自車を接近させて走行することがあるかもしれないという状況を「認識」し、ただ、それでもぶつかることはないだろうと思って、そのような直近を走行することについては「認容」して走行した場合、これは、未必の故意によって、「暴行」を実行することになるのです。

　そして、その際、被害者がたまたま電柱を避けようとして道路側に動いたとか、たまたま自車のハンドル操作をやや左側に切ったなどということが起

きて、被害者に接触・衝突し、被害者が死亡した場合には、傷害致死罪が成立することになります。この死亡したという点については、被疑者の故意も過失も不要であり、単に、因果関係だけがあれば足ります。

　このように、一見すれば、通常の交通死亡事故であるかのように見えても、被疑者が歩行者の直近を走行するかもしれないということを認識し、それを認容して走行していた場合には、暴行罪の結果的加重犯である傷害致死が成立します。また、それが飲酒した上での走行であれば、それまでに縁石に接触したり、対向車線上に出そうになったりと、事故にまでは至らなくても、そのおそれのある走行実態が認められることも多いと思われます。そうであるなら、そのような被疑者の運転行為には、歩行者等に接近するような走行をする可能性もあるのであり、そのような走行態様であることを認容して走行を続けていたのであれば、暴行罪の未必的故意が認められることになり、その接近した走行の結果、接触・衝突して生じた死傷事故については傷害致死罪の責任を問うべきであるといえるでしょう。

　したがって、もし、八街児童死傷事件において、被疑者の居眠りがなかったとしても、被疑者が事故に至るまでの走行状態として、若干の酔いもあることから、歩行者に接近して走行してしまうこともあり得るかもしれないと被疑者が認識し、それでも帰社を急いでいたので、ぶつかることさえなければいいだろうと思って、そのような走行状態を容認して運転を続けていたという事実が認定できるのであれば、この事件において傷害致死罪での起訴も可能であったものと思われます。

傷害致死罪で処理する場合の被疑事実の記載例

八街児童死傷事件において、もし、居眠りの事実がなかったと仮定し、傷害致死罪で処理することとなった場合の被疑事実としては、次のようになります。

「被疑者は、自己が勤務する鉄筋加工会社に帰社するため、大型貨物自動車を運転していたが、令和3年6月28日午後2時53分頃、千葉市花見川区内の京葉道路下り線の幕張パーキングエリアにおいて、一時停車し、事前に購入しておいた酒類を飲んだ後、自車の運転を再開し、上記飲酒の影響により、蛇行したり、ハンドル操作を適切に行い得ないなどの正常な運転に支障が生じるおそれがある状態で自車を運転し、同日午後3時23分頃、千葉県八街市内の市道を時速約56キロで走行するに当たり、付近を通行中の歩行者に接近して走行するおそれがあったにもかかわらず、あえて運転を継続し、その頃、同所において、自車を左前方に逸走させて路外に設置された電信柱に衝突させた上、折から同所を一列で対向歩行していた小学生5名に自車を接近、走行させて衝突させ、よって、そのうち2名に○○の傷害を負わせて、即時に死亡させ、残り3名に対して、○○による重傷を負わせたものである」

ここでは、「歩行者に接近して走行するおそれがあったにもかかわらず、あえて運転を継続し」という部分において、暴行の実行行為である歩行者の直近を走行することの認識・認容について記載してあるもので、その後の「自車を接近、走行させて衝突させ」という部分は、暴行の実行行為である「直近を走行する」という行為に加えて、その後、「衝突してしまった」という因果の結果を表しているものです。衝突するという行為は、直近を走行する行為の究極の接近形態であるので、直近を走行した結果、接触して衝突してしまったというように理解すればよいのです。

なお、本件では、飲酒の状況なども判明しているので、「一時停車し、事

前に購入しておいた酒類を飲んだ後、自車の運転を再開し、上記飲酒の影響により、蛇行したり、ハンドル操作を適切に行い得ないなどの正常な運転に支障が生じるおそれがある状態で自車を運転し」などと記載しましたが、これは傷害致死罪が認められるための本質的な部分ではないので、なくても差し支えありません。

　要は、アルコールの影響で、通常の場合よりは、歩行者の直近を走行するという危険な運転をする状況にあるということを示しただけであり、これがなくても、運転者が歩行者の直近を走っても構わないと思って走行していたのであれば、暴行の故意に欠けるところはないので、その点を理解しておいていただければよいかと思います。

悪質交通事犯における初動捜査の段階で特に留意すべきことは何か[106]

1　目撃者の確保

　現在では、ドライブレコーダーや、防犯カメラが進歩かつ普及しており、それらのデータの取得が精力的に行われております。そのことはもちろん科学捜査の進展として好ましいことですが、それだけで全てがうまくいくとは限りません。悪質な運転者ほどドライブレコーダーを設置していませんし、防犯カメラがない交差点というのもまだまだ珍しくはありません。そもそも、私が大阪地検交通部長だった時代には、ドライブレコーダーなど、ほとんどありませんでしたし、また、防犯カメラが役に立ったなどという場面もかなり少なかったと思います。そのような時代から比べれば交通事件捜査もだいぶ楽になったとは思いますが、科学的な証拠が常にあるわけではないということも心しておくべきです。

　ですから、それを補うのが人的な証拠であり、目撃者です。とにかく、現場に到着したら、当事者から事情を聞かなければならない役割の者以外は、速やかに付近を通行中の人や野次馬を含めて事故の目撃者、若しくは、目撃した可能性のある者を知らないかと聞いてまわる必要があります。近隣住民も同様です。たまたま事故を目撃した後、家に帰っていることもあるからです。そういった人たちからは、仮に事故を目撃していなくても、普段、この時間帯にこの付近を通る人は知らないかと尋ねて、

106　現場到着後、負傷者の救護、事故防止の措置、運転者の特定、運転者や同乗者からの事情聴取、実況見分などは当然のことですから、ここでは触れることはいたしません。なお、飲酒検知の実施についても同様ですが、これについては既に第1編で述べたとおりです。また、実況見分時の留意事項等については、澁澤敬造著「交通事故実況見分調書作成実務必携〜交通事故実況見分のポイント〜」（立花書房）がお勧めです。

目撃者がいる可能性を探るべきでしょう。そのようなとき、誰かの名前を挙げることで、その人に迷惑がかかるのではないかと思って躊躇する人もいますから、そのような点は十分に配慮するからと言って説得する必要があります。

2　赤色信号発見地点の確認

殊更赤無視による危険運転致死傷罪の場合における赤色信号発見地点は、第４編において問題点を指摘しておいたように、後に供述が変わることがありますから、初動捜査の段階からよく注意しておく必要があります。

3　一方通行違反の認識の確認

通行区分違反による危険運転致死傷罪のうち、一方通行道路の逆走の場合において、初動捜査の段階で特に注意しておくべきことは、逆走した運転者の一方通行違反の認識です。事故直後は、相手方もいることから、自分が一方通行道路を逆走したことは認めていることが多いものの、逮捕されたりした後、自分の行為が単に道路交通法の一方通行違反にとどまらず危険運転致死傷罪に該当することが分かったら、平然と、一方通行だとは知らなかったと言い張るようになるからです。普段から通っている道路であって、一方通行の規制を百も承知だと思われる場合であっても、一方通行だとは気付かなかったと言います。

ですから、初動の時に、一方通行に違反していることは知っていたという点だけを（他の点は後からいくらでも録取できますから）、そのポイントだけを詳しく調書にとっておくべきなのです。それも、単に知っていましたというだけではなく、どうして知っていたのか、標識を見たから分かったのか、普段からも知っていたのか、標識や標示は目に入っていたかどうかなど、一方通行を認識していたという理由を幅広く調書にとっておくことが、危険運転致死傷罪を立件する上で肝心なのです。

第 **9** 編

取調べについて

　交通事件捜査においても、危険運転致死傷罪などのように故意犯の捜査が必要になってきています。

　そのため、交通捜査官であっても刑事警察の捜査官と同様に取調べ能力の向上が求められてきています。そこで筆者が取調べにおいて、被疑者から真実を引き出すことの必要性・重要性などについて論述したものがあるので、ここに参考として掲載します。

　なお、本稿は、「検察官による取調べの真相（上）（捜査研究№. 822．2019年5月号 p.14〜 p.35）」、「検察官による取調べの真相（下）（捜査研究№. 823．2019年6月号 p.13〜 p.22)」に掲載したものに加筆しました。

┃ はじめに

　最初に簡単に私の経歴を話しておきますが、私は、35年間、検事をやってきており、修習の期でいえば35期になります。昭和58年4月、東京地検検事となり、その後、新任明けで徳島地検に異動になり、その2年後に、大阪地検に異動しました。そして、大阪地検に合計4年いる間の最後の年に大阪地検特捜部に所属することとなり、その後、東京地検特捜部、大阪地検特捜部、神戸地検特別刑事部、大阪地検特捜部と異動しました。それから国連アジア極東犯罪防止研修所教官を経て、大阪地検刑事部副部長、同特捜部副部長、同交通部長、同公安部長として勤務し、その後、法務総合研究所研究部長となり、平成21年7月、大阪地検堺支部長、同23年4月には、最高検に入り、同30年3月末に検察庁を退職しました。そして、同年4月1日から現在の昭和大学医学部教授となっています。

　私の経歴からも分かると思いますが、私は、管理職になる前は、その大半を特捜部や特別刑事部で勤務しており、取調べをすることが生活の全てでした。そういった意味で、私が取調べについてお話しするのは、まあ畑違いということにはならないだろうと思っています。

　ただ、ここでお話しすることは、あくまで私個人の見解にすぎず、検察庁は一切関係ありませんので、そこのところはよろしくご理解ください。元検事の城が何々と言っていたから、検察庁も同じだという言い方は絶対にやめていただきたいと思っています。

第1　特捜部等において被疑者に真実を供述させる必要性とは

　私の大阪地検特捜部での勤務年数は、副部長時代も含めると10年くらいはあるのではないかと思います。私が大阪地検交通部長だった頃のことと思いますが、大阪地検特捜部50周年ということで、50年間にこの大阪地検特捜部に在籍した全検事及び全副検事について、大阪地検特捜部在籍日数一覧表というものが作成されました。古い時代は、本当にずっと大阪地検特捜部にいる先輩もいたのですが、私が歴代で10位前後くらいか、そのあたりだったと思います。ただ、全体の数が分からないとその順位の意味が分からないと思いますが、1年だけ在籍したような検事、副検事を含めると200〜300人か、あるいはもっとたくさんいたと思います。ですから、私はかなり長く大阪地検特捜部にいたことになります。それとは別に東京地検特捜部や神戸地検特別刑事部にも在籍していますから、検察官による独自捜査として、警察官が関与しない取調べをずっと長くやってきたことになります。

　特捜部での勤務は、最初のうちは、主任検事の下での応援の取調べだけです。刑事部では、自分で警察を指揮したりしますが、特捜部では最初のうちは誰かに指示したりするような立場にはなりません。とにかく、主任検事の応援として、与えられた被疑者や参考人の取調べをし、彼ら、彼女らに真相を供述させるということだけが仕事の毎日でした。

　今では、検察庁は、客観証拠、客観証拠とばかり言って、取調べをあまり重視しなくなってきており、以前に比べて取調べの重要性が相当に下がってきていると思います。しかしながら、被疑者からの真相の告白がないと事件の真実が分からないということはいくらでもあります。特に、それが顕著に問題となるのは詐欺事件です。

　特捜部や特別刑事部にいると告訴・告発事件をたくさん取り扱います。我々は、そのような告訴・告発事件を、直告事件と呼んでいます。警察に対する告訴・告発事件は、その後、検察庁に送付されてきて送付事件と呼ばれるのですが、我々のところに直接に来る告訴・告発事件ですから、直告事件と呼ぶのです。

　この直告事件のうち、私の感覚で最も多いと感じるのは詐欺事件です。売買契約等をしたのだが、その契約どおりの履行をしないのだから詐欺である

という告訴や、貸した金を返してくれないから詐欺であるという告訴などはよく見られます。このような事件では、多くの場合、契約書やその他関係書類が残っていることが多く、外形的事実については争いがない事件も少なくありません。ただ、被告訴人側の主張は、確かにお金を払ってないとか、契約を履行していないということがあるにしても、それは後に生じた事情によるのであって、当初から騙すというつもりはなかったという否認がほとんどといってもよいと思います。

　しかしながら、その否認を覆せるような客観証拠が書面に残っているようなことはまずありませんし、詐欺の犯意を認めているようなメールや第三者とのやり取りが都合よく残っているようなことも、通常はまずないでしょう。せいぜい被告訴人がまともに債務の履行をしようとしなかったという不誠実な状況が、関係者の供述から得られるかどうかといった程度の証拠しか集まらないのが普通です。これだって、被告訴人からすれば簡単に反論ができるような内容でしかないと思われます。

　このような場合、客観証拠至上主義として、客観証拠がない以上、無理して被疑者を処罰する必要などないのだと考えるというのなら、検察官が何も頑張る必要はないのだろうと思います。

　しかしながら、実際のところ、確かに客観的な証拠、これには関係者の供述も含めてのことですが、それは薄いものの、やはりこの被告訴人は詐欺をしただろうと思われる事件は相当にあります。むしろ、直告事件のかなりのものはこの部類に含まれると思います。そうなると、検事として、このような事件にどのように取り組むべきかということが問われることになります。

　このような場合には、被告訴人である被疑者を割る、つまり、真相を告白させるしか方法はないと思います。ただ、これは簡単なことではありません。詐欺の被疑者は、なかなかしたたかな者も多く、だから平然と嘘をついて被害者から金を騙し取ったりできるのですが、それゆえ、簡単には落ちないのです。特に、そのような被疑者を在宅で、つまり、逮捕せずに取り調べても、通常は、落ちないでしょう。そうなると、どうしてもぎりぎりの証拠で逮捕した上での取調べをすることで勝負するしかないことになります。直告事件の詐欺事件において、担当検事が、あくまで起訴して闘う事件であると判断した場合には、このようなリスクを負って身柄を取ることになります。

　そうなると身柄の取調べを担当する検事は、ものすごいプレッシャーの中で仕事をすることになります。このプレッシャーは半端なものではありません。自分がその被疑者を落とせないとその事件がつぶれて、本来は起訴して被害者を救済すべきであるのに、それができないことになります。上司や先輩からも、お前が割れないから、この事件がつぶれたんだと言われることになります。もとより、そのような被疑者を任せられるということは、それなりに落とせる能力があると見込まれたからであり、そもそも割ることに情熱を傾けることのできない検事には、そのような身柄の取調べが任されることはありません。そういうわけで、自分が見込まれて、その被疑者を任せられたのだと分かっていますから、その期待に応えようという気持ちも、更にプレッシャーとなるのです。このような重圧に耐えられない人には、特捜部の検事は無理ということになります。

　私の場合も、その種の事件はいくつもやらされましたから、そのプレッシャーは何度も味わいました。もう二度とごめんだと思うくらい大変でした。共同捜査の応援に入って、ある事件の強制捜査をするという段取りの中で、取調官に対しては、強制捜査に着手する数日前に、自分が担当する被疑者が告げられます。そうなると、私の場合は、24時間、その被疑者のことしか考えなくなります。その被疑者に関することで既に証拠として得られている物や関係者の供述は全部頭に入れて、こういうことを聞いたらどう答えるだろうか、本当のことを言わせるには、どのような事柄から聞いていくのがいいのだろうかということを、頭の中で何度も何度もシミュレーションします。その中でこのようにすればたぶん本当のことを言わせることができるのではないかという確信に近いものが得られるまで考え続けます。

　そして、それと共に、食欲が激減していきます。食べることに興味がなくなるという感じになります。したがって、だんだん体重も減っていきますが、それは苦痛でもなんでもありません。ただ、食べることより被疑者のことの方に意識が向くという感覚になっていますから、感覚が研ぎ澄まされていくという感じなんでしょうね。

　実際に逮捕する日は、ほぼ始発の電車に乗って逮捕のための集合場所か、検察庁かのいずれかに行きます。そして、その際には、コンビニエンスストアでいくつか新聞を買っていきます。これから逮捕しようとする事件の前打ち、つまり、誰々が逮捕される予定ですよとマスコミが書いているかどうか

を確認するためです。書かれていないときのほうが多いのですが、ずばり書かれていることもありました。そんな時は、ほぼ必ず、その新聞が出た直後に、被疑者は病院に逃げ込んでいましたね。

　そんな状態で被疑者の自宅へ任意同行に向かいます。あるいは、事務官が連れてきてくれる場合もあり、そんなときは検察庁で待ちますが、いずれにしても、その日は朝から何も食べません。被疑者の喉笛に食らいつくつもりですから、何か食べたいという気持ちすら起きないのです。そして、被疑者に会った瞬間から、相手がどのような態度を取ろうと、絶対に真相を供述させるという覚悟で臨みます。否認などできるならいくらでもやってみろ、そんなものは絶対に覆すことができるというぐらいの心境になっています。

　そして、逮捕状を執行して逮捕し、続いて、弁録を取った上で、被疑者を拘置所に一緒に連れていきます。その後、必要な取調べなどをしたり、押収した証拠物を検討したりしていれば、その日は、あっという間に終わります。しかし、その間に何か食べるということもありません。ですから、逮捕する日は、24時間何も食べないのが、私の場合は、通常です。検察官独自捜査で身柄を担当するというのは、そこまでの覚悟ですることなのです。もっとも、食べる、食べないは全く個人的な問題ですから、私と違うタイプの人はいくらでもいると思いますが、取調べに対する意欲という点に関しては、これは特捜部の検事だから、あるいは、検察庁の人間だからというわけではなく、真剣に捜査に携わる者であれば、警察官であっても、特別司法警察職員であっても、全く同様だろうと思っています。

　被疑者の逮捕にまつわる私の心理状態はそのようなものですが、ここで、ちょっと、取調べにおける証拠物の役割についてお話ししたいと思います。

　ある訴訟詐欺事件で、これは『取調べハンドブック』（立花書房・2019年）という本にも書いたのですが、私は、その事件の黒幕のような立場で、フィクサーと呼ばれていた男を取り調べることになりました。それで、その関係で既に押収されていた証拠物を丹念に見ていったのですが、その中で被疑者のノートと思われるものがありました。そこにいろんなことが記載されているのですが、その中に書いている意味がよく分からない数字がいくつか並んでいました。それには、60とか61とかいう数字と、その近くに、数十万程度の数字がいくつか並んでいました。最初のうちは何だろうと思って、あれこれ考えてもよく分からなかったのですが、何度も見ているうち

に、これって年金の金額なんじゃないのと思いつきました。それで、一般的な給与所得者や自営業者の年金の金額を調べてみて比較すると、もちろん一致するようなことはなかったのですが、この数字の持つ意味は、自分がいずれもらう年金のことに違いないと確信しました。そうなると、この被疑者は、すごく難しいフィクサーというようなものではなく、単なる一老人にすぎないのではないかと思えるようになりました。

　実際のところ、その後、私が逮捕して、勾留中に、本当のことを話すようになった被疑者から聞いたところ、そのとおりであったので、その確信に間違いはありませんでした。このような証拠物からの取調べのヒントというのはよくあります。

　ただ、事実関係を明らかにできるような証拠物があれば被疑者は本当のことを認めるのかというと、私は必ずしもそうではないと思います。どんな証拠物を突き付けられても、例えば、漫画などに登場する典型的な「大阪のおばちゃん」タイプであれば、「そんなものがあっても、違うものは違うんや」と言い張ります。仮に、そこまでの態度はとらないにしても、反論も何もせずに黙りこくってしまう被疑者は珍しくありません。

　そもそも被疑者も自分のしたことが詐欺などの犯罪になることは分かっている以上、有力な証拠物が出てくるようなことがあっても絶対に否認しようと思っているのですから、決め手になるような証拠物であったとしても、取調べの上では、思ったほどの効果を発揮してくれないこともしばしばです。

　もちろん、決め手になるような証拠物を示して、「恐れ入りました」と言って犯行を認める被疑者もいるとは思いますが、そのような被疑者は、よほど知的レベルや社会的レベルの高い人であって、いわば理屈が通じる人なんだろうと思います。私個人の経験では、めぐり合わせが悪かったのか、そのような高級なタイプの被疑者を当ててもらえなかったのか、いずれか分かりませんが、そのような場面はほとんどなかったように思います。また、もっと言えば、そもそも、そんな都合のよい証拠物がある事件は、極めてまれだろうと思っています。

第2　被疑者から真相を引き出さないと生じる　不合理との闘い（その1）

　先に述べた詐欺事件でもそうですが、被疑者が本当のことを言わないと起

訴できないという事件があります。証拠が足りなければ不起訴でいいだろうと割り切って思われる方にとっては、ある意味どうでもいいことですが、この被疑者が犯人に間違いないと思いながら、本当のことを言わせられないがゆえに不起訴にせざるを得ないというのは、検事にとって本当に辛いことだろうと思います。ここで「だろうと思います」という言い方をしたのは、偉そうに言うつもりはないのですが、私自身は、そのような不合理な結果を甘受しなければならなかったという記憶がほとんどないからです。

　具体例を挙げましょう。これはある地方の山の中の病院での出来事です。この病院は、町からかなり離れた山の中にあり、主には、寝たきりに近い状態の高齢患者などが入院していました。そのような病院で、夜間に放火事件が発生しました。明らかに火の気のない倉庫内で火をつけられた跡があり、幸いボヤ程度で済みましたが、誰かが火をつけようとしたことはその痕跡からも明らかな事件でした。

　この事件の犯人ですが、理論的には、夜間とはいえ、町からやって来た犯人が火をつけたということもあり得ますが、実際のところ、そんな可能性はまずないという事件でした。街路灯も十分にないような山道を放火するためだけに上ってくるというのは、およそ現実的な話とは思われませんでした。そうなると、犯人は、病院内に当時いた者のうちの誰かということになります。

　当直の医師、看護師はいましたが、それ以外には、入院患者しかいません。当直の医師、看護師も犯人の可能性はありますが、これらの者には放火をしなければならないような動機はなく、まず、犯人とは思われませんでした。そうなると、入院患者のうちの誰かということになりますが、多くは歩行も困難な高齢者ばかりであり、放火するために倉庫に行くのも大変だろうという人たちばかりでした。ただ、その中に一人だけ十分に可能性のある人物がいました。その人物は、中年から初老になるかというくらいの男性で、素行が悪く、病院内でしょっちゅう他の患者とトラブルを起こしており、暴行事件なども引き起こしていました。そして、常々、「この病院に火をつけてやる」とどなったりしていたのです。

　この事件が発生したとき、おそらくどの患者もこの男がやったに違いないと思ったことでしょう。

　私自身は、この事件の初動時には関与していないので、警察から検察庁に

相談があったかどうかなども一切知らないのですが、警察としては、一刻も早く、この人物を逮捕しなければならないと焦ったと思います。患者を含めた病院側としては、この男しか犯人に該当すると思われる人物はいないのですから、警察に早く捕まえてもらわなければ安心して入院していられないし、治療もできないと思っていたに違いないからです。

　しかし、このような事件を弁護士側から見たらどうでしょうか。証拠関係ははっきり言って、今述べたことだけです。物証は何もありません。燃えカスが残っているだけで、点火用具も残されていませんし、防犯カメラも、そもそもそんなものもない時代でしたから、そんな映像もありませんでした。そうなると、どうやって被疑者の犯人性を立証するのだということになるのだろうと思います。

　警察がこの被疑者を在宅で調べたのかどうかも私は知りませんが、私が関わるようになったのは、勾留10日目を過ぎた頃のことでした。それまでこの事件を担当していた検事が、別の事件を担当することになったことから、事件の割り替えがなされ、私が担当となったのです。

　その当時、被疑者は、もちろん全面否認で、「俺が何か悪いことでもしたのか」と取調官に食って掛かっているような状況でした。

　ただ、この事件の配転を受けた際、私は、上司から、「君がこの被疑者を落とせなければ、不起訴にする」とはっきり言われていました。確かに証拠上は、先にも述べたように、被疑者につながるものは何もありません。ですから、上司としては、このように言うしかなかったのだろうと思います。

　しかし、状況から見て、犯人はこの男以外にはいないと思うのが通常の感覚だと思います。そうであるなら、犯人であると思われる者を不起訴にして釈放し、元の病院に戻すということになった場合、病院の患者や関係者はどう思うのでしょうか。恐ろしくてたまらないと思うのではないでしょうか。今度こそ、この男が病院に火をつけて、皆焼死させられるのではないかと恐れると思います。

　しかし、一方、被疑者にしてみれば、俺は不起訴になったんだから、当然に、元の病院で入院治療を受ける権利があると主張して戻ろうとするでしょうね。そのような事態を、世間の人たちは果たして容認しますかね。この事件において、彼以外に他に犯人はいないと思われるのに、客観証拠がない以上、理論的な可能性としては、他の者でも犯行の余地があるとして、嫌疑不

十分とし不起訴にすることを、この病院の関係者は受けいれますかね。

　ただ、現実の問題としては、彼が本当のことを言わずに、あくまで否認を通したら、実際のところ、起訴は相当に難しいと言わざるを得ないでしょう。そうなると、ただいま申し上げたような不合理な状況を作り出させないためにも、検察官の良心に照らしても、何がなんでも彼から本当の話を引き出すしかないという状況に追い込まれるわけです。

　そこで、私は、警察と相談して、日中は、彼らに取調べをしてもらい、私は、夕方から毎日取調べをするという態勢にしました。私は、この事件以外にもいくつか事件を抱えていましたから、日中は、他の事件の仕事もしなければならなかったのです。もちろん、その間の土日は、私が一日全部の取調べを担当しました。

　そのようにして、平日は、連日、夕方から夜まで取調べを行いました。しかし、彼は、俺は何もしていないとふて腐れた態度で否認するばかりで、一向に落ちるような様子はありませんでした。それでも、私は、なんとか彼の心を開かせようと、彼の家族の話をしたり、本当のことを隠してはいけないと何度も説得に努めました。このような場合、どなって、「本当のことを言え」などというのは、全く効果はありません。無駄な努力です。もちろん、どなることが必要な場面はあり、それはまた別に説明しますが、このように犯行を全面的に否認しているものの、まず、犯人に間違いないと思われる事件では、とにかく本当のことを言うまで粘って相手の心を開かせるしか方法はありません。どなれば反発して、ますます絶対に話すもんかとなるだけなのです。

　刑事もののテレビドラマにおける取調べの場面で、「おい、かつ丼食うか」とか、「田舎のおっかさんは元気か」なんていうセリフが面白おかしく出てきますが、さすがに「かつ丼食うか」というのはありませんが、「田舎のおっかさん」は時々出てきます。そんなセリフのような言い方はしませんが、やはりどんな被疑者にとっても家族は大切な存在だからです。したがって、口ではどうこう言っていても、やはり家族のことや、家族が自分のことをどう思うだろうかということは彼らが非常に気にしていることなのです。私も実際、取調べでは被疑者の家族のことはよく話題にしていました。この点は、また後に違う事件でも説明することにします。

　それで、この放火事件に戻りますが、私は、被疑者の心を開かせるために

は、彼の置かれた状況をよく理解し、彼の立場に立って物事を考えるということが必要だろうと思っていました。そこで、彼に対し、放火までする以上、よくよく耐えかねることがあったんだろう、放火をしていいとは絶対に言わないが、そこまでしたくなる君の気持ちにはよっぽどのものがあったんだろう、そのようなことについても分かりたいから、本当のことを話してほしいと、何度も何度も、まあ、壊れたテープレコーダーのように繰り返して、連日、話し続けたのです。

　そうすると、多分、勾留17、8日目くらいの夜だったと思いますが、それまでふて腐れていた彼が、突然、わーっと泣き出したのです。その瞬間、正直なところ、何が起きたんだというびっくりする気持ちが先に来て、何がどう展開するのだろうかと、ハラハラした感じで見ていました。すると、彼は、姿勢を正して、「今まで嘘を言っていてすみませんでした。火をつけたのは、間違いなく私です」と言ったのです。

　その瞬間というのは、今でも覚えていますが、自分の身体の背筋がぞくーっと寒くなり、指先が震えるというまでのインパクトがありました。これが人として本当のことを言う瞬間なんだと知ったのです。

　そして、その際の自分の気持ちとしては、よくぞ本当のことを言ってくれた、本当のことを言うのは辛かっただろうな、もういいから、もういいからというような気持ちになっていました。ただ、実際には、その後も詳しく犯行状況等を話してもらわないといけませんので、さすがにそのような気持ちを口にすることはありませんでしたが、そうなると、私の方からは話す言葉が見つからなくて、それで音の出せない口をパクパクさせていたような状態ではなかったかと思います。とにかく、それくらい強烈な印象を受けたことだったのです。

　そして、その後の彼の態度は、文字どおり180度変わり、それまでの粗暴な態度ではなく、実に丁寧な紳士的な態度になりました。人間ここまで変わるのかと驚くほど違うようになったのです。

　そこで、どうして今まで犯行を否認していたのかという理由ですが、これは彼にも若干の誤解があるのだろうと思いますが、彼の父親の出生に関することが理由だったのです。どういうことかと言うと、彼の父親は、当時、家が貧しく、そのため、小学校に上がるまで戸籍を作ってもらえなかった、だから、実際の年齢は、戸籍上の年齢である80いくつより5つくらい上にな

るんだ、そんな高齢になった父親に自分が放火したなどということが伝わったら、ショックで死んでしまうかもしれないと考えていて、それで言えなかったとのことでした。仮に彼の言うように、小学校に上がるまで戸籍が作られなかったとしても、その際には、０歳児として戸籍を作るわけではなく、小学校に入学する者としての年齢が記載されるわけですから、戸籍上の年齢より上になるということはあり得ないと思います。ただ、彼はそう信じ込んでおり、それで父親のことを心配していたのです。

　ただ、そのようなことを心配しながらも、それでも私が熱心に、家族が君のことを心配しているに違いない、そんな家族に苦しい思いをさせてはいけないなどと繰り返し言ったことが心に響いたようで、それで本当のことを言うことにしたようです。

　彼の自白は、その後、法廷に行っても変わることはなく、最終的に実刑判決を受けたと思いますが、控訴することもなく確定しています。彼から本当のことを聞き出すことができたことで、社会に対して不合理な結果をもたらすということにはならなかったのです。

▌第3　法廷でも維持される自白について

　捜査段階では自白していても、法廷ではこれを否認して、捜査時での取調べの任意性を争うということはしばしば見られることです。私のかつての上司の一人に、俺は任意性で16回法廷に呼ばれたと言っていた人がいました。確かに、任意性で16回呼ばれるということは、16の事件で自白を獲得しているということで、その意味では、被疑者を自白させることに長けていることにはなるでしょう。しかし、捜査段階での被疑者の供述が法廷に行ったらひっくり返るというのは、やはり、その取調べで被疑者が本当には落ちていなかったということになるのではないかと思います。そもそも任意性が問題になる以前の段階、つまり、被疑者を落とせないから自白調書がなく、任意性が問題にすらならないという検事も多いのですから、決して、彼を批判しようというつもりなどはないのですが、取調べで本当に被疑者に心を開かせて、真相を供述させていたのであれば、法廷でもそれが維持されなければおかしいと思います。

　私の場合について言えば、最後まで自白を維持した状態で起訴になった被疑者から、任意性で法廷に呼ばれたことはありません。要するに、20日満

期になった日に、「今日で取調べは終わりだ。明日からはもう来ないから」
と言った際に、被疑者から、「長い間、毎日、ありがとうございました」と
言われて別れた場合には、その後、私に対してした供述内容が法廷で問題と
されたことは一度もありませんでした。

　その関係で一つ具体例を挙げようと思います。これは 30 年近くも前の話
ですが、自民党のある代議士の贈収賄が問題になりました。その事件で、私
は、当該代議士の女性秘書を担当することになりました。彼女は、被疑者と
して立件はされていませんでしたが、立場上、被疑者的なというか、被疑者
に極めて近い立場の参考人という扱いでした。私は、彼女の家の捜索なども
担当し、連れていった事務官が室内を捜索して、証拠品の押収などをしてい
る間、彼女といろいろと話をしました。そうすると、彼女が、当該代議士の
秘書として、代議士を守らなければならないというプロ意識を強く持ってい
ることがよく分かりました。ただ、だからといって私に対して敵対的になっ
ていたわけではなく、仕方のないことは仕方ないという割り切った面もあり
ました。

　そして、在宅で、彼女の取調べを連日行ったのですが、彼女は、嘘をつこ
うという態度は決してとらないものの、自分の話すことが代議士にとって不
利益なものにならないかということについては極めて慎重でした。例えば、
彼女から聞いたある事実について、それを立会事務官に口授して調書に録取
した上、彼女にそれを渡して読んでもらうと、長時間かけて一字一字きちん
と読み、しかも、それも何度も繰り返して読んで、その上でやっと署名する
ということが続きました。

　ある時などは、彼女が、「城さん、私がこれに署名しないと、城さん困
る？」と調書を手にしたまま聞いたことがあり、私も、「困る、すごく困る」
と言うと、彼女は、「城さんが困るなら、まあいいか」と言って署名したこ
とがありました。その調書自体は、それほど重要な内容が入っていたわけで
はないものの、録取した以上、署名までもらいたいと思うのは、取調官とし
て当然のことですから、そのように答えたわけです。ただ、このようなやり
取りから、彼女との間で良好な取調べ環境ができていたことが分かることと
思います。

　このような取調べの中で、彼女の役割、特に、彼女は、金庫番と呼ばれる
立場で、当該代議士のところに入ってくるお金を全て把握する立場であった

ことから、その関係で、当該代議士が受け取ったお金のことを聞いていったのです。銀行の預金通帳やその余の帳簿類等を示して、そこで記載された入金が誰からのもので、どういう性質のものであるかなども聞いたのです。そして、その中に賄賂と認定され得る入金もあったのです。彼女が、その入金を賄賂だと思っていたかどうかは、たぶん、そのようには理解していなかったのではないかと思いますが、その入金の事実も間違いないとして認めていたのです。それで、私は、そのような入金があったという客観的事実についてだけ、賄賂かどうかなどという法的評価を絡めることなく、調書に記載していったのです。彼女にしてみれば、そのようなお金が入ってきて、それが当該代議士に帰属するものであると認識していましたので、そのとおりに記載されている調書に署名したのでした。

　そして、彼女の取調べは、当該代議士の起訴をもって終了しました。私は、その後の公判のことについてはさほど関心をもっておらず、せいぜい賄賂の授受は認めていたが、職務権限や趣旨で争っていたということや、最終的には実刑になったというくらいのことしか知りませんでした。ただ、当該代議士は、かなり高齢になっていたので、実際に収監されたのだろうかという程度の関心はありましたが、その答えも知らないままでした。

　ところが、その事件の公判が全て終わってから10年以上は経過し、たぶん、当該代議士の死亡記事が出た更に後のことだと思いますが、風の便りで当該代議士の公判対策のための弁護団の様子が耳に入ってきました。それが真実かどうかは私には分かりませんが、それによると、弁護団は、当初、被告人が無罪を主張していることから、全面的に争うために賄賂とされる金員の授受も否認しようとしたようです。ただ、そのためには、私が取り調べた金庫番の女性秘書の供述調書が邪魔になります。先にも述べたように、彼女は、賄賂とされる金員は受け取っており、それが当該代議士に帰属するものであることをはっきりと認めて、調書に署名してしまっていたからです。

　そこで、弁護団としては、彼女に対し、調書が間違っているのではないか、証言で調書の内容を訂正したり、供述調書の作成時に任意性に問題があったと主張することはできないかなどと聞いたようでした。ところが、それに対する彼女の返答は、「私が城検事に言ったことは本当だし、調書の内容も確認しているから、それに間違いはない。無理なことを言われたことはないし、話したことは全て真実だ。もし、証言しろと言うなら、調書に書い

てあるとおり証言することになる」と言ったようです。それで、弁護団としても、金員の授受を否定するのは無理であると考え、他の構成要件を争点としたようでした。

　この話が本当であるなら、私の取調べが公判段階においても維持されたことになるのでしょう。

　もう一つ別の例を挙げましょう。これは、私が直接に取り調べたわけではないのですが、私が主任検事として、ある女性検事に応援で来てもらった際の彼女の取調べについてです。

　その事件は、大規模な詐欺事件であったのですが、その中で首謀者と共犯者の一人であるＡとの間の共謀が問題となりました。その二人は、兄弟なのですが、年齢は親子ほども離れており、いくら兄弟と言っても兄に対してはそうそう簡単に話ができるという関係にはありませんでした。したがって、その事件全体の構図からすると、どう考えても二人の間に共謀があると考えられるものの、住んでいる場所は相当に離れていたので直接に会って指示がされたとは考えにくいし、また、電話で話してもいいのですが、そのようなこともなさそうでした。更には、メールなどというものも想定し難いような事案であったのです。

　もちろん、その共犯者Ａは共謀を否認していました。ところが、その共犯者Ａを担当していた女性検事の粘り強い取調べによって、Ａはついに本当のことを供述したのでした。それは勾留６、７日目くらいのことでしたが、当該女性検事が主任である私のところに来て、「被疑者が認めました。今、自白調書を取ろうと思えば取れます。ただ、完全に落ちているわけではありません。この段階で自白調書を取ってしまうと、この先進まないかもしれない。だから、もう少し時間をください。完全に落としてから調書を取らせてください」と言ってきました。

　このような場合、主任検事としては、どのような指示をしたらよいのかすごく迷います。とりあえず認めたのだから、この段階で、一応、自白調書を作成しておいたほうがいいのではないか、その後、また否認に戻ってしまっても、一時的とはいえ、自白が証拠化されるのだから最低限の証拠が残るからその方がいいじゃないかという考え方はあります。実際のところ、取調べで被疑者が一旦自白したものの、やっぱり処罰されることへのおびえから、また否認に戻るということはよくあることだからです。

　しかし、その一方で彼女が言うように、完全に落としておかないと、その後の供述が深化しない危険があります。そうなると、彼女の取調べで完全に落とすことができるかどうかという可能性の有無にかかってくることになります。この段階では、私は、当該女性検事とそれほど事件を一緒にやってきたということはなかったと思いますが、それでも取調べにかける彼女の意欲や情熱は素晴らしく、また、それなりの実績も積んできた中堅検事でしたから、この際、彼女の取調べと心中しようと考えました。

　それで、私は、「分かった。君の言うとおりにしよう。今は調書を取らなくていい」と指示しました。そして、そのことを上司に報告したのですが、上司は、「本当にそれで大丈夫か。彼女は優秀だとは思うけど、そこまで任せていいのか。もし、否認に戻ったらどうするんだ」と言ってきました。上司がこのような心配をするのは、ある意味、当然のことだろうと思います。私は、そのように言われることも予想していましたから、「彼女に任しておいて大丈夫ですよ。きっとやってくれますよ」と言うと、上司は、「だったら、もし、ダメだったらどうするんだ」と聞いてきたので、私は、「その時は、私が代わってやります」と答えました。

　私が代わって取り調べたところで、それまでに信頼関係を作ってきた彼女の取調べを超えることができるとは思いませんでしたが、主任検事として責任を取るためにはこのように答えるしかありませんよね。また、もし否認に戻ってしまって、彼女がギブアップしたりしたら、本当に私がやらなければならないことにもなるので、その意味では、そのように答えたことは嘘でもなんでもないのです。

　もっとも、私がそこまで言えば、私のそれまでの取調べの実績や信頼があるので、上司も、「分かった。お前がそこまで言うなら任せる」と言って、それ以上の話はありませんでした。

　そして、彼女の取調べですが、近いうちに決着をつけてくれるだろうと期待していたのですが、予想どおりにはいかず、かなり難航しました。かなりハラハラしたものの、何も言わずに見守っていました。すると、1週間ほどして、「主任、完全に落ちましたので、もう大丈夫です。調書を取ります」と言ってきたので、本当にほっとしましたね。

　それで、彼女が録取した調書によると、当該被疑者は、首謀者とは電話などを含めて、直接に明示的な指示を受けたことは一切ない、しかし、首謀者

から送られてきたファックスを見て、詐欺に加担しろという意味であること
が分かったと述べたのです。つまり、直接のやり取りなどはないものの、そ
のファックスの内容が、通常の取引ではない、異常な取引をすることになる
と分かるものであったので、それを見て首謀者から詐欺の指示だと分かった
ということだったのです。ただ、ファックスには、何々を買えという指示が
なされているだけで、それだけでは何もおかしな指示ではなかったのであ
り、表面的には正規の商取引を指示しているようにも読める文書なのです。
しかしながら、その時期に、そのようなものをわざわざ購入するということ
は、それを犯罪に用いる、つまり、詐欺の手段にするのだとすぐに分かった
とのことでした。

　このような形での共謀というのも実際あり得るでしょうね。やくざの親分
が一言言うだけで、子分は、その意味を全て汲み取って、対立抗争中の組長
を殺害するというパターンだってあるのですから、以心伝心という形で共謀
が形成されることも決して珍しくはないと言えるでしょう。

　ただ、このような共謀は、そのようにして形成されたのが事実ですから、
それはそれで仕方ないものの、裁判という観点からすると非常に脆弱な共謀
と言わざるを得ないでしょう。一旦認めていても、それを法廷で否認した場
合、具体的な共謀文言など何もないのですから、別の解釈が可能となってし
まい、裁判所の事実認定として、こちらの録取した調書どおりの事実を採用
しないということもあり得るからです。

　そこで、この事件が公判において、どのように展開するかは関心をもって
見守っていました。すると、首謀者も共犯者Ａも共謀関係については争わな
いという主張になっていました。やはり、女性検事の取調べが真摯であり、
そこで得られた供述が真実であったからだろうと思いました。

　その後、何年も時が経過した後、たぶん、私はその女性検事から聞いたの
ではないかと思いますが（もっとも彼女が誰から聞いたかなどは知りません
が。）、彼女が取り調べた共犯者Ａの供述内容をめぐって弁護方針で争いが
あったようです。これが本当であったかどうかまでは正確なところは分かり
ませんが、弁護団としては、事実関係を争い、共謀関係を否定するという方
針でいきたかったようなのですが、当該共犯者Ａは、捜査段階で彼女に話し
た内容を変更するようなことはしないと断言したようでした。そのため、公
判において、共謀関係を否認する主張ができなかったとのことでした。

　仮に、その話が本当であったのなら、この女性検事の取調べは、公判においても維持されたということになるでしょう。

第4　被疑者から真相を引き出さないと生じる不合理との闘い（その2）

　広島県警で 8,000 万円ほどの現金が盗まれた事件がありましたが、犯人が死亡していることなどもあって、マスコミ報道からは、どのような証拠に基づく認定から、死亡した捜査員が犯人であったとされたのかよく分かりませんでした。盗まれた現金がどうなったのかよく分からず、それが借金の返済に充てられたという報道もありましたが、それが本当なら裏付けが簡単に取れて犯人性も明らかになるのではないかなど、疑問点が解消されないまま終結したような印象があります。もっとも、警察サイドでは完全に解明できていても、単に、それを公表できないというだけかもしれませんが。

　私がこの事件のことを挙げたのは、実は、私も全く同様の事件を扱ったことがあるからです。それは、私がある地検に勤務していた時ですが、検察庁内の特殊証拠品扱いの現金約 500 万円が金庫から盗まれていたのです。この金庫は、検察庁のかなり奥まったところにあり、しかも宿直室には、夜間は常時、事務官がいましたから、外部から侵入して窃取するなどということは、およそ考えられず、内部犯行に間違いないと思われる事件だったのです。この点でも、広島県警の事件と全く同じです。

　この被害に遭った現金は、選挙違反の買収用の資金であり、それが証拠品として押収されていたところ、当該選挙違反事件が既に最高裁に係属し、事実審理が終了していたことから、弁護人が還付請求をしてきたのです。そのため、そのことがきっかけで発覚したものでした。弁護人から買収資金の還付請求を受けて、実際のところ、もはや検察庁で保管しておく必要もないものでしたから、還付の命令が出され、若い事務官が、金庫から当該現金が入った封筒を取り出し、弁護人の面前に持って行きました。

　当時の証拠品となる現金の保管形態は、セロファンの窓などもない通常の茶封筒に管理職が封印をしたものでした。そして、若い事務官が、その封筒にハサミを入れて開封したところ、中からはお札ではなく、お札の大きさに切った何百枚もの白い紙が出てきたのです。当該事務官は、びっくりして、これは「どっきりカメラか」と思ったそうです（笑）。ちょっと古いです

ね。しかし、そんなことがあるはずはないとすぐに思い直し、これは誰かが現金を盗んで白い紙に入れ替えたのだと考え、還付に来た弁護士さんには一旦帰ってもらい、すぐに上司に報告したそうです。

　そして、当初は、事務方の上層部で調査していたようですが、1週間経っても何も分からなかったので、捜査部の私たちのところにその事件が下りてきて、犯人を見つけてくれということになったのです。それは12月中旬頃のことでした。

　それで、皆で手分けして、犯人とおぼしきメンバーの取調べを始めました。疑わしいのは、その犯行日付近の宿直担当事務官や、証拠品に触ることのできる証拠品課長、同係長及び同課員、更には、元の証拠品課長等でした。それら嫌疑のかかる者を順次調べていったのですが、なかなか犯人とおぼしき者を見つけ出すことはできませんでした。

　そんな中で、私が取り調べた元証拠品係長、これをBとしておきますが、この人物を取り調べた時、彼が、自分からこんなことを言い出したのです。彼は、「私は、もちろん、そんなことはやっていませんが、ただ、自分は疑われる要素がありますので、そのことをあらかじめお話ししておきます」と言いました。私は、何があるんだろうと思って聞いていると、彼は、「実は、私には借金があるんです。そして、それが原因で女房と離婚しているんです。このことはうちの役所の中でもほとんど知られていないことです。城検事のことは、これまでもよく知っていますから、ここで打ち明けることにしたんです。借金は、400〜500万円あります。疑われるような立場だと思いますけど、犯人じゃないので、あらかじめ疑いが掛からないようにするために話しておこうと思ったのです」と言いました。

　私は、借金があることが好ましいとは思いませんでしたが、それでも人にはそれぞれ事情があるんだろうし、借金があるからといって窃盗に及ぶというわけでもないだろうと思いましたから、彼に、「そうなんですか。それはいろいろと大変でしょうね。でも、あなたの言うことは分かりますから」と返答しました。私は、彼を疑うようなことはなく、全く普通に受け答えしていました。

　その後も、いろいろな立場の事務官の取調べを実施しましたが、犯人は一向に分かりませんでした。そのうちには、検事正の命令で、全事務官の指紋と掌紋が採取されましたが、事務官からは、どうして検察官の指紋や掌紋を

採らないんだとの不満が出ているという噂も耳に入ってきました。理屈の上では、検事・副検事も犯行に及ぶことはできます。しかしながら、現実的には、証拠品の金庫に行くことは事務官の仕事ですから、検察官の中には金庫のありかすら知らない者もいるくらいですし、彼らは、それ相当の金額の給与をもらっていることに照らしても、私には検察官が盗んだとは思えませんでした。そのため、当時の検察庁では、事務官が犯人であるとの見込みで捜査がなされたのです。これを見込み捜査というのかもしれませんが、捜査というのは、可能性の高いターゲットから順次広げていくのですから、私は、見込み捜査ということ自体がおかしな考え方であるとは思っていません。しかし、それでも犯人の手がかりはなく、見つからないまま時が過ぎていったのです。

そうするうちに、年末の御用納めも近づいてきました。このままでは内部にいる犯人が分からないまま年を越すことになるおそれが出てきました。そんな時でしたが、私が仕事をしていた午前11時45分頃、この捜査に関与していた事務官から電話がかかり、封筒の中に入っていた白い紙を科捜研に嘱託して指紋鑑定をしていたところ、その中の1枚だけから掌紋が検出され、それがBの掌紋と一致したという話でした。

私は、それを聞いて、これはもうBが犯人に間違いないと思いました。先に述べた借金の話だけではBが犯人だとは全く思わなかったのですが、封筒の中に入っていた紙からBの掌紋が見つかったということは、B以外に犯人はいないと思うのに十分な証拠でした。

もちろん、弁護士的感覚からすれば、そんなことがどうして断定できるんだ、役所の中の紙であれば、犯人でなくても偶然に触ることはあるし、たまたまBが触った紙を犯人が切って封筒に入れる可能性だってあるだろうという反論が出ることは百も承知のことです。理屈の上では確かにそうです。しかし、そんな偶然が重なって起きますか、それが健全な社会人としての感覚でしょうかということです。私は、そんな都合のよい偶然、若しくは都合の悪い偶然と言った方がいいのかもしれませんが、そんなことは通常は起きないと思っています。

ただ、私がそのような感覚であっても、裁判上では、先に言ったような可能性がある限り、自分がたまたま触った紙を犯人が切って封筒に入れたんだと、Bが一言でも言ったら、それでその紙から出た掌紋の証拠価値は全くゼ

ロになるでしょうね。その可能性自体はあり得るのですから。しかし、そのような弁解を許して、それ以外には証拠がないのだから、犯人の疑いは残るけど、同僚としてこれからも仲良くやっていきましょうということになるのでしょうか。疑わしきは被疑者の利益ということで、そのまま何もなかったことにするのでしょうか。他の事務官にしてみれば耐えられないことだと思います。そんな不合理な結果を許すわけにはいかないと思います。

　そこで、私は、直ちに、Bの取調べをすることにしました。正午近くでしたから、Bが昼飯のために外出してしまう危険がありましたので、すぐにBに電話をかけました。すると、幸いBはまだ職場にいましたので、今から私の部屋に来てくれるように指示しました。

　そして、彼が来るのを待っていたのですが、私は、これからの自分の取調べにこの検察庁の将来の全てがかかっていると思いました。私自身、彼が犯人に間違いないと思っています。しかし、もし彼に、そんな紙に私の掌紋が付くことなんか、役所の紙なんですから、偶然でいくらでも起きますよと否認されたら、それこそ自分が犯人であると分かっている事務官をそのまま勤務させ続ける結果となります。事務官の同僚にもすぐにそのことは分かるでしょうから、窃盗をするような犯人と一緒に検察庁の仕事をしなければならないのか、しかも全く処罰もされないなんてと思う状況を作り出してしまうことになります。私は何としても彼に本当のことを言わせなければならないと固く決意しました。極端に言えば、自分がこの取調べで失敗したら、この役所が潰れるという意識でした。

　そして、彼が入ってきました。心なしか緊張しているような感じに見えましたが、特に、普段と異なっているようなところはありません。そして、このような職員の取調べの際には、これまでもそうでしたが、立会事務官には席を外させていました。というのは、若い立会事務官より年長の事務官を取り調べるのに当たって、それを後輩である若い立会事務官に見られるのは、取調べを受ける事務官にしてみれば大変な苦痛だったことから、その点を配慮して席を外させていたからです。

　そのような状態で、Bを私の机の前に座らせました。私が最初に発した言葉は、「もう分かったから。もうこれ以上苦しまなくていいから」というものでした。とにかく、私は、彼も彼なりに自分のしたことに悩んでいたに違いないと思っていたことから、そのように言ったのでした。すると、彼は、

それには何も応えず、うつむき加減のまま黙っていました。私は、もうこれで絶対に彼が犯人に違いないと確信しました。もし、彼が犯人でないなら、「なんのことですか？　ひょっとして私が犯人と思われているんですか？」と言うことになるに決まっていますから。

　それで、私は、それに続けて、「君にもいろいろと事情があったんだろう。君とはずいぶん前から知り合いなんだから、君がおかしな人間でないことは知っている。だから、君が反省してくれることが一番大事なんだから」などと続けました。それに対しても、彼は何も応えず、うつむいて黙ったままでした。私は、もはや彼が犯人であることを更に確信し、「もう、これで終わりにしていいんじゃないか。他の職員にも気の毒なんだし」などと言い、更に、いろいろと説得を続けました。

　そうしたところ、そのうちに、彼も「すみませんでした。ご迷惑をおかけしました」などと言って犯行を認めたのです。私は、これで疑いだけが残り、上げも下げもならないという状況を回避することができたと心の中で安堵しました。

　ただ、それはあくまで、彼が私にそう話しただけで、立会事務官はいませんし、誰も証人になる人がいません。立会事務官もどこかに行ってしまっているので連絡のつけようがありませんでした。そこで、仕方なく、当時の上司に電話をかけて私の部屋に来てもらいました。そして、上司にBの様子を見せたところ、当初は事態を理解できなかったようでしたが、すぐに察知し、Bに対して、「他の職員がどれほど迷惑を受けたか分かっているか」ときつい口調で叱ったのです。すると、Bは、私に言ったのと同様に「すみませんでした」と言って頭を下げたので、私は、これで証人もできたと思ってほっとした記憶が残っています。その後、立会事務官が戻ってくるのを待って調書を作成し、速やかにBを検察官逮捕したのです。

　この段階における取調べでは、先の掌紋の話は一切していません。先にもお話ししましたが、証拠物というのは必ずしも万全の働きをしてくれるものではないし、特に、この事件の掌紋は、一旦、否定されたら全く効力をもたなくなる脆弱なものです。しかしながら、一方で、犯人が自白した後は、その補強証拠として極めて有効なものとなります。このような場合、当該証拠物の脆弱性に鑑みれば、それに頼らない取調べが求められるということです。

　取調べにおいて最も重要なのは、証拠物が決めることではなく、取調官が相手方の心の中に入れるかどうかということであり、それができるような真摯に心を込めた取調べが求められるということなのです。

　なお、この事件では、御用納め直前の逮捕だったため、私自身が拘置所でBの取調べをしなくてはならず、そのため、年末も正月も一切ありませんでした。

　そして、その間における取調べにおいて、Bが言うには、今回の犯行以前にも何度もこの証拠品の現金を封筒から出して白い紙と入れ替えて使っており、その後、また、ボーナスなどと新たな借金とを加えて元に戻していたとのことでした。ですから、封印の印鑑がずれないように開けて、また、それを戻すのは難しいことではないとのことでした。その方法をここで公開するわけにはいかないのですが、実験してみても手先の器用な人なら可能であることが分かりました。ただ、彼にしてみれば、弁護士からの還付請求が最高裁で確定した後と読んでいたのに、その前に還付請求が来てしまったので、戻すタイミングを失してしまったとのことでした。彼にとっても不幸な偶然（？）であったようでした。

　もっとも、このような事件が起きたことで、検察庁で保管する現金については、その後、セロファンの窓が付いた中身が分かる封筒が使われるようになりました。

第５　被疑者が取引を持ち掛けてきた場合の取調べについて

　取調べに当たって、被疑者が取引を持ち掛けてくることがあります。そのような場合の取調べ時の対応などについてお話ししたいと思います。

　私がそのようなことを経験した事件は、ある大型の詐欺事件で、被害金額が10億円近くにも上るような事件でした。私は、応援の検事として、その事件に入りましたが、その中で被疑者Cを担当しました。もちろん、これまでに述べたような大きな重圧の中での取調べであったことは間違いありません。

　私は、被疑者Cの自宅まで赴き、任意同行を掛けて、検察庁に連行しました。ただ、Cに対しては、自宅から連れ出した段階から、事実上、取調べを始めており、自動車の中でもずっと話を続けていました。もちろん、そのよ

うな場合には、任意同行を掛けて話をする前に黙秘権を告知しておきます。その上で、いろいろと聞きたいことがあるんだけど、などと言って聞き始めるわけです。自動車の中では視線が向かい合わないため、被疑者も話しやすい状況にあります。

　それで、Cに詐欺事件の内容を聞きますと、大筋では認めました。細かなことを聞く時間的余裕などもありませんから、概括的なことしか聞けませんが、それでもCは犯行を認めたのです。それで、検察庁に着いて、逮捕状を執行し、弁録を取る際にも、犯行を認めていました。そして、その状態は、その後の取調べにおいても継続していたのです。それで、その翌日には勾留請求をし、裁判所での勾留質問の際にも、裁判官に対して犯行を自白していました。裁判所から戻ってきた後の取調べにおいてもそれは同様でした。

　ところが、その翌日頃の取調べの際だったと思いますが、被疑者Cは、取調べ中に、突然、他の共犯者の一人を指して、これを仮にDとしておきますが、「Dを主犯にしてくれるなら、このまま認めていくが、もし、自分が主犯になるようであれば、これ以上は話せない」などと言い出しました。私は、この被疑者Cが主犯になるのか、それとも他の先輩検事が担当しているDが主犯になるのかは、その段階ではまだ分かりませんでした。しかし、誰が主犯であるにせよ、被疑者から自分以外を主犯にしてくれるなら、自白を維持するというは、正に取引を持ち掛けてきたということにほかなりません。

　このような場合、当然、そのような申出を受けるわけにはいきません。仮に、真実、Dが主犯であったとして、それゆえに被疑者Cが自白を維持したとしても、後に公判になって、Dを主犯にするという約束があったから自白したのだとの弁解を許すことになります。したがって、主犯が真実Dであったとしても、およそ受け入れられる申出ではないでしょう。

　そこで、私は、「そのようなことは、今後の取調べの展開を待たないと分からないことだから、そのような話を受けるわけにはいかない」と言いました。すると、被疑者Cは、少し考えて、「それだったら弁護士と相談させてくれますか」と言うので、私は、「それはもちろん弁護士と相談してもらって差し支えないから、よく話し合ってくれ」などと言いました。それから、私は、すぐに、弁護人に連絡を取り、その日のうちか、遅くとも翌日の早い時間に被疑者Cに会ってもらいました。

　そして、弁護人の接見が済んだ後、被疑者Cを取調室に上げて、「どうするんだ」と聞くと、Cは、「否認します」と言い放ったのです。私は、それまで犯行自体は何度も認めて自白調書に署名していたのに、何を言い出すんだと思いましたね。弁護人とどんな話合いをしたのかは知りませんが、こちらが取引に応じなかったことをもって、そのような態度に変更したのだろうと思いました。私も、さすがに、「それはどういうことだ」と声を荒げましたが、被疑者Cは、うつむいて「否認します」と繰り返すだけでした。

　その後、取調べは続けたのですが、結局、最後まで否認で通されました。私の力不足で元に戻すことはできなかったのです。これなどは、最初の段階での自白しか取れなかったのですから、取調べとしては失敗の部類です。

　このように、被疑者から取引を持ち掛けられることは、そんなに多いというわけではないものの、ないことはありません。この事件でも、もし被疑者Cの申出に対し、曖昧な態度でも、それを受けいれるかのような態度をとっていれば、あるいは被疑者Cは、そのまま自白していたかもしれませんし、真実、Dが主犯であったのなら、それはそれで丸く収まったのかもしれません。

　しかし、そのような取調べは、必ず禍根を残すことになるでしょう。きっと公判で何かそれに関する主張が出たのではないかと思っています。取引の申出がなされた際には、取調官として、毅然とした態度をとるべきであって、当時の私の対応は、今でも間違っているとは思っていません。

　なお、被疑者Cは、最終的には、7〜8年の実刑になっております。

第6　取調べにおいて叱らなければならない場面について

　被告人が、法廷で、取調官から、どなられたとか、恫喝（どうかつ）されたとかいう主張をすることはしばしば見られます。しかし、私は、そのようなことを恐れて、取調べが遠慮がちになることの方が問題だろうと思っています。たしかに不必要な暴言を吐くのは、全く意味がありませんし、取調べの仕方として適切ではないと思っています。しかし、取調べをする中では、どうしても怒った態度で、少々、声を荒げる場面、それを「どなる」と表現するかどうかは、単に言葉の使い方に過ぎないものと思いますが、それが必要なことは正直言ってあります。

　例えば、面識のない行きずりの強姦事件の取調べをしていた際に、被疑者が被害者のことを指して、「あいつも喜んでいましたよ。俺にやってほしかったんじゃないかなあ」などと侮辱するような発言をした時、取調官としては、どのような態度をとるべきなんでしょうか。弁護人の立場からすれば、被疑者はどんな供述をするもしないも自由なんだから、そのような発言を当然に許容すべきだと言うのでしょうね。でも、そんな被疑者の態度を許しておくというのは、被害者から見てどう思うのでしょうか。取調官も被疑者の言動に賛同とまでは言わないにしても、別に悪いこととも思っていないのではないかと感じてしまうのではないでしょうか。

　私は、そのような被疑者の態度はその後の更生にも全くつながらないと思いますから、どうなっても構わないから厳しい態度で臨むべきだと思っています。被害者を守り、被疑者を更生させるためには、被害者を愚弄するような被疑者に対しては、厳しい態度で取り調べなければ、結局、被疑者は反省しませんし、真実も供述しないと、私は思っています。

　また、私が直接に体験したものではなく、部下の検事から聞いた話ですが、これを紹介しようと思います。たしか性犯罪の再犯で、強姦か強制わいせつという事件ではなかったかと思いますが、その決裁の際に、部下の検事に「被疑者は、前回の裁判で反省の態度を見せていないのか」と聞きました。すると、部下の検事は、「前回も否認ですから反省なんかしていませんよ」と言ったので、私は、「それでも実刑になっているんだから、今では、ちょっとは悪かったという気持ちが芽生えたりはしていないのか」と聞きました。すると、部下の検事は、「被疑者が言うには、『前回の事件の裁判の時、弁護士さんが、『悪いのは被害者の方だ。君は悪くない。』と言ってくれたので、僕は、悪くないと思っています。相手の方が悪いんですよ。だって、弁護士の先生がそう言うんですから、そうでしょう。』なんて言っていますよ。ひどい暴行を加えて見知らぬ人を強姦しようとしたくせに」とのことでした。

　あくまで伝聞ですから、その内容が本当に正しいのかどうかは分かりません。ただ、これに似たようなことは、ほかでも耳にすることがありますから、この時も、ああ、また、そういうことか、弁護士には弁護士のやり方があるからそうなんだろうなと思った記憶が残っています。

　また、別の事件を挙げましょう。これは、『取調べハンドブック』でも触

れているのですが、私の先輩の取調べを見た際のことです。今は、録音録画制度がありますから、他の検事の取調べを見ることができます。しかしながら、昔は、そのような制度がありませんから、先輩、同僚はもちろんのこと、録音録画制度が試行される以前は、私が管理職になった後であっても、部下の取調べも見たことはありませんでした（もっとも新任検事の時は大部屋でしたから、その時にはいくらか同僚の取調べを見たことはありましたが。）。

　そんな状況の中で、ただ一度だけ、私より10年ほど先輩の検事の取調べに立ち会う機会がありました。私と彼は、年末の御用納めが済んだ後も、まだやらなければならないことがあったことから、二人とも検察庁に出勤して仕事をしていました。もっとも、お互いの立会事務官は、既に休暇に入らせていましたから不在でした。

　すると、そんな時期と状況であるにもかかわらず、先輩検事は、贈収賄事件に関連して、被疑者的な参考人Eを自分で呼び出したのです。それで、彼は、私の部屋に来て、「今日、被疑者的な立場になる者を呼んだから、取調べの際に、同じ部屋にいてくれないか」と依頼してきました。一対一で取調べをした場合、後でどのようなことを言われるか分かりませんから、特に、被疑者的な立場になるような者については、誰かを同じ部屋に入れておく必要があったからでした。彼の部屋は、私の部屋よりずっと広く、立会事務官以外の事務官も常駐できるようになっており、そこで取調べを見ていてほしいとのことでした。

　私は、自分が修習生の時や新任検事の大部屋の時を除いては、それまで他の検事の取調べを見たことがなかったので、興味本位で立ち会うことにしました。

　彼は、呼び出した参考人Eに対し、この人物が贈賄をしているのではないかとの疑いから、いろんな角度で政治家等に金品を贈っていないかということを聞いていました。具体的には、先輩検事は、Eに対して、そんな状況なら、お金などを贈っているんじゃないのか、そうでないとおかしくないかなどといったような聞き方で取り調べていました。

　しかしながら、Eはそのようなことはしていませんとの返答ばかりで、贈賄につながるような話は得られませんでした。それでも、先輩検事は、私が知らないものの、何か疑うだけの証拠をもっているようで、粘り強く取調べ

を続け、Eの説得を続けていました。

　すると、Eは、「分かりました。検事さんがそこまで言うなら、今度、機会があったときには、言われるとおりにお金を贈ります」などと言ったのです。これは完全になめた話ですよね。贈賄をしていないかと追及されたことに対し、それなら今度は贈賄をやってやると言ったわけですから。私は、それを聞いて、こんななめたことを言われて黙っているようでは検事ではないと思って憤っていました。

　すると、先輩検事は、普段はとても温厚な方で、大きな声を出す姿など見たこともなかったのに、すっと立ち上がり、「君はなんということを言うのか。自分の言っていることが分かっているのか。言ったことを取り消せ」と大きな声で叱責したのです。これを弁護士側から評価すると「どなった」ということになるのではないかと思います。私は、それを見て、そうでなければいけない、黙秘したり、否認したりするのは被疑者の権利であるとしても、取調べをしている相手を侮辱するような態度をとる権利はないのですから、先輩検事の対応こそが妥当なものだと思って見ていました。

　すると、Eも、さすがになめた態度をとったことはまずかったと思ったのか、すぐに「すみませんでした。余計なことを言って申し訳ありませんでした」と言って頭を下げたのです。

　このような場面において、先輩検事のような態度をとるのは当然のことだろうと思います。いらぬ暴言を吐き続けて、被疑者を罵倒するなどということは絶対にすべきではありませんが、被疑者が反省の態度を示そうとしない、被害者等を侮辱するような態度をとるなどという場合においては、少々、大きめの声で叱責し、それがたとえ「どなった」と弁護士側から言われるような言動であっても、被害者を救済し、日本社会の治安を守り、更には、被疑者を反省させて更生のきっかけを与えるためには、そのようなことも必要な取調べ態度の一つだと思っています。

第7　被疑者が家族のことを想う気持ちについて

　これまでにもお話ししたとおり、被疑者は、家族のことや、自分のことを真剣に心配してくれる人のことをいつも気にかけています。どんな人でも「田舎のおっかさん」というような両親は大切だし、そのような人たちに顔向けができないようなことはできないと思っていると思います。だからこ

そ、犯行後に葛藤するのですし、真実を話そうか、隠し通そうかと迷っているのだろうと思います。

　私が取り調べていたある事件で、罪名なども忘れてしまいましたが、多分、詐欺とかそんな罪名ではないかと思いますが、家族のことで印象的だった被疑者の取調べの際の出来事についてお話しします。なお、この事件も『取調べハンドブック』で触れております。

　その事件で、私は、被疑者を説得するために、彼の家族のことは当然話していましたが、その中でもお兄さんのことについて長々と話していたようでした。「ようでした」というのは、自分では、そんなに長くお兄さんのことを話していたという記憶がなかったものの、後に被疑者がそのように言うので、そのように申し上げるのです。

　私は、ある晩、勾留数日目くらいの頃に、被疑者に対し、「君のお兄さんだって、君のしたことを心配しているよ」などと話したのですが、その際に、お兄さんのことについていろいろと想い出になるようなことをも含めて被疑者に話しかけました。しかし、被疑者はうつむいたまま特に反応を示すようなこともなかったので、私は、やっぱり兄弟では、それほどインパクトはないんだなと思い、取調べを切り上げて帰ったのです。

　そして、その後も取調べを続け、多分、勾留延長前くらいの頃のことではなかったかと思いますが、やはりお兄さんのことなどについても触れながら取り調べていたのですが、その際に、突然、被疑者は、「すみませんでした。私がしたことが罪になることは分かっていました」などと犯行を認めるような供述を始めたのでした。

　それで、私はなぜ犯行を認める気になったのか聞くと、彼は、実は親代わりのお兄さんに育ててもらったようなもので、それで兄に対してはものすごく特別な思いがあるとのことでした。ですから、お兄さんには迷惑を掛けたくない反面、嘘をつき続けることもお兄さんに悪いのではないかという気持ちが錯綜し、それで言えなかったとのことでした。

　ただ、先に述べた、勾留数日目にお兄さんの話をした取調べの際、もう本当のことを言おうか、それとも言うまいか悩んでいた時、私が取調べを終わると言ったので、彼は、それでもう話さなくていいと思ってほっとしたとのことでした。しかし、結局、その後、何日かして犯行を認めたのですから、私も、「だったら、なんでその時に言わないんだよ」と言ったところ、彼

も、「あと30分長く取調べを受けていたら、きっとその時に本当のことを話したと思う」と言いました。それで、私も、そこに答があったのかという気持ちで、「そこで話していたら、余計な手間をかけないで済んだじゃないか」と笑いながら怒ったように言うと、彼も「本当にすみませんでした。早く話せばよかったのですが……」と照れ笑いのような顔をして言っていました。

　これなどは、被疑者が本当のことを話してくれたことで、実は、もっと早い段階で真相が解明できていたということが分かったものです。ただ、家族のあり方は人それぞれであり、何が大切であるかは人によって異なるということを教えられました。通常は、両親こそが一番世話になり、大切に思う存在だと思われますが、この事件ではお兄さんであったわけで、そういう意味では、家族の誰でもがそのような存在になる可能性はありますし、また、家族でなくても、そのような大切に思う存在になることもあるのだろうなと思います。

第8　どうして被疑者は取調官に真実を話すのか

　被疑者が話せば有罪になり、場合によっては実刑になるにもかかわらず、どうして取調官に真相を告白するのでしょうか。私も後輩の検事から、「どうやったら被疑者を割ることができるのですか。秘訣を教えてください」と聞かれたことは、それこそ何度もあります。その際に、私が「それは愛だよ」と言いますと、誰しも、「またあ、そんな冗談を。本当のことを教えてくださいよ」などと言います。

　しかし、私は、被疑者がなぜ取調官に本当のことを言うのかという点について、自分なりに思うこととして、それは、被疑者が取調官を好きになるからだと思っています。それは男性、女性の好き嫌いではなく、その取調官が情熱をもって真剣に取り組んでいる姿を好きになるから、自分の不利益なことでも、つい言ってしまうという心理ではないかと思っています。「情熱に心を打たれる」という言葉がありますが、これに近いものだろうと思います。そして、その際に、取調官が被疑者の将来のことや家族のことに思いをはせて心配し、そして、人としてよくなってほしいという気持ちが本当に通じたときに、被疑者はこの人には本当のことを言おうと思うのだと、私は考えています。

　そのためには、被疑者がこの取調官に心を開いてよいものか、本当に信頼

してよい相手であるのか、悩みながら、また、値踏みしながら取調べを受けているのですから、まさに取調官の人柄や考え方、度量の広さや誠実さなど、あらゆるものが見られ、評価されているのだと思います。そんな中で、自分の人生をこの人に託そうと思ったとき、もうこれ以上、迷惑をかけるのをやめよう、本当のことを言おうとするのだと思います。

　もちろん、証拠関係が頑丈にできているような事件であれば、被疑者の諦める速度が速くなると思いますが、先にも述べたように、そのことだけで自白に至るというものでもないと思います。

　このような被疑者の心理を導きだせるかどうかとして、取調官側に求められるのは、自分の担当する被疑者を愛することができるかということなのです。放火事件の際にお話ししたことではありますが、被疑者は、自己防衛をするために、闘いモードで取調べに臨んできています。そうなると態度も悪い、言い方も挑戦的である、可愛げがないなどと、およそ話もしたくない相手になっていることも多いのです。それでも、この被疑者が落ちた時には、正反対の態度になると知っている取調官は、ある意味余裕をもってこの被疑者の取調べに臨むことができます。まあ、そんなに無理して突っ張るなよと言葉で言うかどうかはともかくとして、心の中でそう言えるだけの余裕がなければ、被疑者を割るということはできないと思います。

　これについて言葉を換えて言えば、そんな態度の被疑者を「愛することができるか」として試され、問われることになるのです。ですから、後輩の検事から聞かれた時に、「愛だよ」と答えるのは、取調官側に被疑者を愛することができる余裕がなければ、被疑者も取調官を好きになることはないので、被疑者を割ることなどできないということなのです。

　被疑者に限らず、誰でもそうだと思いますが、自分のことを愛してくれる人、信じてくれる人には好意をもって話すことができますし、嘘を言うことも少なくなるでしょう。ましてや被疑者として取調べを受けている側であれば、自分のことを憎んでいるような取調官に本当のことを言おうと思うはずがないでしょう。私は、そのような被疑者の気持ちに添えるような態度をとれる取調官でなければ、被疑者も本当のことを言わないのではないかと思っています。

　いずれにせよ、真相を話せば自分が不利益になる、でも、この取調官なら、必要以上の不当なことはしないに違いない、この取調官であれば、自分

の人生のあり方を託してもいい、それくらい好きであるという気持ちになった時に、被疑者は、真相を話してくれるものだと思っています。

　バブル経済の後始末のような事件で、５回の検察官逮捕を繰り返した事件がありました。私もその際の身柄を担当しましたが、当初の事件は、急な展開で形式犯的な犯罪で逮捕してしまったため、再逮捕する事件が必ずしも判明していませんでした。それゆえ、最初の事件の勾留延長満期までに、事案の全貌に絡むような事件の解明が求められていました。

　私が担当した幹部被疑者から、事件全体を明らかにするような供述を得られたのは、勾留延長後の15日目くらいだったと思います。被疑者の自筆の上申書によって、事件の全貌がほぼ分かるようになり、その後の再逮捕等の展開も容易になりました。

　この被疑者の供述も、私の熱意に応えてくれたものだったと思います。間違っていたら正せばいい、一番いけないのは、間違ったままにしておくことだなどと、青臭いことなども含めていろいろと言ったと思います。どの言葉がその被疑者の琴線に触れたのかはもう覚えておりませんが、その結果、その被疑者は、私のことを非常に慕ってくれました。

　この事件では、先に言いましたように、５回の検察官逮捕を繰り返しましたが、その罪名はほとんど違っていたはずです。１回くらいは同じ罪名のものがあったと思いますが、次々と新しい事件に展開させていました。そのため、いずれも勾留延長をしていましたから、勾留期間だけでも100日、更に、逮捕中の日などが最低でも５日はありますから、合計して、108日くらいは身柄拘束が続いていたように思います。そして、その間、私は一日も休むことなく拘置所に通って被疑者と顔を合わせていました。本当に一日も休むことなくです。もちろん、取り調べなければならない事項も多かったのですが、それよりも、そのように毎日行くことが、自分を信頼して全て本当のことを話してくれている被疑者に対する思いを表すことになるからと思っていたのです。

　そして、ついに最後の起訴が済み、その翌日からはもう拘置所に来ないという日が来ました。私が彼に「今日で取調べは終わりだ。明日からはもう来ないから」と言うと、彼は、「そんなこと言わないでくださいよ。明日からも来てくださいよ。いいじゃないですか」とすがるような感じで言ってきました。しかし、私は、「もう100日以上も来ているんだから、僕も休む。起

訴も済んでしまうんだから」と笑いながら言いますと、彼も、「そうですよね。長い間、本当にありがとうございました。検事さんと会えて本当によかったです」と私の苦労をねぎらってくれました。

　もちろん、彼は法廷でも同様の供述を維持しており、有罪判決を受けています。

　このように、被疑者との間で心を通い合わすことができるかどうか、それは取調官側の意識や度量が試されていることだと私は思っています。

参考資料

平成１９年４月２日

交通部長　城　祐一郎

交通部検察官及び事務官　各位　殿

当交通部における捜査処理方針等について

　本年４月に新しく当部に来られた皆さんにお願いしたいことを下記のとおりまとめましたので，よろしくお願いいたします。

　要求が多くて恐縮ですが，決して無理を強いるものではないことを予め申し上げておきます。

　とにかく，当部においては，多数の事件の迅速な処理が求められるところであり，未済をためることは絶対に避けてもらいたいところであります。

　そのためには，先輩検察官との相談を励行していただきたいと思いますし，また，当職においても，皆さんからの相談にはいくらでも応じますし，その時に必ず結論を出しますので，早め早めの相談に来ていただければと思っております。

　重ねて申しますが，事前相談においては，本職において，責任をもって的確な指示を行い，迅速・適正に処理してゆきたいと思いますので，よろしくご理解下さい。

記

１　青臭い議論のように聞こえるかもしれないが，最も考えておいていただきたいのは，我々は，国民の税金によって仕事をしているのであり，その事件処理が真に国民のためを思ってしているかどうかということである。被疑者が明らかに嘘を言い張っており，反省の色がみじんもないのに，補充捜査をする手間が面倒であるとか，証拠関係がぎりぎりの事件で起訴をして，後に十分な判決が得られなかった場合に叱責されるのが嫌だから，といった理由で安易に起訴を諦めるようなことは絶対にしないようにされたい。そのような悪い被疑者と戦うことこそが，当交通部の捜査官の使命であると銘記していただきたい。

　したがって，再犯のおそれが極めて大きいと思われる被疑者に対しては，評点で罰金になるような案件であっても，公判請求をして執行猶予の縛りをかけ，新たな被害者が生まれることのないようにしてもらいたい。その意味

で，評点も絶対ではないのであり，評点上これこれですから，罰金しかあり
ませんなどとは断じて言わないこと。そのような事件での公判請求をこれま
でにも何度かしてきたが，罰金に落ちた事例は1件もない。
　もちろん，問題のある被害者もいるが，被疑者の処分を軽くするために，
わざわざ被害者のあらを探して被害者を悪者にしようとするようなことは絶
対にしないようにされたい。

2　交通警察をバックアップし，国民の安全な交通環境を守るという意識の下
　で，捜査処理等に当たること。したがって，現場の警察官の苦労を汲み取っ
　て事件を処理するという心構えで臨むこと。それゆえ，否認事件について安
　易な処理をすることは，逃げ得を許し，口コミで今後の交通秩序を乱す原因
　を広げることにもなりかねないので，否認は断じて許さないという強い気持
　ちで捜査に臨むこと。

3　警察に対しては身柄付きの送致を積極的に勧めること。そのほうが処理が
　早くされることになるから。ただ，警察としても身柄が不要であったり，代
　用監獄のスペースの問題があることから，そのような場合は，逮捕中求令状
　による公判請求や逮捕中待命による略式起訴で処理し，勾留場所を大阪拘置
　所とすること。

4　業務上過失傷害と道路交通法違反がセットで送致されている事件で，道路
　交通法違反だけでも公判請求相当か，相当の額の罰金になるという事案にお
　いて，どうせ道路交通法違反により相応の処罰をするからということで，安
　易に業務上過失傷害を不起訴にしようとする傾向が見受けられないでもない。
　しかしながら，業務上過失傷害についても，現場の警察官はきちんと捜査し
　て実況見分調書等を作成しているのであるから，その苦労を理解し，実際に
　過失の内容が問題となるのであればともかく，安易に業務上過失傷害は不起
　訴にして道路交通法違反だけで処理するなどということはしないこと。
　　また，非現認の無免許・駐車違反というパターンがあるが，これについて
　も安易に不起訴にしていたケースがまま見受けられるが，これも被疑者の自
　白をきちんとPS化し，参考人をもPSで押さえるなどすれば，罰金を取るこ
　とはできるはずであるので，捜査した警察の苦労をも理解し，適正な処罰を
　されるようにされたい。

5　警察から事件相談を受けた場合には，できるだけ積極的に立件の方向で考
　えられたい。警察の捜査をバックアップして手助けをすることが当部の役割

であると認識されたい。そして，警察から相談を受けて指示したことなどについては，必ず，本職に報告されたい。

6　起訴状は，必ず一読して内容がすべて判明するように記載すること。実況見分調書の図面を見ないと道路状況や事故状況が分からないようでは，第一回公判が開かれて証拠が提出されるまで，裁判官をして事故の状況が分からないという状態に置いてしまうことになるからである。したがって，例えば，道路状況につき，T字型交差点というだけでは，どのような方向を向いた交差点か必ずしも明らかでなく，その際に，どの方向から被疑者が走行したか分からないことにもなりかねないので，そのような場合は，必ず，「東西道路と南北道路が交差するT字型交差点において，東方から南方に左折進行し」というように道路の形態と被疑者の進行状況が分かるように記載すること。

　また，右折車が直進車の進路を妨害して衝突するような場合，右折車の速度はそれほど速くなく，直進車を発見してから急停車する場合に，衝突地点までの距離が制動距離内に入っていることがしばしば見られるが，そのような場合は，必ず，被害者である直進車の速度も記載すること。そのように記載して初めて被害者の速度と被疑者の速度を計算して，衝突地点までの距離が納得のいくものになるのであって，そうでないと，起訴状の上からは，どうして衝突したのかよく分からないことになるからである。

7　過失の捉え方については，あまりに大きい問題であるので，ここでは詳しく述べないが，赤信号看過と赤信号無視の場合の過失の捉え方については，資料1の「実務のしおり」の内容で統一するので，その考え方に従ってもらいたい。

　これに関して，一言敷衍しておくが，赤信号看過の場合は，単純に，信号の見落としそれ自体を過失として捉えればよいのであって，赤信号無視の場合と混同している人がときどき見受けられるので，その違いをよく理解しておくこと。なお，赤信号無視の場合は，往々にして殊更赤無視の危険運転致傷罪になることが多いので，送致が単なる赤信号無視の業務上過失致傷であっても，積極的に危険運転致傷の適用を検討すること。

8　起訴状の職業欄に，アルバイトとか，パートとかいう記載がされているのを時々見かけるが，そのようなものは職業ではなく，無職とすること。定職がないから，アルバイトをしたり，パートをするのであって，職業という概念とアルバイト及びパートという概念は相反するものであることを理解されたい。

　　ただ，アルバイトやパートにより実際に生活をしているので，無職という表現に抵抗があるのであれば，居酒屋でアルバイトをしているなら，飲食店従業員としたり，ドン・キホーテでパートをしているなら，雑貨店従業員とするなど，その仕事の内容を記載するのであれば，それで差し支えない。

　　また，時々，自営業という職業の記載を見かけるが，これもなんら意味のある記載になっていないので，その自営の内容を記載するようにされたい。

9　評点の計算により公判請求と罰金がある場合，基本的には，公判請求を選択して処理し，安易に罰金で処理しようとしないこと。ただ，被疑者の被害者に対する誠意ある態度等が特に斟酌してあげたいと思うような事情がある場合には，罰金選択も可とする。

　　また，評点については，どのような評価をしたか分かるように，鉛筆書きで請書にその内容と点数を付記しておくこと。

　　ただ，その際に，反省していることを－1とする扱いは極力しないこと。というのは，被疑者は反省してこそ当たり前なのであり，よほど特殊な事情があって，ここまで反省しているのかというような事情があるなら，その内容を記載して－1とされたい。単に，取調べで反省していますと言った程度では減点しないこと。

　　逆に，およそ反省しているとは認められないなら，これを＋1とすることは差し支えない。

10　公判請求であっても，道路交通法違反の現行犯事案や，業務上過失致傷の追突のように証拠上問題のない事案については，被疑者のPSは，確認のための手形を取るような意味で，1枚程度で十分である。また，その他の事案でも，認めている事案であるなら，いたずらに長いPSを取る必要はない。警察での取調べに問題がなかったことや，KSの内容に間違いがないことの確認や，過失の内容はこれこれに間違いないことといった程度で十分である。ただ，後々に争点となるような問題を内包しているような事案については，その問題点に関して被疑者の認識や過失等をきちんと録取されたい。

　　また，略式や起訴猶予で処理する場合は，原則としてPSは不要であり，特に，道路交通法違反の現行犯で認めている事案で罰金にする場合などはPSを取る必要はない。ただ，略式にする業務上過失致傷事案において，KSで過失が十分に取れていないなどの事情がある場合には，簡単なPSを取ることはむしろ必要であろうし，嫌疑不十分とする場合で，被害者が不服を持っているような場合には，検察審査会の審理も視野にいれて，むしろ被疑者のPSを取っておく必要がある。

　　ただ，いずれにせよ，PSは，被害者からの被害感情や，証拠を固めるために目撃者から録取する内容にこそ主眼があるものと考えられたい。

11　轢き逃げに対しては厳しい姿勢で臨むこととし，原則としてではなく，必ず公判請求をすること。但し，事情により，どうしても公判請求をするには忍びないとか，証拠関係上問題があって，罰金等の処分が相応しいと考えられる事案であれば，必ず，請書を取る前の段階で部長決裁を得ること。

　　評点上，轢き逃げでも罰金になるケースがあるが，そのようなものでも，基本的には公判請求とすべきことをよく理解されたい。そのような場合，仮に，請書を取ってしまっても，決裁が通らないことから，これを破棄することを被疑者に通告して公判請求することになるので，そのことを十分に認識しておかれたい。

　　なお，轢き逃げは，いかに示談が成立して被害者が宥恕したりしていても，これを理由に罰金や不起訴にすることは不可である。被害者を放置して現場から逃走できるというその人格が問題であるので，事件が発覚後の事情はそれほど斟酌すべきではないからである（そもそも被害者の宥恕というものは，それが真意に基づいているのかどうかがまず問題である。本当は宥恕しているとは思えないような事案で，慰謝料等の領収書がわりの嘆願書のようなものも見受けられるので，そのような場合には，安易に宥恕があるとは見ないでいただきたい。また，被害感情については，その調書の記載部分について，必ず付箋を貼付してすぐに見られるようにしていただきたい。）。

　　また，轢き逃げをしたのにどうして被疑者が犯人であるといえるかは問題となるので，引継書等には，必ず，被疑者が犯人であることが判明した理由及び逮捕に至った経緯を記載されたい（これが書かれていない引継書がかなり目につくので，きちんと記載すること。）。

12　轢き逃げ事案は，往々にして，飲酒が原因でその発覚を免れようとしてなされることが多いが，そのような事案については，断固として飲酒運転を訴因にするよう努力すること。危険運転致死傷を常に視野において，その適用が図れないか検討することを忘れないこと。特に，逃走後，飲酒をしてから出頭するなど，明らかに飲酒検知をさせないような態度に出た者に対しては，必ず，飲酒も訴因に入れる形で起訴するように捜査すること。

　　たとえ，警察の捜査上では，轢き逃げの原因として，飲酒の事実がまったく出ていなくても，夕方から深夜の時間帯であれば，必ず飲酒を疑って捜査をしていただきたい。くどいようであるが，この点についての追及があまいことから，逃げ得を許しているのではないかと疑われる事案も散見されるか

らである。

　なお，轢き逃げ事案で，酒気帯び運転等を立件するに当たって用いられるウィドマーク式については，資料２の「実務のしおり」を参照されたい。

13　暴走族の事件は，以前は，共同危険行為の法定刑が軽いことや，被疑者が少年であることが多かったこともあってほとんど公判請求されていなかったが，去年度からは，暴走族がいかに多くの国民に迷惑をかけているかとの認識から，特段の事情がない限り，原則として公判請求するようにしているので，その旨理解されたい。

14　業務上過失致死や重篤な業務上過失致傷の場合は，原則として，事前に，本職において記録を検討し，その処理方針を付箋に記載して記録に貼付しているので，その処理方針どおりであれば，特に，事前に決裁に来ることなく，書面決裁で処理されたい。ただ，実際に取調べを実施したり，証拠関係を精査した結果，本職の考えた処理方針と異なる処理が好ましいという結果になることもあるので，その際には，遠慮なく本職のところに相談に来られたい。本職としても事前の検討結果に拘るつもりはないので，率直に議論していただきたい。

　また，その他の否認事件等についても，本職が処理方針を記載した付箋を記録に付けておくことがあるが，これも上記と同様である。

　さらに，上記のような場合に限らず，本職との事前相談で方針を確定させていることがあるが，そのように事前決裁済みの場合には，必ず，書面決裁で提出する書類に，「部長事前決裁済み」と記載した付箋を貼付されたい。

15　道路交通法違反等と共に送致された刑法犯については，よほどの理由がない限り，公判請求されたい。無免許を免れるために他人の氏名を詐称して，交通違反切符に他人の署名を偽造する場合などは，必ず公判請求されるべきであるし，身代わりを求めたり，それを受けたりするような事案についても，同様に必ず公判請求すること。このような事案を罰金で処理すると，罰金程度で済むということが口コミで広まって，同様の犯罪を誘発しかねないからである。また，いわゆる車庫とばしのような電磁的公正証書原本不実記録等についても，同様に，公判請求が原則である。

16　道路交通法違反や業務上過失傷害ではない窃盗等の他の刑法犯の執行猶予中に，業務上過失傷害や道路交通法違反を起こし，それらの罪で送致された事件について，このような被疑者を公判請求をすると，他の刑法犯の執行猶

予の取消しを避けるために法廷で争われる可能性が高いことや，また，仮に取り消されないにしてもダブルの執行猶予がつくことなどによる要調をおそれて，罰金で処理しようとする傾向がないではないものと認められる。

　しかしながら，そのような配慮が間違っていることは明らかであることから，そのような処理はしないようにされたい。前科の関係等で，道路交通法違反や業務上過失傷害として公判請求相当な事案であれば，その執行猶予中の被疑者の行状，違反や事故に至るまでの悪質性，違反や事故のもつ反規範性など，実刑を確保できるよう証拠収集に配慮した上，仮に，窃盗の執行猶予中で，その罪種の違いから，ダブルの執行猶予がつく可能性があっても，それを考慮した上での公判請求であると引継書に明記して，公判請求されるよう心がけたい。

17　移送は原則としてしないこと。たとえ被疑者が遠隔地に居住していても，当庁の管内で事故等を起こし，警察に対しては出頭していたのであるから，当庁に出頭できないはずはないので，極力，出頭を求め，他庁に仕事を転嫁させるようなことは謹しむこと。特に，神戸地検，京都地検，奈良地検といった近隣の府県については，同じ被疑者による別件の捜査が継続中であるなど，よほどの理由がない限り，移送は認めない。ただ，どうしても遠距離により出頭確保が困難であるとか，移送を受理する庁の担当者が了解済みであるなどの事情があるなど，移送を相当とする理由がある場合には，その旨を記録上に明記されたい。

18　事件の処理は速やかにされたい。被疑者の PS の簡略化を図り，起訴状（案）を取調べの事前に作成するなどして，できるだけロスの少ない仕事をされるよう心がけたい。配点した事件は，原則として，1か月以内に処理することとし，もしその処理が配点日から1か月を超える場合には，その記録を持参の上，本職まで説明に来られたい。その際に一緒に相談することで，問題点の処理方針等を決め，早期に処理しやすいように図ることとするためである。

　ことに，当部では3か月を超えた時点で長期未済と判断しているので，長期未済を保有することは絶対にないようにされたい。

19　国際運転免許証を所持する無免許運転事案については，その国際運転免許証の有効要件が法律上かなり難しいので，被疑者は，その要件を知らなかった，有効だと信じて運転していたと弁解することが多い。このような場合，警察は，それは単なる法律の不知であるとして，その否認のまま，何もしないで送致してくるのが普通である。しかし，基本的には，それは事実の錯誤

で故意を阻却すると考えるべきであるので，検察官のところで否認を崩せないなら，そのままで起訴をすることはできない。どこかにその否認を崩すところがないか十分に検討していただきたいが，特に，来日外国人については，その否認崩すのが大変であることはこれまでの捜査で十分に把握している。

しかしながら，その被疑者が日本人であるなら，そんな者が国際運転免許証を使おうとすること自体，不自然なことであるので，なんとか自白を獲得するなり，否認を崩せる別の証拠を収集するなどして，起訴されたい。

20　業務上過失致死傷を不起訴にするに当たっては，被害者が宥恕していたり，処罰はお任せしますというような処罰感情が強くない場合には，評点に従って起訴猶予にしたり，証拠関係に従って嫌疑不十分にするに当たって，書面決裁で差し支えないものの，被害者が厳罰を臨んでいる場合や示談ができる見込みがない場合に不起訴にするには，検察審査会への申立てが懸念されることから，それが嫌疑不十分であれ，起訴猶予であれ，必ず，事前に決裁を得られたい。

21　当部では，現在のところ，中止処分というものは，逮捕状を取得したもの以外は認めないこととしている。

したがって，どうしても出頭しない被疑者や，所在不明となった被疑者については，速やかに逮捕状を取得してもらい，その段階で，検事に割変えをするので，その割変え時点で担当検察官又は担当検取事務官としては処理が済むこととする。なお，その逮捕状取得に当たっては，その必要性を記載した総括報告書と逮捕状請求書の2通の書面を作成するだけであるので，取調べをするよりずっと簡単で楽な作業であるので，請求手続きをしたことのない人にとっても難しいことではない（そのサンプルは，資料3のとおり。）。

おって，昨年度の1年間で，40数名に上る被疑者を当部及び機動捜査において逮捕等しているので，逮捕状取得後のことについての心配は無用である。

22　酒気帯び運転の初犯は，従来どおりの基準で処理して差し支えないが，2回目からは，従来の基準とは大きく異なる処理基準の運用を試行している段階である。つまり，今回の2回目の犯行日が，前回の処罰を受けた日から2年以内であった場合には，検知された飲酒量の如何に関わらず，公判請求とし，仮に，前回の犯行が2年より前であっても，10年以内に，2回以上，酒気帯び運転の前科がある場合には公判請求，さらに，5年以内に1回の酒気帯び運転の前科があるだけであるが，検知された飲酒量が，呼気1リット

ルにつき０・４ｍｇ以上である場合には，公判請求とし，それら３つの場合に当てはまらない場合にのみ罰金３０万円とすることとしている。

　なお，５年以内の３犯目については，その車種を問わず，前科の車種の内容を問わず，公判請求とすることとする。

　いずれにしても，判断に迷う場合は，事前に決裁に来られたい。

23　自転車による重過失傷害等事件については，中には罰金等の処罰が必要なケースも見られるが，このような事件の過失については，仮に，被疑者が請書に署名する段階では認めていても，その内容や程度が後々問題となるおそれがあるので，このような事案において，罰金等の処罰をする場合には，きちんとした PS を録取されたい。

　しかしながら，自転車は，基本的には交通弱者であることから，たとえ傷害の結果が大きくても，被害者が宥恕しているなど，特に処罰を求めるような場合でなければ，被疑者の取調べ等をすることなく，KS だけで起訴猶予などとして処理して差し支えない。その場合で，その過失の内容が軽過失であると認められる時は，告訴が要件であるので，告訴がないことをもって「親告罪の告訴の欠如」で，重過失であると認められる場合は，起訴猶予なり嫌疑不十分なりで処理されたい。

　なお，自転車による事故で，重過失傷害か過失傷害かの区別については，資料４の「サルでもわかる交通犯罪の諸問題　その２」を参照されたい。

24　飲酒検知拒否罪については，その取締りの際の状況を正確に把握し，被疑者に事実関係での不合理な弁解をさせないように心がけていただきたい。

　なお，従来は，パトカーの中での飲酒検知拒否罪の成立に否定的な見解があったと思われるが，これについては，資料５の「サルでもわかる交通犯罪の諸問題　その３」記載のとおりとするので，その旨遺漏無きようにされたい。なお，この見解は，本省からの回答も得た上，次席検事及び検事正の決裁も得て出された結論であるので，そのことも十分に心されたい。

25　それほどあることではないが，時に，非反則行為を伴わない駐車違反や赤信号無視という事案が，他の違反，例えば，無車検違反等と一緒に，通告処分なしで送致されてくることがあるので，このような場合には，通告処分がされているかどうかよく注意して処理すること。

26　次席，検事正の決裁を得て処理する事件において，検事正の決裁で指示された事柄は，かならず，次席に報告した上で，次席からの指示と共に，本職

にも報告されたい。決裁のフィードバックは必ずすることと銘記されたい。

27　当部では，毎月第３木曜日の夕方に，参加を希望する検察官及び検取事務官が，それぞれ手持ちの事件で問題があって悩んでいる事件を持ち寄って，その事件の処理等を検討する「事例検討会」というものを開いている。これには，さまざまな事例が出されるので，仮に，事例を提供しなくて参加するだけでも勉強になるので，できるだけ積極的に参加されたい。なお，本職も必ず参加しているので，事実上，この事例検討会の場で事前決裁が済んでしまうという面もあるので，積極的な事例の提出が望まれるところである。

<ruby>城<rt>たち</rt></ruby>　<ruby>祐一郎<rt>ゆういちろう</rt></ruby>　**著者略歴**

1983年4月	東京地検検事任官
2004年4月	大阪地検特捜部副部長
2006年1月	大阪地検交通部長
2007年6月	大阪地検公安部長
2008年1月	法務総合研究所研究部長
2009年4月	大阪高検公安部長
2009年7月	大阪地検堺支部長
2011年4月	最高検刑事部検事
2012年11月	最高検公安部検事
2016年4月	明治大学法科大学院特任教授（法務省派遣）
2017年4月	最高検刑事部検事
2018年4月	昭和大学医学部教授（薬学博士）
	警察大学校講師
	慶應義塾大学法科大学院法務研究科非常勤講師（国際刑事法担当）
	ロシア連邦サンクトペテルブルク大学客員教授

〔主な著書〕

『盗犯捜査全書──理論と実務の詳解──』（2016年、立花書房）

『Q&A実例交通事件捜査における現場の疑問［第2版］』（2017年、立花書房）

『マネー・ローンダリング罪──捜査のすべて──［第2版］』（2018年、立花書房）

『殺傷犯捜査全書──理論と実務の詳解──』（2018年、立花書房）

『現代国際刑事法──国内刑事法との協働を中心として──』（2018年、成文堂）

『取調べハンドブック』（2019年、立花書房）

『医療関係者のための実践的法学入門』（2019年、成文堂）

『知恵と工夫の結晶！　組織犯罪捜査のツボ』（2021年、東京法令出版）

『性犯罪捜査全書──理論と実務の詳解──』（2021年、立花書房）

『英語で学ぶ刑法総論』（2022年、東京法令出版）

悪質交通事犯と闘うために
～多くの人の涙を背負って～

令和6年7月1日　初　版　発　行

著　者	城　祐　一　郎	
発 行 者	星　沢　卓　也	
発 行 所	東京法令出版株式会社	

112-0002	東京都文京区小石川 5 丁目 17 番 3 号	03（5803）3304
534-0024	大阪市都島区東野田町 1 丁目 17 番 12 号	06（6355）5226
062-0902	札幌市豊平区豊平 2 条 5 丁目 1 番 27 号	011（822）8811
980-0012	仙台市青葉区錦町 1 丁目 1 番 10 号	022（216）5871
460-0003	名古屋市中区錦 1 丁目 6 番 34 号	052（218）5552
730-0005	広島市中区西白島町 11 番 9 号	082（212）0888
810-0011	福岡市中央区高砂 2 丁目 13 番 22 号	092（533）1588
380-8688	長 野 市 南 千 歳 町 1005 番 地	

〔営業〕TEL 026（224）5411　FAX 026（224）5419
〔編集〕TEL 026（224）5412　FAX 026（224）5439
https://www.tokyo-horei.co.jp/

©YUICHIRO TACHI Printed in Japan, 2024

　本書の全部又は一部の複写、複製及び磁気又は光記録媒体への入力等は、著作権法上での例外を除き禁じられています。これらの許諾については、当社までご照会ください。

　落丁本・乱丁本はお取替えいたします。

ISBN978-4-8090-1483-3